DAS KOSMOS BUCH VOM OBSTBAUM SCHNITT

HERBERT BISCHOF

DAS KOSMOS BUCH VOM OBSTBAUM SCHNITT

Obstgehölze und Beerensträucher richtig schneiden

Unter Mithilfe von Herta Nieslon

KOSMOS

Inhaltsverzeichnis

Vorwort

Als Sohn eines Obstbauern am Bodensee geboren, habe ich schon in meiner Jugend eine Vorliebe für den Obstbau entwickelt und so auch meine berufliche Laufbahn danach ausgerichtet. Meine langjährigen Erfahrungen habe ich in dieses Buch eingebracht, um alle Obstliebhaber, die ein Hausgrundstück ihr eigen nennen, zu ermutigen, selbst Hand an die Obstgehölze zu legen und die notwendigen Schnitt- und Pflegemaßnahmen durchzuführen.

Gerade in neuerer Zeit ist die Produktion von Früchten aus dem eigenen Garten wieder Mode geworden. Über 7 Millionen Hobbygärtner beschäftigen sich mit der Kultur von Obstbäumen und Beerensträuchern. Denn darüber, daß die Obstgehölze gepflegt, also geschnitten werden müssen, besteht kein Zweifel. Jedes Gehölz ist ein Individuum, das jeweils nach seinen durch Standort, Unterlage, Alter, Sorte, Obstart usw. vorgegebenen unterschiedlichen Bedürfnissen behandelt werden muß. Falscher Schnitt kann dabei mehr Schaden als Nutzen anrichten. Und obwohl mit Schnittmaßnahmen Einfluß auf die Quantität und Qualität der Früchte genommen werden kann, ist ein richtiger Schnitt nicht das einzige Kriterium, um gute Erträge zu erzielen. Auch der richtige Standort, ein ausgewogenes Nährstoffangebot und notwendige Pflanzenschutzmaßnahmen sind für den Erfolg unerläßlich.

Die Pflegearbeit nutzt nicht nur unseren Obstgehölzen, auch dem Hobbygärtner bringt in unserer hektischen Zeit die Betätigung im Obstgarten Ruhe und Entspannung. Im sogenannten Naschgarten mit vielen verschiedenen Obstarten und Sorten während der langen Zeit der Vegetation Früchte aus dem eigenen Garten ernten zu können, ist der Ehrgeiz vieler gestreßter Menschen. Gerade die Arbeit in freier Natur im eigenen Garten bringt für viele Menschen den notwendigen Ausgleich und wirkt sich positiv auf die Hast des Alltags und auf die Psyche aus. Ein weiterer Gesichtspunkt ist heute die gesundheitsbewußtere Ernährung und nicht so sehr die wirtschaftliche Bedeutung.

Wenn zur Erntezeit im Garten Himbeeren und Brombeeren, Johannisbeeren und Stachelbeeren rot, gelb und schwarz leuchten, die leuchtendroten Kirschen zum Naschen locken, die samtigen Pfirsiche und Aprikosen uns verführen wollen, die blauen Pflaumen und Zwetschen an Kuchen und Frischgenuß denken lassen und die knackigen Äpfel und saftigen Birnen den Herbst verschönen, ist doch alle Mühe und Plage vergessen. Bei den beschriebenen Obstsorten handelt es sich meist um alte Sorten, die weniger Pflanzenschutz und weniger intensive Pflege brauchen.

So soll meine über dreißigjährige Praxiserfahrung in der Obst- und Gartenbauberatung sowie als Leiter eines Obstbauversuchsbetriebes dem Benutzer dieses Buches Mut machen und Hilfestellung bei der Arbeit an seinen Obstgehölzen geben.

Oberteuringen, Herbst 1998

Herbert Bischof

Der Lohn einer guten Pflege – üppige Früchte.

Theorie vorweg

Von jeher waren die Menschen bemüht, ihre Ernährung mit gesundem und wohlschmeckendem Obst zu bereichern. Und obwohl heute in den Geschäften neben den Exoten auch aus unseren Landen die schönsten Früchte zum Kauf verlocken, findet man trotzdem kaum eine Region, in der kein Obstanbau erfolgt. So wachsen in fast jedem Hausgarten verschiedene Obstgehölze. Die folgenden Seiten sollen dem Obstliebhaber helfen, den zur Verfügung stehenden Platz mit Hilfe des Einkaufs von einwandfreiem und in der Größe passendem Pflanzmaterials und den damit verbundenen Schnittmaßnahmen optimal zu nutzen.

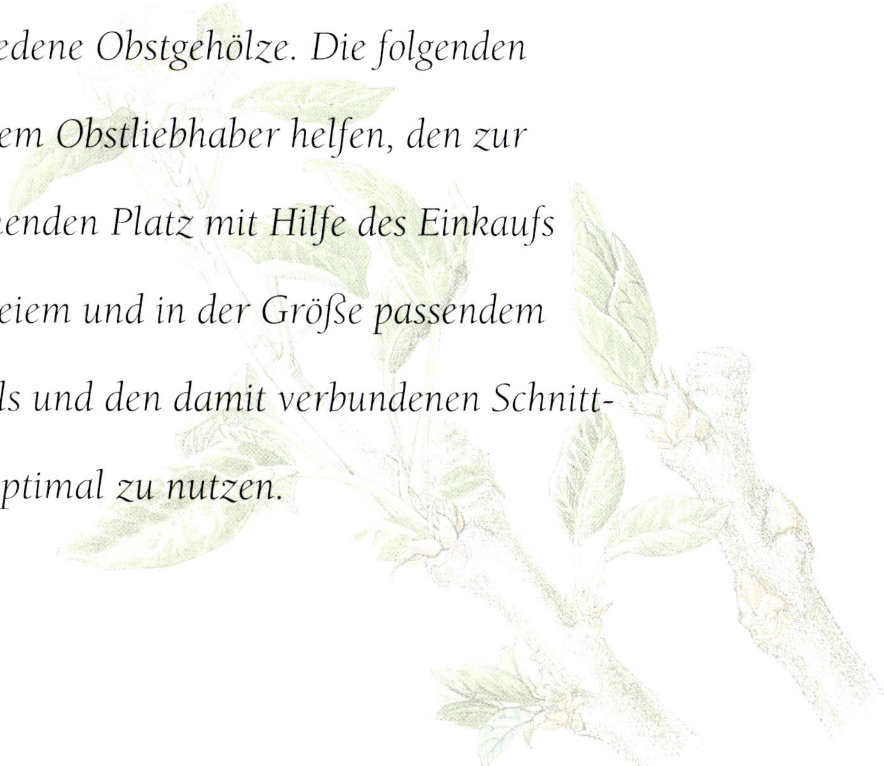

Vorbildlich gepflanzter Baum mit Stützpfahl.

Schöner Pfirsichbaum mit kräftigem Wurzelwerk.

WICHTIG BEIM EINKAUF

Qualitätsmerkmale und Gütebestimmungen

Die Kenntnis der Gütebestimmungen erleichtert Planung, Kauf und Vergleich von Obstgehölzen.

Die Forschungsgesellschaft „Landschaftsentwicklung, Landschaftsbau e. V." hat mit ihren „Gütebestimmungen für Baumschulpflanzen" für eine gute und gleichbleibende Qualität des Pflanzmaterials gesorgt. Auf einem Etikett müssen vermerkt sein: Art- und Sortenname, Verpflanzungsmerkmale, Größe bzw. Stärke bzw. Triebzahl, Unterlage bzw. Stammbildner und der Virusstatus. Es dürfen keine Schäden durch Krankheiten, Schädlinge oder Kulturmaßnahmen vorhanden sein und die Gehölze müssen sortenecht sein.

Für Obstgehölze gelten weiterhin folgende Kriterien: Die Veredlung von Apfelbüschen muß auf vegetativ vermehrten Unterlagen erfolgen, von Apfelhoch- und -halbstämmen auf Sämlingen oder auf starkwüchsige, vegetativ vermehrte Unterlagen. Die Veredlung von Birnenbüschen kann entweder direkt oder mit Zwischenveredlung auf Quitten, Birnensämlingen oder anderen Unterlagen erfolgen. Die Veredlungsstelle muß mindestens 10 cm über dem Boden liegen, die Mindesthöhe der Pflanzen muß 120 cm, bei schwachwachsenden Unterlagen 80 cm betragen. Bei Kopfveredlungen von Stammformen sollte sich ein starker Mitteltrieb mit drei kräftigen Trieben bzw. sortentypischen Seitenästen entwickelt haben. Mehrjährige Kronen weisen mindestens vier kräftige Triebe auf.

Bei der Höhe, die vom Boden bis zum untersten Trieb gemessen wird, unterscheidet man wie folgt: Formobstgehölze 40 cm; Büsche, Spindelbüsche 40–60 cm; Niederstämme 80–100 cm; Halbstämme 100–120 cm; Hochstämme ab 180 cm, wobei der Stammumfang bei Nieder- und Halbstämmen in halber Höhe mindestens 6 cm, bei Hochstämmen in 1 m Höhe mindestens 7 cm betragen muß.

Bei Schalenobst und Walnüssen sind Veredlungen besonders zu kennzeichnen. Angeboten werden Heister in Höhen von 100–150 cm, 150–200 cm und 200–250 cm sowie Hochstämme mit einem Stammumfang von 6–8 cm, 8–10 cm, 10–12 cm usw. Großfrüchtige Haselnüsse in Größen von 60–100 cm und 100–150 cm müssen mehrere Triebe und eine gute Bewurzelung aufweisen.

Johannis- und Stachelbeeren werden als Sträucher oder Fuß- bzw. Hochstämmchen gehandelt. Dabei müssen zweijährige Sträucher 3–4, 5–7 und 8–12 Triebe aufweisen. Fußstämmchen sind 40–50 cm, Hochstämmchen 80–90 cm hoch, wobei Johannisbeeren dann bei A-Qualität 3–4 Triebe, bei IA-Qualität 5 Triebe und mehr haben müssen. Stachelbeeren besitzen bei A-Qualität 4–6 Triebe, bei IA-Qualität 7 Triebe und mehr.

Brombeeren und Himbeeren ohne Topf mit einer Mindestlänge von 50 cm müssen gut bewurzelt sein. Brombeeren im Container sollten mindestens 30 cm lang sein, Himbeeren-Fertigware dagegen 80 cm.

Kulturheidelbeeren werden mit Ballen oder Container zwei-, drei- und vierjährig angeboten, wobei die einjährigen Triebe eine Mindestlänge von 20 cm haben müssen.

Gut gepflegter Hochstamm mit ersten Blüten.

Qualitätsbaum im dritten Jahr mit Früchten.

Die gebräuchlichsten Unterlagen

Die verschiedenen Unterlagen ermöglichen die Auswahl der optimalen Baumgröße für den zukünftigen Platz.

Je höher die Veredlung, desto stärker wirkt sich der Einfluß der Unterlage auf das Wachstum aus.

Deutlich sichtbarer Assimilatstau an der Veredlung bei Verwendung schwachwachsender Unterlagen.

Als Unterlagen bezeichnet man die Wurzel und den Stamm bis zur Veredlungsstelle eines Baumes. Mit der Wahl der Unterlage kann man Einfluß nehmen auf den Ertragsbeginn, die Baumgröße und damit auf den Standraumbedarf, die Fruchtgröße, die Standfestigkeit, das Lebensalter der Bäume, die Alternanz und die Krankheitsanfälligkeit. So kann jeder Hobbygärtner je nach Art und Grundfläche seines Grundstückes die passende Baumgröße anhand der angebotenen Unterlagen auswählen. Durch die Wahl von klein bleibenden Bäumen auf schwachwachsenden Unterlagen bietet sich auch die Möglichkeit, verschiedene Obstarten in kleinen Gärten, auf Terrassen und Balkonen unterzubringen.
Grundsätzlich unterscheidet man zwei Unterlagenarten: die generativ vermehrten Sämlingsunterlagen und die vegetativ vermehrten Unterlagen. Bei den Sämlingsunterlagen wird dabei entweder Saatgut von natürlichen Arten oder von geeigneten Kultursorten wie z. B. beim Apfel 'Bittenfelder' oder 'Grahams Jubiläumsapfel' und bei der Birne 'Kirchensaller Mostbirne' verwendet, aber auch Hochzuchtsaatgut hergenommen. Für vegetative Unterlagen werden Klone und Typen der verschiedenen Obstarten verwendet, wobei Klone immer von einer Pflanze abstammen und mit dieser genetisch identisch sind, während die von verschiedenen Pflanzen abstammenden Typen in wesentlichen Merkmalen übereinstimmen, genetisch jedoch nicht gleich sind.

Sämlingsunterlagen

Die älteste Unterlagenvermehrungsart ist die generative, also die geschlechtliche Vermehrung. Hier werden die Pflanzen aus Samen gezogen.

Die Abbildung zeigt deutlich die unterschiedlichen Wuchsstärken bei Apfelunterlagen (von links nach rechts): Schwachwüchsig z. B. M27, M9, M26; Mittelstarkwachsend z. B. M7, MM106, M4; Starkwachsend z. B. M11, A2, Sämling. Die Höhenunterschiede zeigen allerdings lediglich die Relation im Wachstum zwischen den verschiedenen Unterlagen. Absolute Höhen und Wuchsstärken sind abhängig von verschiedenen Faktoren. Standort, Düngung, Sorte und Schnitt haben ebenfalls großen Einfluß auf die Wüchsigkeit des Baumes. Achten Sie beim Kauf auf die Bezeichnung der Unterlage.

Veredelt man diese Bäumen nicht, so entstehen jedesmal neue Sorten mit unbekannten Eigenschaften. Sämlingsunterlagen werden in erster Linie für die Anzucht von Hochstämmen gebraucht. Diese Unterlagenart zeichnet sich durch eine hohe Standfestigkeit und je nach Art und Sorte höhere Toleranz gegenüber weniger optimalen Standorten aus. Sie besitzt außerdem eine höhere Widerstandsfähigkeit gegen Trockenheit, Nässe und Frost. Die aufveredelten Sorten wachsen stark, bilden große Bäume und setzen mit dem Ertrag meist erst nach einigen Jahren ein. Die Früchte bleiben in der Regel nur mittelgroß, es gibt vermehrt Schattenfrüchte mit schlechterer Ausfärbung, und es kommt meist zur Alternanz. Allerdings sind die Früchte in der Regel im Vergleich zu unveredelten Sorten auf dem Lager besser haltbar.

In alten Streuobstbeständen zeigt sich sehr deutlich die unterschiedliche Wüchsigkeit der Bäume.

Sehr viel länger als beim Kernobst spielten die unterschiedlichen Sämlingsunterlagen beim Steinobst eine wichtige Rolle. Schwächer wachsende, vegetativ vermehrte Unterlagen für Steinobst sind erst in den letzten Jahren gezüchtet bzw. selektioniert worden, um auch im Steinobst zu kleineren Baumformen zu kommen. Heute finden Sämlingsunterlagen aufgrund ihres starken Wachstums fast ausschließlich Verwendung in der Anzucht von großkronigen Hochstämmen im landschaftsprägenden Streuobstbau oder für einen schönen, schattenspendenden Baum in einem großen Garten.

Vegetativ vermehrte Unterlagen

Durch die vegetative Vermehrung, d. h. durch von Mutterpflanzen abgetrennte Pflanzenteile, entstehen Pflanzen mit gleichem Erbgut, also mit einheitlichem und bekanntem Wuchsverhalten. Um die Jahrhundertwende wurden hauptsächlich in England die damals bekannten Unterlagen geordnet und auf ihre Eigenschaften geprüft. Später befaßten sich auch andere Obstbauinstitute mit der Züchtung und Auslese wertvoller Unterlagen. So unterscheidet man bei diesen Unterlagentypen schwachwachsende, mittelstark wachsende und starkwachsende Unterlagen. Allen gemeinsam ist ein gegenüber der Sämlingsunterlage gebremstes Wachstum und damit eine leichtere Bewirtschaftung des Baumes sowie ein früherer Ertragsbeginn.

TIP

M 27 findet bei besonders großfrüchtigen Sorten wie 'Gravensteiner', 'Jonagold' oder 'Boskoop' Verwendung, deren Früchte dann etwas kleiner, aber damit am Lager haltbarer werden. Die Fruchtgröße bei kleinwüchsigeren Sorten kann durch Ausdünnung entsprechend reguliert werden.

Bäume mit schwachwachsenden Unterlagen brauchen zeitlebens ein stabiles Unterstützungsgerüst.

Apfelunterlagen

Apfel auf vegetativ vermehrten Unterlagen:

Schwachwachsende Unterlagen:
Alle schwachwachsenden Unterlagen wie beispielsweise M 27, M 9 und M 26 sind nicht standfest, sie benötigen auf Lebenszeit einen Pfahl oder ein Gerüst. Außerdem stellen sie sehr hohe Ansprüche an den Boden und brauchen eine gute Wasserversorgung. Das Nährstoffaneignungsvermögen ist so schwach, daß sie nicht mit Gräsern und Kräutern konkurrieren können und deshalb immer auf eine bewuchsfreie Baumscheibe angewiesen sind.

Mittelstark wachsende Unterlagen
Diese sind nicht so sehr auf eine grasfreie Baumscheibe angewiesen. Wer die Pflege nicht so intensiv betreiben oder die Baumscheiben nicht ständig bewuchsfrei halten will und trotzdem nicht sehr großen Bäume pflanzen will bzw. kann, wird sich für Bäume auf Unterlagen dieser Gruppe entscheiden. Baumschulen bieten aufgrund

der günstigen Auswirkung auf die Fruchtqualität und der Unempfindlichkeit gegen Kragenfäule am häufigsten die Unterlage M7 an.
Weitere mittelstark wachsende Unterlagen sind MM 106, M 2 und M 4. Der hohe und frühe Fruchtertrag läßt aber auch bei diesen Unterlagen eine Pfahlunterstützung ratsam erscheinen, um einen guten Wuchs zu garantieren.

<u>Starkwachsende Unterlagen</u>
Wer ausreichend Platz zur Verfügung hat und standfeste Bäume mit Hohl- und Pyramidenkrone als Nieder-, Halb- oder Hochstamm erziehen will, wird starkwachsende Unterlagen wie z. B. M 11 und A 2 bevorzugen, die sich durch gute Standfestigkeit, geringe Bodenansprüche und Frosthärte auszeichnen. Sie tragen allerdings erst spät und neigen etwas mehr zur Alternanz.

Wie ein Kunstwerk wirkt dieser von einem Schleier aus Rauhreif bedeckte Baum.

Birnenunterlagen
Birnen werden auf der vegetativ vermehrten Quittenunterlage mit und ohne Zwischenveredlung angeboten. Die Zwischenveredlungen erfolgen mittels eines sogenannten Stammbildners. Eine mit der Quittenunterlage verträgliche Birnensorte wird aufveredelt und auf diese kommt dann die mit der Unterlage unverträgliche Sorte. Als Stammbildner wird meist 'Gellert's Butterbirne' genommen. Eine Zwischenveredlung auf der schwachwachsenden Quittenunterlage brauchen unter anderem 'Alexander Lucas', 'Boscs Flaschenbirne', 'Bunte Julibirne', 'Dr. Jules Guyot', 'Gute Luise von Avranches', 'Tongern', 'Vereinsdechantbirne', 'Williams Christbirne'. Werden diese Sorten direkt auf die Quittenunterlage veredelt, kommt es zu Kümmerwuchs und einem Aufbrechen der Veredlungen.
Birnen auf Quittenunterlagen sind anspruchsvoll und auf warme, nährstoffreiche und gut durchlässige Böden angewiesen.

Kirschenunterlagen
Kirschen findet man auch heute noch meist auf den relativ starkwüchsigen Vogelkirschensämlingen sowie auf der etwas kleiner bleibenden vegetativen Kirschenunterlage F 12/1. In letzter Zeit kommen aber auch vermehrt Kirschen auf schwachwachsenden Unterlagen in den Handel. Dazu zählen: Weiroot, Colt, GM 61/1 und Gisela-Klone.

Pflaumenunterlagen
Pflaumen/Zwetschen sind auf Sämlingsunterlagen und auch auf vegetativ vermehrten Unterlagen erhältlich. Myrobalana-Sämling ist eine häufig verwendete, sehr starkwüchsige Unterlage, die sich besonders in trockenen Böden und bei Sorten mit starken Erträgen bewährt hat. Der St.-Julien-Sämling wächst etwas schwächer und der Ertrag setzt früher als bei Myrobalana ein; nachteilig ist eine sehr starke Bildung von Wurzelausschlägen. Durch Ableger oder Steckholz wird die Unterlage Brompton vegetativ vermehrt. Sie wächst stark, ist standfest, frosthart und setzt früh mit dem Ertrag ein. Weitere Unterlagen sind Marianna INRA GF 8/1, starkwachsend, St. Julien INRA Nr. 2, mittelstark, und St. Julien INRA 655/2 mit nur schwachem Wuchs. Besonders schwachwüchsig ist INRA GF 322 x 871/1.

Aprikosen-, Pfirsich- und Nektarinenunterlagen
Aprikosen, Pfirsiche und Nektarinen werden meist auf starkwachsenden Sämlingsunterlagen mit spät einsetzendem Ertrag angeboten oder auf den oben bereits beschriebenen Unterlagen Brompton. Für die Erziehung zu Büschen ist St. Julien INRA 655/2 notwendig.

Beerensträucher
Johannis- und Stachelbeeren sowie Kulturheidelbeeren werden mittels Steckholz oder Stecklingen vermehrt. Himbeer- und Brombeerpflanzen gewinnt man aus sogenannten Wurzelschnittlingen.

Qualitativ guter Hochstamm mit kräftiger Wurzel, schönem Stamm und optimaler Verzweigung.

Regelmäßig geschnittene Bäume bleiben lange vital und bringen auch im Alter noch schöne Früchte.

WARUM SCHNEIDEN?

Obstgehölze in Form bringen

Gekonnter Schnitt bringt Obstgehölze in die dem Standort und der Verwendung angepaßte und gewünschte Form und Größe; er zaubert aber auch und macht dann aus alt wieder jung.

Schneiden – muß das sein?

Das Schneiden der Obstbäume und der Beerensträucher hat bereits eine jahrhundertlange Tradition. Schon früh hat man erkannt, daß der geeignete Schnitt zum richtigen Zeitpunkt die Lebensdauer unserer Obstgehölze erhöht und diese gleichzeitig gesund und vital erhält. Ebenso erhalten die Bäume und Sträucher mit dem entsprechenden Schneiden die gewünschte Form und Größe; man denke dabei nur an das Spalierobst, das sich einer Häuserfassade mit Fenstern und Türen anpassen muß. Es ist also nicht die Frage, ob Schneiden sein muß oder nicht, sondern „Wie schneide ich richtig?“ Und dieses „Wie“ hat schon vielen Hobbygärtnern großes Kopfzerbrechen verursacht, ja sogar schon viele Obstbauprofessoren waren sich über das richtige Ausmaß des Schnittes an einem Gehölz nicht immer einig.

Grundsätzlich muß man sich bewußt sein, daß jeder Baum oder Strauch ein Individuum darstellt, das besonders verstanden und behandelt sein will. Man richtet sich beim Schnitt nach dem Standort, der gewünschten Kronenform, der Unterlage, der Art und Sorte sowie dem Alter des Baumes. Bei Sträuchern hängt das Schnittausmaß von der Menge der zu entfernenden, abgetragenen oder zu eng stehenden Triebe ab.

Mit dem Schnitt soll in erster Linie die Produktion von Früchten mit hoher Qualität sichergestellt und die Alternanz nach Möglichkeit ausgeschlossen werden. Schneiden bedeutet also ein gezieltes Wegnehmen von Pflanzenteilen, um das natürliche Wachstum und den Ertrag des Gehölzes möglichst unseren Wünschen anzupassen.

Möglich, daß die Frage ‘Schneiden – muß das sein?’ am Beginn eines Schnittbuches etwas provozierend klingt. Von vornherein sollte sich jeder Baumschneider aber im klaren sein, daß er bestimmte Ziele durch den Schnitt anstrebt. Von kurzer Dauer sind Modeschnittgags.

In der Jugend: Starkes Wachstum und aufrechter Wuchs

Im Vollertrag: Wachstum und Ertrag im Gleichgewicht

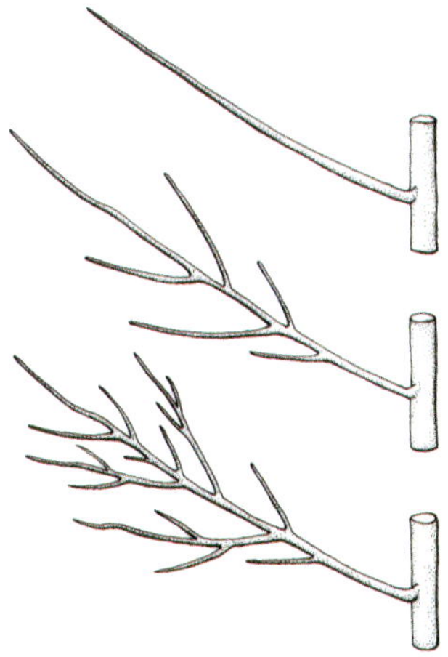

Die Triebentwicklung innerhalb von drei Jahren: Im ersten (oben), im zweiten (Mitte) und im dritten Jahr (unten).

Alte Bäume – junge Bäume

Der Schnitt alter Bäume, ganz gleich, um welche Erziehungsform es sich handelt, unterscheidet sich grundlegend von dem junger Bäume.
Bei älteren und alten Bäumen stehen bei Schnittmaßnahmen die Förderung junger Kurztriebe, das Entfernen abgetragener Triebe und damit ein Auslichten der Krone im Vordergrund. Auch ein sogenanntes Verjüngen eines Baumes durch radikalere Schnittmaßnahmen kann erfolgversprechend sein. Mit entsprechendem Schneiden wird man auch die Größenausdehnung der Kronen im gewünschten Rahmen halten.
Bei jungen Bäumen werden mit dem Erziehungsschnitt die Grundlagen für die verschiedenen Kronenarten gelegt. Mit zunehmendem Ertrag läßt das Wachstum nach und die Bäume treten in das sogenannte Hauptertragsstadium.

Im Alter: Abnehmender Ertrag und hängender Wuchs

Lebensabschnitte eines Baumes

Obstbäume werden in drei verschiedene Altersabschnitte eingeteilt: Das Jugendstadium, das Vollertragsstadium und das Alters- und Abgangsstadium.

Jugendstadium

Beim Jugendstadium entwickelt der Baum kräftige Holztriebe mit weiten Abständen (Internodien) zwischen den Knospen, wobei es sich in der Regel um Blattknospen handelt. Diese Langtriebe bilden die Grundlage für den Kronenaufbau, das sogenannte Traggerüst mit den Leitästen. Bäume mit stark- oder stärkerwachsenden Unterlagen tragen meist erst einige Jahre nach der Pflanzung Früchte und haben so Zeit, durch ein kräftiges Triebwachstum große Kronen zu entwickeln. Schwachwachsende Sorten/Unterlagenkombinationen tragen oft schon im zweiten Standjahr Früchte, die das Triebwachstum bremsen. Senken sich die Langtriebe langsam ab, zeigt dies die Zeit des beginnenden Ertrages an. Der Baum bildet dann an den Langtrieben vermehrt Seiten- und Kurztriebe mit endständigen Blütenknospen. Allerdings bleiben in diesem Aufbaualter die Früchte der meisten Steinobstarten kleiner als im Vollertragsstadium, Kernobst weist schlechtere Lagerfähigkeit auf, beispielsweise durch Glasigkeit und Stippe.

Abgangsstadium: Kaum Ertrag und viel Totholz

Vollertragsstadium

Das Vollertragsstadium läßt sich am weiter werdenden Astwinkel der Jungtriebe leicht erkennen. Die Baumkrone ist voll entwickelt und bringt bei richtigem Schnitt und optimaler Pflege Höchsterträge von guter Qualität. Zweck des Schnittes ist es jetzt, Jungtriebe, Fruchtruten sowie abgetragene Triebe in das richtige Verhältnis zueinander zu bringen und ein Überbauen der Krone zu verhindern. Man muß darauf bedacht sein, ein optimales Gleichgewicht zwischen Fruchtbarkeit und Triebzuwachs zu erreichen.

Altersstadium

Das Alters- und Abgangsstadium beginnt mit dem Verkahlen des Baumes im Kroneninneren. Es entwickeln sich nur mehr schwache und dünne Triebe, die keine vollwertigen Früchte mehr tragen können. Auch eine Fruchtholzverjüngung tritt nicht mehr in ausreichendem Maße ein. Ein weiteres Indiz ist eine abnehmende Fruchtgröße mit ungenügender Ausfärbung der Früchte, die Blätter bleiben kleiner, und die Alternanz wird immer ausgeprägter. Es ist wichtig, auf diese Anzeichen zu achten, um rechtzeitig für einen Ersatz des abgehenden Baumes sorgen zu können.
Die Dauer der genannten Lebensabschnitte eines Baumes sind zwar durch Art, Sorte, Unterlage oder Baumform sowie standörtliche Gegebenheiten vorgegeben, aber man kann die Jahre des Vollertrages durch Verkürzung des Jugendstadiums bis zum beginnenden Ertrag und Hinauszögern der Altersperiode durch zum richtigen Zeitpunkt angewandte, sorgsame und konsequent durchgeführte Pflege- und Schnittmaßnahmen verlängern.

Nach langen Wintermonaten verwandeln zauberhafte, duftige Blüten eine ganze Landschaft in ein einzigartiges Blütenmeer.

IM FRÜHJAHR

Trieb- und Knospenarten

Jeder Baum und jeder Strauch entwickelt unterschiedliche Trieb- und Knospenarten, die beim Schnitt auch einer speziellen Behandlung bedürfen.

Treibt eine Blattknospe im Frühling aus, so vergrößert sich der Abstand zwischen den einzelnen Blattanlagen ständig. Es bildet sich zwischen Blattstiel und Holz eine neue Knospe.
Das Dickenwachstum des Stammes und auch der Triebe wird durch rege Zellteilung des sogenannten Kambiums bewirkt, das nach innen die Zellen des Holzkörpers und nach außen die Zellen der Rinde bildet. Das Kambium ist die zwischen Holz und Rinde sich befindende Wachstumszone.
Voraussetzung für einen richtigen, erfolgreichen Schnitt ist die genaue Kenntnis der einzelnen Trieb- und Knospenarten.
Unter einem Trieb versteht man den Zuwachs an Ästen und Zweigen (Holztrieb). Die Triebe entwickeln die zum Kronenaufbau benötigten Leit- und Seitenäste sowie das Fruchtholz, an dem sich die Blütenknospen befinden. In den Trieben werden die benötigten Nährstoffe transportiert und auch gespeichert.

Verschiedene Altersstadien des Fruchtholzes: Das jüngste Fruchtholz wächst verstärkt in die Senkrechte, die mittleren Zweige sind die zukünftigen Träger der Früchte, das stark verzweigte ältere Quirlholz wird weggeschnitten, da seine Leistungsfähigkeit erschöpft ist.

Wichtige Fachausdrücke

Unter Fruchtholz versteht man alle Teile eines Baumes, an denen Blütenknospen entstehen können und die nicht Teil des Baumgerüstes sind.
Das Fruchtholz entwickelt sich an den sogenannten Fruchtästen, die aus den Leitästen oder der Stammverlängerung wachsen. Wichtig ist dabei, besonders bei Pyramiden- und Hohlkronen, aber auch bei Spindelbäumen, daß sich die Fruchtäste gleichmäßig um den Baum verteilen.
Fruchtkuchen sind Verdickungen am Fruchtholz. Diese kennzeichnen die Stellen, an denen sich Früchte entwickelt haben. Aus den Fruchtkuchen geht oftmals weiteres Fruchtholz hervor.
Leitäste, die die Fruchtäste tragen, dienen der Formierung und dem Aufbau der Baumkrone. Die Leitäste werden in einem bestimmten, möglichst flachen Winkel direkt aus dem Stamm spiralförmig aufgebaut.

Triebarten

Der Mitteltrieb ist die verlängerte senkrechte Fortsetzung des Stammes und dient ebenso wie die Leitäste dem Kronenaufbau.
Kurztriebe sind einjährige Triebe mit sehr kurzen Abständen (Internodien) zwischen den Seitenknospen. Im Gegensatz dazu weisen Langtriebe große Internodien und ein stärkeres Wachstum auf. Langtriebe sind Jahrestriebe, die mit wenigen Ausnahmen nur Blattknospen bilden. Die Blütenknospenbildung kann jedoch durch Herunterbinden der Triebe Ende Juli/Anfang August gefördert werden. Diese Maßnahme empfiehlt sich besonders bei kleinwüchsigen Bäumen. An Kurztrieben findet man Blatt- und Blütenknospen.
Mehrjährige, von den Langtrieben ausgehende Verzweigungen bezeichnet man als Fruchtruten. Auf diesen entwickeln sich reichlich mit Blatt- und Blütenknospen garnierte Kurztriebe, die Fruchtspieße, die in der Regel mit einer Blütenknospe als Endknospe (Terminalknospe) abschließen.

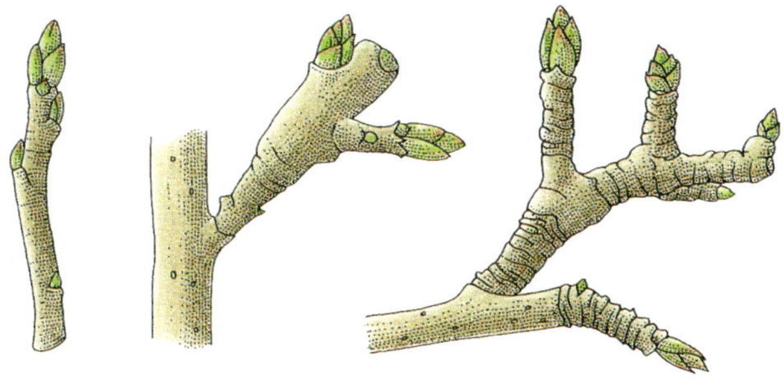

Fruchtholzarten, von links nach rechts: Fruchtspieß, Fruchtkuchen, Quirlholz.

Bilden sich in einer dichten Baumkrone lange, dünne Triebe mit großen Internodien, so spricht man von Wasserschossen. Die durch Lichtarmut vergeilten Triebe sind wertlos, sollten jedoch nicht gänzlich aus der Krone entfernt werden – da der Baum sonst immer wieder, meist an der Schnittstelle – neue Wasserschosse bildet. Besteht die Möglichkeit, durch Schnittmaßnahmen die Belichtung im Kroneninneren wesentlich zu verbessern, können Wasserschosse auch zur Fruchtholzbildung beitragen.
Neigen sich die Leit- und Fruchtäste zu stark herab, können sich an der höchsten Stelle steil nach oben wachsende Ständertriebe (Reitertriebe) bilden. Durch Herunterbinden können diese zu Fruchttrieben werden.

Die Leittriebe oder Verlängerungstriebe wachsen aus der im Vorjahr angelegten Terminalknospe des Mitteltriebes bzw. der Leit- und Fruchtäste

Triebarten, wie sie im Vollertragsalter zu finden sind: a) Kurztrieb, b) Langtrieb, c) Fruchtrute – Sie können so das Erkennen an Foto, Zeichnung und an Ihrem Baum üben.

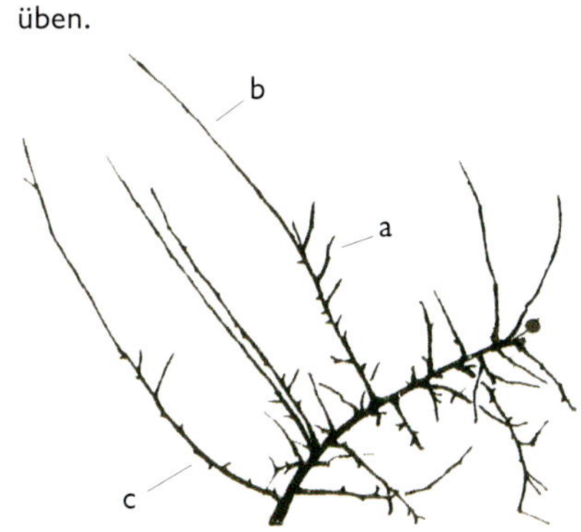

Mit leuchtend roten Blüten sind die ertraglosen Zierformen von Äpfeln ein Schmuck für jeden Garten.

und bilden deren einjährige Verlängerung. Die Afterleittriebe (Konkurrenztriebe) entwickeln sich unmittelbar hinter den Leittrieben an den Leit- und Fruchtästen und können diese an Stärke sogar übertreffen. Diese Triebe werden entfernt, sofern sie nicht einen zu schwach entwickelten Leittrieb ersetzen müssen. Die Bildung von Afterleittrieben kann beim Schnitt durch Ausbrechen der ersten Knospe (Blenden) unterhalb der Terminalknospe unterdrückt werden.

Von einem vorzeitigen Trieb spricht man, wenn die Achselknospen bei Jungtrieben kurz nach ihrer Entstehung noch im gleichen Sommer austreiben, Kurztriebe anlegen und nicht als Knospen den Winter überdauern. Man findet dies sehr häufig bei okulierten Bäumen aller Obstarten, in erster Linie jedoch bei Pfirsich- und Sauerkirschbäumen. Von großem Nutzen bei der Erziehung von Spindelbäumen sind vorzeitige Triebe. Sie entstehen nur bei sehr starkem Wachstum. Bildet sich anstelle einer Endknospe ein Dorn, so handelt es sich dabei ebenfalls um einen vorzeitigen Austrieb. Man findet diese an Wildformen unseres Obstes, z. B. an Wurzelausschlägen bei Pflaumen usw. Treibt eine Terminalknospe noch im Jahr ihres Entstehens aus und bildet sich dabei ein neuer Triebabschnitt, spricht man von dem sogenannten Johannistrieb (Nachtrieb). Es empfiehlt sich, diese Triebe, vor allem wenn sie nicht mehr mit einer Terminalknospe abschließen, zu entfernen, da sie dann sehr frostempfindlich und deshalb meist nicht winterhart sind.

Knospen

Den jüngsten Teil der Baumkrone nennt man am belaubten Trieb Auge, am unbelaubten Trieb Knospe. Jeder oberirdische Teil eines Baumes treibt aus einer Knospe aus. Beim Kernobst kann die Knospe noch nach mehreren Jahren zum Austrieb gebracht werden, während sie beim Steinobst in den meisten Fällen nach einem Jahr abgestorben ist. Aus der Knospe entwickeln sich, je nach Stellung und Ernährung, Blätter, Blüten oder auch die neuen Triebe.

Die sich am Ende eines nicht angeschnittenen Triebes befindliche Knospe bezeichnet man als Terminalknospe (Endknospe). Sie kann sowohl Blätter als auch Blüten hervorbringen. Über lange Jahre nicht austreibende Knospen, die sich lebensfähig erhalten haben, nennt man schlafende Knospen (auch schlafende Augen). Sie befinden sich in der Regel in den Astringbereichen und sind äußerlich nicht erkennbar. Durch Verjüngen bzw. entsprechend starken Rückschnitt oder große Wunden können sie „aufgeweckt", das heißt zum Austrieb gebracht werden.

Findet man seitlich am Grunde einer Knospe oder eines Triebes eine oder zwei Knospen (meist beim Kernobst, seltener beim Steinobst) so spricht man von den Nebenknospen (Beiknospen). Sie treiben nur aus, wenn die Hauptknospe beschädigt wurde.

In einer Blattachsel entwickelt sich seitlich am Trieb die sogenannte Seitenknospe, die als Blatt- und als Blütenknospe ausgebildet sein kann.

Blattknospen bilden sich in den Blattachseln von Trieben und bringen nur Blätter hervor. Sie sind spitz und von zahlreichen Hüllblättern umgeben. Sie stehen sowohl end- als auch seitenständig bevorzugt an einjährigen Trieben, wo sie als Endknospe die stärkste Triebkraft haben, diese nimmt zum Stamm hin ab.

Blütenknospen sind meist etwas größer als Blattknospen und durch ihre mehr oder weniger rundliche Form gut zu erkennen. Lediglich am einjährigen Holz bleiben sie in ihrer Größe den Blattknospen fast gleich und sind oft nur schwer zuzuordnen.

Blütenknospen bilden sich im allgemeinen aus, sobald die Kurztriebe mit dem Wachstum abgeschlossen haben, meist bereits in der Zeit von Ende Juni bis Anfang September. Sie enthalten dann bereits alle Teile der Blüte. Die Zeitspanne der Blütenknospenbildung hängt mit dem Triebwachstum zusam-

Kronenspitze eines Süßkirschenbaumes mit typischen Bukettknospen, die kurz vor dem Austrieb stehen.

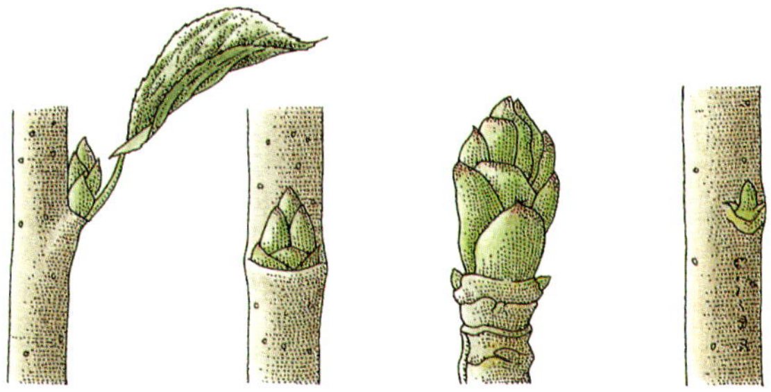

Knospen, von links nach rechts:
Blütenknospe am einjährigen Holz, Blattknospe, Terminalknospe, Schlafende Knospe.

men. Je stärker das Triebwachstum ist, desto später ist die Blütenknospenbildung beendet. An kurzem Fruchtholz schließt die Blütenknospenbildung früher ab als an Langtrieben. Bei Walnuß, Weinreben, Quitten, Himbeeren, Brombeeren werden die Blütenknospen erst im Frühjahr erkennbar.

Ein wunderbarer Kontrast – Rinde mit Blüten aus schlafenden Knospen.

Die Anzahl der Blütenknospen unterscheidet sich je nach Sorte und Art von Jahr zu Jahr. Man weiß, daß die Blütenknospenanlage in wesentlichem Maße mit einer guten und ausgewogenen Versorgung an Nährstoffen zusammenhängt. Wächst ein Baum zu stark, werden die Nährstoffe an den Triebspitzen verbraucht und für die Blütenknospenanlage bleibt zu wenig übrig. Ein sehr schwach wachsender Baum bildet oft zu viele Blütenknospen. Bei Blütenausfall bleiben dem Baum so große Nährstoffreserven, daß er für das nächste Jahr überreichlich Blüten ansetzt.

Steinobstarten besitzen meist reine Blütenknospen mit vier bis sechs Blüten, während sich beim Kernobst neben den Einzelblüten noch Blattrosetten mit Blütenknospen entwickeln; man spricht dann von den gemischten Blütenknospen.

Beim Kernobst findet man auch die Übergangsknospen. Es sind Blütenknospen im Anfangsstadium, die in ihrer Entwicklung aus verschiedenen Gründen stehengeblieben sind. Sie sind den Blütenknospen sehr ähnlich und von diesen auch nur sehr schwer zu unterscheiden. Sie sind in ihrer Form etwas kürzer und dünner und stehen in einer Blattrosette. Bei richtiger Ernährung bilden sich für das kommende Jahr Blütenknospen, bei Überdüngung wächst ein neuer Trieb heran.

Die sogenannten Adventivknospen entstehen an unüblichen Stellen des Baumes, wo man eigentlich keine Knospenbildung erwartet. So können sie sich z. B. aus dem Wundkallus, den der Baum aus dem Kambium um eine Wunde bildet, entwickeln. Bei Himbeeren und Brombeeren werden die an den Wurzeln befindlichen Knospen ebenfalls als Adventivknospen bezeichnet.

Charakteristische Knospenbildung

Baumobst

Die Langtriebe beim Kernobst schließen mit einer Terminalknospe ab, aus der sich im kommenden Jahr die Verlängerung des Triebes bildet. Bei den Seitenknospen dieser Langtriebe handelt es sich in der Regel um Blattknospen, die sich beim Apfel unter sehr günstigen Bedingungen aber auch zu Blütenknospen entwickeln können. Bei Birnen können sich an den einjährigen Langtrieben, gut erkennbar durch ihre runde Form, Blütenknospen bilden. Die überwiegend aus den Blattknospen wachsenden Kurztriebe schließen meist mit Blütenknospen ab. Aus dem verdickten Fruchtkuchen entwickeln sich Fruchtspieße, die allerdings in einer Vegetationsperiode nur millimeterweise wachsen, aber oft mit einer Blütenknospe abschließen. Blattknospen bilden seitlich je eine Nebenknospe aus, die bei Verletzung der Hauptknospe austreibt.

Sauerkirschen bilden an den im Vergleich zu den Süßkirschen dünneren einjährigen Langtrieben die Seitenknospen als reine Blütenknospen aus. Die Triebe verkahlen völlig nach der Ernte; nur aus den Terminalknospen und eventuell vereinzelt aus Seitenknospen bilden sich neue Triebe.

Süßkirschen bilden mit Blattknospen besetzte kräftige Langtriebe aus, an deren Basis sich dicht aneinanderstehende Blütenknospen entwickeln können und deren Endknospe meist mit einem ganzen Knospenkranz umgeben ist. Im folgenden Jahr entwickeln sich aus den obersten Seitenknospen ebenfalls Langtriebe. Die übrigen bilden Kurztriebe, die soge-

nannten Bukett-Triebe, die mit einer Blattknospe abschließen, welche von einer Rosette aus Blütenknospen umgeben ist.
Die Langtriebe von Zwetschen, Pflaumen, Mirabellen und Aprikosen sind meist nur von Blattknospen besetzt. Dicht sitzende Blütenknospen finden sich an Kurztrieben am mehrjährigen Holz, deren Abschluß immer eine Blattknospe bildet. Dabei stehen zwei bis drei Blütenknospen unter einer schlanken Blattknospe. Diese Kurztriebe sterben sortenbedingt nach wenigen Jahren – auch schon nach einer Ernte – ab und werden durch neue ersetzt. Man findet an den Bäumen den Fruchtruten ähnliche Triebe, die an der Basis und an der Spitze wenige Blattknospen bilden, aber zahlreiche Blütenknospen aufweisen.

Knospen, Triebe und Blüten des Apfels.

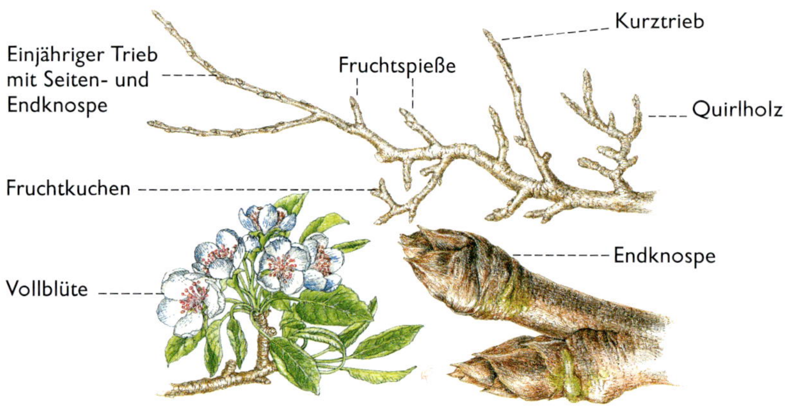

Knospen, Triebe und Blüten der Birne.

Knospen, Triebe und Blüte der Quitte.

Eine Ausnahme unter den Obstbaumarten bilden Pfirsich und Nektarine, denn sie entwickeln im Gegensatz zu den anderen Arten, ähnlich wie die Sauerkirschen, schon an den einjährigen Langtrieben Blütenknospen. Weisen diese sowohl Blatt- wie Blütenknospen auf, wobei um eine Blattknospe sich zwei bis drei Blütenknospen befinden, bezeichnet man diese Triebe als *wahre* Fruchttriebe im Unterschied zu den *falschen* Fruchttrieben. Falsche Fruchttriebe sind meist Kurztriebe, die seitlich nur Blütenknospen ausbilden und die an der Spitze weiterwachsen. Diese Triebe altern sehr schnell und bilden keine neuen Seitentriebe.

Beerenobst

Unsere Beerenobstarten entwickeln meist holzige, buschförmige Pflanzen, die über viele Jahre fruchten und in ihrem Höhenwachstum stark begrenzt sind. Büsche bilden von Natur aus keinen Stamm, sondern starke Seitenachsen aus. Diese Triebe wachsen im ersten Jahr sehr stark, ohne Verzweigungen zu bilden. Die Seitentriebe wachsen im zweiten Vegetationsjahr aus Knospen, die in den Achseln der Blätter angelegt wurden. Nur wenn die Spitzenknospe beschädigt ist, bilden sich schon im ersten Jahr Verzweigungen. Durch Erziehungs- und Schnittmaßnahmen können jedoch

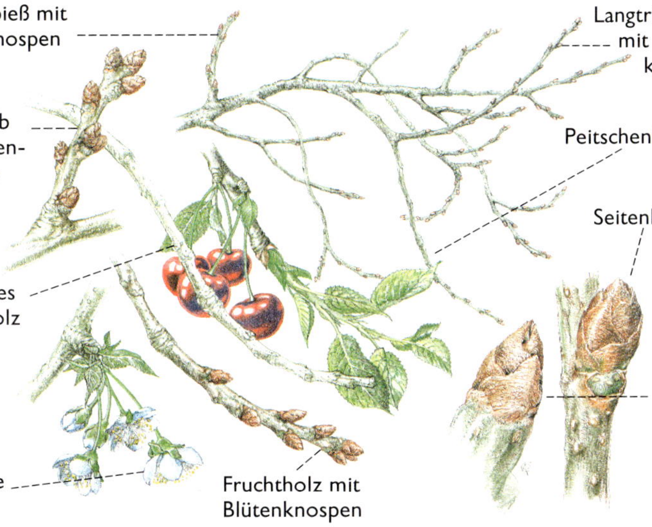

Knospen, Triebe und Blüten der Sauerkirsche.

auch Beerensträucher auf Stämmchen gezogen werden. Schlafende Augen finden sich bei den Sträuchern vor allem am Wurzelhals. Diese treiben bei schwerer Schädigung der Gerüsttriebe oder nach radikalem Rückschnitt aus. Himbeeren und Brombeeren, deren Ruten (Triebe) im Gegensatz zu anderen Beerenobststräuchern nach der Fruchtreife absterben, bezeichnet man als Halbsträucher.

Auch bei Beerensträuchern unterscheidet man Langtriebe mit großen und Kurztriebe mit kleinen Internodien. Die sich auf vorjährigen Langtrieben bildenden Kurztriebe sind nur im ersten Entwicklungsjahr ausreichend mit Blütenknospen besetzt. Die Voraussetzung dafür ist, daß sich auch ausreichend Blattknopsen gebildet haben, um die Ernährung sicherzustellen. Bukett-Triebe sind ältere, verzweigte Kurztriebe. Johannisbeeren, Stachelbeeren und Heidelbeeren bilden ihre Blütenknospen an den Kurztrieben auf den letztjährigen Langtrieben, während sich bei Holunder, Himbeeren und Brombeeren die Blütenknospen an der Spitze der seitlichen und endständigen Langtriebe entwickeln.

Viele Beerenobstarten sind behaart und besitzen Stacheln oder Dornen. Haare und Stacheln sind Ausstülpungen der Rinde und dienen u. a. der Pflanze (Himbeeren, Brombeeren) zum Klettern. Dornen entstehen aus Knospen und sind Bestandteil des Astgerüstes.

Strauchbeeren unterscheiden sich in den einzelnen Sorten und Arten sehr stark. So bilden schwarze Johannisbeeren ihre Blütenknospen am einjährigen Holz aus, während rote und weiße Johannisbeeren an den zwei- bis dreijährigen Leittrieben kürzere Triebe mit Blütenknospen ausbilden. Die Blütenknospen der Stachelbeeren findet man an einjährigen, sich aus den Leitästen entwickelnden Kurztrieben. Himbeeren tragen ihre Früchte an den letztjährigen Ruten, während bei Brombeeren die Blüten an kurzen, krautigen Trieben zu finden sind, die sich aus den überwinternden Ranken bilden.

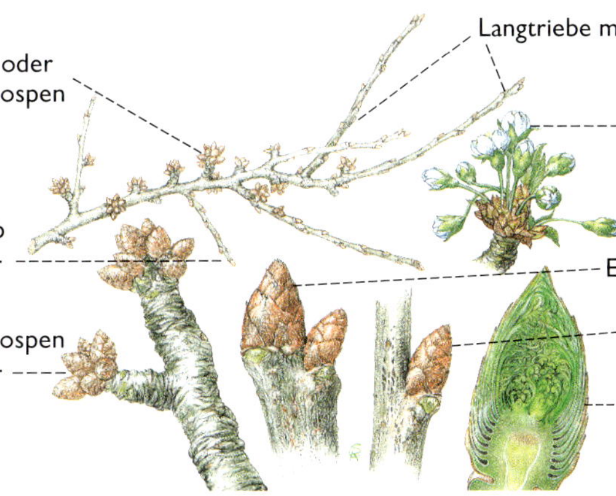

Knospen, Triebe und Blüten der Süßkirsche.

Knospen, Triebe und Blüten der Zwetsche.

Reaktion auf Schnittmaßnahmen

Jedes Gehölz zeigt Wirkung auf Eingriffe von außen. Schnittmaßnahmen sind künstliche Eingriffe, um den Baum zu bestimmten Reaktionen anzuregen.

1. Ein ungeschnittener Trieb bildet eine starke Triebverlängerung und schwächere Seitentriebe.
2. Wird die Terminalknospe entfernt, treiben die schwächeren Seitenknospen mäßig aus, die Triebverlängerung bleibt nur gering.
3. Rückschnitt auf mittlere Knospen erzeugt kräftigen Austrieb dieser Knospen.
4. Rückschnitt auf eine sehr schwach entwickelte Knospe des unteren Bereichs bewirkt eine sehr geringe Triebverlängerung.

Pflanzschnitt mit gebundenen Trieben an zweijährigem Baum und geblendeten Konkurrenzknospen.

Rückschnitt auf Knospen

Knospen werden mit jedem Rückschnitt unmittelbar hinter der Schnittstelle zum Austrieb angeregt. Das bedeutet, daß wir eine Verzweigung des geschnittenen Triebes erhalten. Damit verhindern wir z. B. auch Kahlstellen am Trieb. Dabei ist zu beachten, daß steil nach oben wachsende Triebe eine nur schwache Garnierung, also nur wenige Seitentriebe hervorbringen. Je mehr jedoch der Trieb in die Waag-

Ein starker Rückschnitt bewirkt einen starken Austrieb der obersten Knospen.

Schwacher Schnitt führt zu mäßigem Austrieb fast aller Seitenknospen.

Bei ungleichmäßigem Schnitt wächst der schwachgeschnittene Teil der Krone stärker.

Starkes Wachstum auf dem Scheitelpunkt eines Astes.

rechte gelangt, desto stärker wird die Bildung von Seitentrieben, die er hauptsächlich an der Trieboberseite anlegt. Durch das dann verminderte Längenwachstum kann der Baum seine Nährstoffe zur Bildung von Blütenkospen einsetzen. Besonders bei jungen Bäumen, die noch keine fertig ausgebildete Krone haben, sollte man die Triebe, die nicht zum Kronenaufbau nötig sind, waagrecht binden. Eine kräftig ausgebildete Endknospe an einem einjährigen Trieb bildet im folgenden Jahr eine starke Fortsetzung. Aufgrund des starken Längenwachstums entwickeln sich dann nur wenige Seitenknospen zu schwachen Seitentrieben. Wenn man diese schwachen Seitenknospen zur Bildung kräftiger Seitentriebe anregen will, entfernt man die Terminalknospe und schneidet auf eine Seitenknospe zurück. Dieser Eingriff vermindert das Längenwachstum, es treiben mehr Seitenknospen aus, die sich zu kräftigen Trieben entwickeln.
Wenn sich kräftige Seitenknospen in

Tip

Im Sommer können überflüssige, noch nicht verholzte Triebe oder Wasserschosse, die sich nach einem starken Winterschnitt gebildet haben, auch abgerissen werden. Man spricht bei dieser Maßnahme vom Sommerriß.

der Mitte eines Triebes befinden, so schneiden wir auf eine davon zurück und fördern damit einen kräftigen Austrieb. Schneiden wir dagegen auf eine im unteren Teil eines Triebes befindliche schwache, aber noch gut ausgebildete Knospe zurück, erhalten wir einen schwächeren Austrieb. Mit dieser Behandlung schwächt man beispielsweise einen Konkurrenztrieb,

Zu starker Rückschnitt bedingt zu starken Austrieb.

wenn man diesen nicht ganz entfernen will. Von zwei gleichwertig nebeneinanderstehenden Trieben läßt man einen unbehandelt und bindet ihn in die Waagrechte, um eine schnellere Fruchtholzbildung zu erreichen, während der andere durch das Zurücksetzen auf die unterste Knospe ein Jahr ruhiggestellt wird.
Wichtig ist auch die Blattmasse eines Baumes, denn das Dickenwachstum eines Baumes hängt in starkem Maße von der Anzahl der vorhandenen Blätter ab. Je weniger wir schneiden und je mehr Blätter damit an einem Ast erhalten bleiben, desto stärker wird das Dickenwachstum sein.
Eine weitere Regel: Je schärfer wir schneiden, desto stärker wird der Neutrieb sein. Schneidet man einen Baum ungleichmäßig stark, so kehrt sich dieser Effekt um, was bedeutet, daß der stark geschnittene Teil schwächer wächst, der schwach geschnittene dagegen stärker. Diese Regel kann bei der Baumerziehung in vielfältigen Anwendungsbereichen genutzt werden, z. B. kann man damit Wuchsfehler eines Baumes korrigieren.

Zu steil stehende Leitäste, die nicht gebunden wurden, lassen die Mitte verkümmern.

Winterschnitt

Die mit Hilfe eines starken Winterschnittes begünstigte Wuchskraft können wir uns bei der Behandlung von älteren und wuchsfaulen Bäumen zunutze machen. Der neu angeregte Austrieb bedarf in den nachfolgenden Jahren einer weiteren Schnittpflege, um einen reichen Ertrag zu erzielen. Führen wir im Winter nur einen schwachen Rückschnitt durch, so belassen wir damit dem Baum eine große Anzahl von Knospen. Diese bringen uns zwar auch einen zahlreichen Zuwachs, die Triebe bleiben aber kurz. In den meisten Fällen wird es sich um Fruchtholz handeln, d. h. an ihnen bilden sich Blüten und Früchte. Um Frostschäden möglichst auszuschließen, wird man beim Winterschnitt mit alten, hochstämmigen Bäumen beginnen; das Ende machen die jungen, noch im Aufbau befindlichen Bäume. Bei tieferem Frost – unter ca. minus 8° bis minus 10° C – sollte man die Schnittarbeiten unterbrechen.

Sommerschnitt

Der Sommerschnitt wird nach Beendigung des Triebwachstums durchgeführt. Es sollte nach dieser Maßnahme keine neue Triebbildung mehr erfolgen. Berücksichtigt werden muß dabei der Vegetationsverlauf, beispielsweise Niederschläge, Temperaturen usw., außerdem der Fruchtbehang und die Wüchsigkeit. Man wendet ihn bei Bäumen mit ausreichendem Neutrieb, vor allem aber bei stark wachsenden Sorten an. Der Sommerschnitt vermindert das Wachstum. Der Baum wird verstärkt zur Bildung von Blütenknospen angeregt und bildet dementsprechend weniger einjährige Triebe, die sonst beim Winterschnitt wieder entfernt werden müßten.

Schnitt-Praxis

Um richtiges und vor allem erfolgversprechendes Schneiden von Obstgehölzen durchführen zu können, bedarf es mehr als einer kurzen Unterweisung. Nur die durch praktische Tätigkeit gewonnenen Erfahrungen werden uns zum Ziel führen. Um eventuelle Mißerfolge zu vermeiden, werden die unterschiedlichen Schnittarten bei den einzelnen Erziehungsformen erläutert und es wird auf mögliche Fehler hingewiesen.

Geeignetes Werkzeug

Die Grundausstattung sollte aus einer Gartenschere, einer Bügelsäge und einer Hippe bestehen.

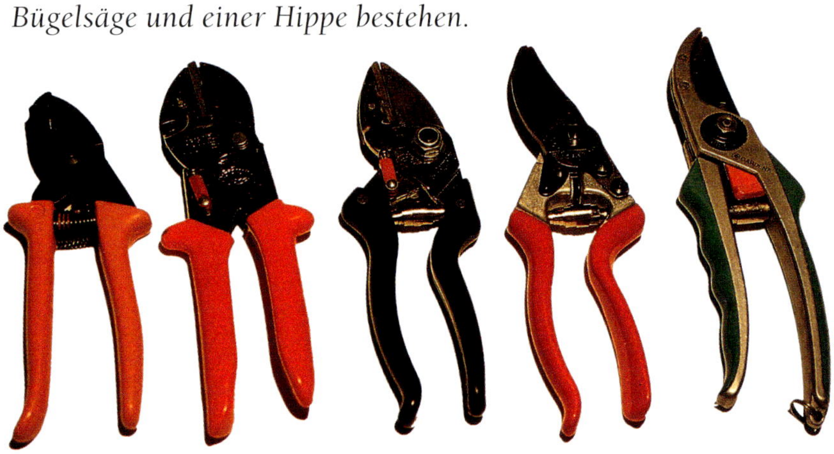

Gartenscheren werden in unterschiedlichen Ausführungen angeboten. Am besten, man probiert mehrere aus, bevor man sich zum Kauf entscheidet. Sägen gibt es für jeden Zweck in verschiedenen Größen.

Mit stumpfen, klemmenden, schlecht geschliffenen und falsch eingestellten Scheren und Sägen kann viel Schaden angerichtet werden.

Scheren

Baumscheren aus Leichtmetall, bei welchen sowohl die Griffe wie auch die Klingen ausgetauscht werden können, sind sehr praktisch. Einer zweischneidigen Schere mit zwei geschliffenen Klingen ist gegenüber einer einschneidigen Schere der Vorzug zu geben. Für das Schneiden von Beerenobst ist eine sogenannte Zweihandschere von Vorteil, da sie einen längeren Griff besitzt.

Sägen

Zweige und Äste von mehr als ca. 2 cm Durchmesser werden mit einer Baumsäge entfernt. Eine Bügelsäge mit verstellbarem Blatt ermöglicht ein genaues Arbeiten. Sägeblätter sollten regelmäßig ausgetauscht werden.

Hippe

Mit der Hippe werden bei größeren Wunden die Wundränder ausgeschnitten, um eine möglichst rasche Wundheilung zu fördern. Geübte und erfahrene Gärtner können aber auch mit dem Messer Schnittmaßnahmen an jungen, dünnen Trieben durchführen. Es entstehen beim Schneiden keine Quetschungen.

Für Bäume, an deren dünne Äste keine Leiter angelehnt werden kann, bietet sich die Bockleiter an.

Verschiedene Steighilfen

Die Arbeit an großkronigen Bäumen oder Spalieren macht Steighilfen erforderlich. Wichtig ist, daß diese in einwandfreiem Zustand sind. Bei Leitern sollte man jede einzelne Sprosse prüfen, indem man bei den flach am Boden liegenden Leitern jede Sprosse mit dem gesamten Körpergewicht belastet. Treten Zweifel auf, sollte lieber für Ersatz gesorgt werden.
Für Baumhöhen bis etwa 3 m ist der Pflückschlitten eine ideale Steighilfe. Seine oben konisch zulaufende Form gibt ihm eine hohe Standsicherheit. Bei höheren Bäumen bietet sich die Bockleiter an. Niemals dürfen Haushaltsleitern verwendet werden, da diese im weichen Boden einsinken und den Stand verlieren. Bockleitern sind mit Metallspitzen gegen Wegrutschen und ausreichend großen Fußplatten gegen Einsinken geschützt. Anlegeleitern benötigen, wie der Name schon sagt, stabile Astgabelungen, die ein seitliches Ausbrechen verhindern. Besonders wichtig ist ein sicherer Stand am Boden, weshalb diese Leitern immer mit ausreichend dimensionierten Spitzen an den Holmen versehen sein müssen, die fest in den Boden einzudrücken sind.

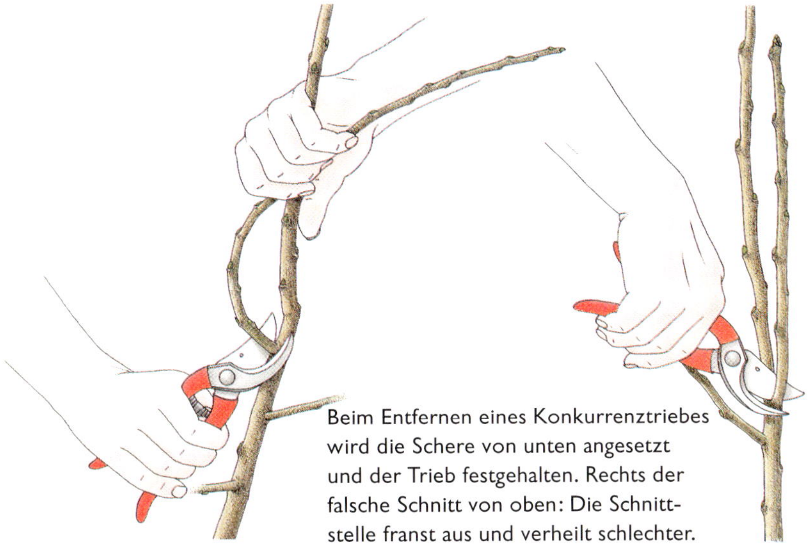

Beim Entfernen eines Konkurrenztriebes wird die Schere von unten angesetzt und der Trieb festgehalten. Rechts der falsche Schnitt von oben: Die Schnittstelle franst aus und verheilt schlechter.

OPTIMALER SCHNITT

Diverse Schnitt-Techniken

Die richtige Handhabung des Werkzeuges an der geeigneten Stelle des Baumes bzw. Strauches, ist der halbe Weg zum Erfolg.

Allgemein gültige Regeln

Um die später im Detail ausgeführten Schnittmethoden problemlos durchführen zu können, werden nachstehend für alle Schnittmaßnahmen gültige Begriffe erläutert. Grundsätzlich gilt, daß Triebe aus der Terminalknospe ein kräftigeres Längenwachstum aufweisen als die aus einer dahinterstehenden Knospe. Beim Einkürzen eines Triebes nimmt diese Stellung die der Schnittstelle am nächsten und oben am Trieb liegende Knospe ein. Beim Anschneiden eines einjährigen Langtriebes ist darauf zu achten, daß der Schnitt dicht an einer gut ausgebildeten Knospe sauber durchgeführt wird, ohne diese jedoch zu verletzen. Diese Maßnahme hat im kommenden Jahr einen kräftigen Fortsetzungstrieb aus der letzten Knospe zur Folge.
Fruchtruten können durch Schnittmaßnahmen auf einen oben stehenden, jüngeren Trieb verjüngt (Aufleiten) bzw. durch einen Rückschnitt auf einen jüngeren Nebentrieb im Wuchs verkürzt werden (Ableiten).
Wird eine Blattknospe mit der Schere oder dem Fingernagel zerstört, so spricht man vom Blenden einer Knospe. Dies geschieht meist bei der auf die angeschnittene Knospe folgenden Blattknospe, der sogenannten Konkurrenzknospe.
Um ein Verkahlen bei Kirschen zu verhindern und die Garnierung der Triebe zur Baummitte hin zu fördern, kann man bei einjährigen Trieben den oft knapp hinter der Terminalknospe sitzenden Kranz von Triebknospen entfernen. Man bezeichnet diesen Vorgang als Ausknospen, dabei wird auch die aus der Terminalknospe entstehende Triebverlängerung gefördert.
Steinobstbäume bringen nur sehr wenige schlafende Knospen hervor. Meist sind ältere Knospen nicht mehr lebensfähig. Aus diesem Grund weicht man beim Schnitt auf einen Seitentrieb oder einen Trieb mit gut ausgebildetem Knospenbukett aus. Diese Maßnahme bezeichnet man als Schnitt auf einen Seitentrieb. Um zu erreichen, daß der so behandelte Ast gerade weiterwächst, bindet man den Seitentrieb in die gewünschte Richtung.
Beim Schlankschneiden nimmt man bei zweijährigen Fruchtruten starke Seitentriebe weg. Man erreicht dadurch zweierlei: Zum einen werden Blätter entfernt, dadurch eine bessere Belichtung im Baum geschaffen und das Dickenwachstum gebremst. Zum anderen wird erreicht, daß die Blütenknospen an den vorhandenen Kurztrieben als Endknospe gestärkt werden.
Haben sich genügend Jungtriebe an Fruchtästen und -ruten gebildet, so beläßt man einen Teil ungeschnitten für die Bildung von Blütenknospen. Die überzähligen Jungtriebe von Fruchtruten oder -ästen schneidet man nicht ganz ab, sondern nur auf die letzte Knospe zurück und fördert so im folgenden Jahr die Bildung von Trieben, die ein Jahr später blühen als die ungekürzten. Durch dieses Zurückstellen kann man der Alternanz entgegenwirken.
Um gutes, kräftiges Fruchtholz zu bekommen, entfernt man zu starke einjährige Triebe bis zur Basis, d. h. bis zum Übergang vom ein- zum zweijährigen Holz. Dieser Vorgang wird als Stauen oder Schnitt auf die Basis bezeichnet.

Damit auch Linkshändern ein sauberer Schnitt gelingt, gibt es spezielle Linkshänderscheren.

Baumformierung

Durch eine Veränderung des Wachstums kann die Blütenbildung und damit auch der Ertrag positiv beeinflußt werden.

Da bei den Obstbäumen das Wachstum und die Blütenbildung – und damit natürlich auch die Ernte – voneinander abhängen, wirkt sich auch jede Veränderung des Wachstums auf die Fruchtbarkeit aus. Die Wachstumsrichtung von Trieben kann durch Binden, Spreizen oder Anbringen von Gewichten wirksam verändert werden. Dazu muß man folgendes wissen: Je flacher sich ein Trieb entwickelt, um so leichter wird er Blütenknospen bilden und als erfreulichen Nebeneffekt wird bei Waagrechtstellung auch das Längenwachstum eingeschränkt und damit schon eine Voraussetzung für einen kleinbleibenden Baum geschaffen. Dies gilt ohne Ausnahme für jeden Obstbaum. Umgekehrt gilt natürlich, daß je steiler ein Trieb aufwärtsgerichtet ist, desto kräftiger wird er austreiben und in die Länge wachsen, aber nur mit schwacher seitlicher Garnierung.
Es ist allerdings unbedingt darauf zu achten, daß sich die Triebe beim Herunterbinden nicht zu tief neigen und die Spitze zum Boden zeigt. Es darf sich auch kein Bogen bilden, sondern der Trieb muß von der Basis her in gerader Linie geführt werden. Bildet sich ein Bogen, so hat dies zur Folge, daß der Baum an der höchststehenden Triebstelle Wasserschosse bildet, die die Krone zu dicht werden lassen. Diese müssen später entfernt werden und erhöhen so den Schnittaufwand unnötig.
Bei Hochstämmen wird man in erster Linie in der Kronenerziehung steil stehende Leitäste bei den Jungbäumen in den ersten Jahren in eine waagrechte Stellung bringen, um eine ausgeglichene und schön geformte Krone zu bekommen. Bei klein bleibenden Bäumen wird durch Waagrechtstellung von jungen Langtrieben deren Wachstum gebremst und die Garnierung gefördert. Der Beginn der Ertragszeit verfrüht sich.

Binden

Mit einer Schnur (Bast etc.), die man vom Stamm, eventuell auch vom Pfahl oder vom Gerüst, zum Ast führt, wird dieser vorsichtig in die Waagrechte gezogen. Wichtig ist dabei, daß die Triebe nicht nur heruntergebogen werden, sondern daß sie vom Ansatz her gleichmäßig heruntergebogen werden. Es sollte sich an dieser Stelle eine Unebenheit befinden, um die Schnur zu arretieren. Wenn man das Bindematerial nicht doppelt, also ohne Knoten führt, sondern es mit Schleifen befestigt, so muß daran gedacht werden, daß sich durch das Waagrechtstellen des Astes das Dickenwachstum verstärkt und dadurch bei zu festem Binden Einschnürungen auftreten können.
Bei jungen Bäumen kann diese Arbeit sowohl beim Winterschnitt an einjährigen Trieben oder im Sommer an gleichjährigen Trieben ausgeführt werden, wobei im Winter das Binden, im Sommer das Beschweren mit Ballast zu bevorzugen ist. Da im Frühsommer, der Zeit des stärksten Wachstums, sich die Triebspitzen wieder aufrichten und nach oben wachsen können, sollte das Formieren nicht durchgeführt werden, bevor die Kurztriebe mit Endknospen abgeschlossen haben, was meist Mitte Juli der Fall ist.
Ist bei einem neugepflanzten Baum ein zu waagrecht stehender Leitast im Gegensatz zu den anderen im Wachstum zurückgeblieben und wird dieser zum Aufbau der Krone benötigt, so kann man ihn durch Hochbinden för-

Auch mit kleinen Gewichten lassen sich Triebe in die Waagrechte bringen.

Das Herunterbinden von Fruchtästen fördert die Blütenknospenbildung. Mit Klammern (rechts) wurde früher gearbeitet. Dies birgt höhere Verletzungsgefahr in sich. Deshalb ist man heute zu anderen Hilfsmitteln übergegangen. Wichtig ist, daß die Triebe nicht nur heruntergebogen, sondern vom Ansatz her in die Waagrechte gebracht werden.

dern. Dadurch steht ihm bessere Ernährung zur Verfügung und seine Wüchsigkeit wird angeregt. Man kehrt also bei dieser Maßnahme den vorher ausgeführten Effekt um. Diese Arbeit kann schon im Frühjahr vor dem Austrieb vorgenommen werden. Dies ist nur solange notwendig, bis alle Leitäste der Krone im Gleichgewicht sind.

Zu steil stehende Triebe können mit Sperrhölzchen flacher gestellt werden (links). Zu flache Triebe können durch Hochbinden steiler gestellt werden (rechts), dies fördert das Längenwachstum.

Gewichte

In Fachgeschäften kann man heute auch kleine Beton-Gewichte kaufen, die etwa 100 g wiegen und mittels einer Wäscheklammer oder einer ähnlichen Halterung am Zweig angebracht werden können. Um die Waagrechtstellung des Triebes zu erreichen, muß der Befestigungspunkt zuvor mit der Hand sorgfältig austariert werden.

TIP

Kleine Säckchen oder Netze, gefüllt mit Ballast (Kieselsteinchen etc.) sind leicht selbst anzufertigen und erfüllen den gleichen Zweck wie andere Gewichte.

Spreizen

Zu steil stehende Äste, vor allem Leitäste, haben nicht nur ein oft zu starkes Wachstum, sondern es besteht zusätzlich die Gefahr der Bildung von Schlitzästen. Auch die Belichtung innerhalb der Krone verschlechtert sich, das Kroneninnere verkahlt dann. Man sollte also für genügend Abstand von Ast zu Ast und von Ast zum Stamm sorgen. Eine Möglichkeit, die Äste in einen günstigen Winkel zum Stamm zu bringen (der Winkel sollte auf keinen Fall kleiner als 45° sein) und damit auch zum richtigen Abstand, ist neben dem oben beschriebenen Binden auch das Spreizen oder Sperren. Da eine Vielzahl von Sorten der verschiedenen Obstarten von Natur aus steil wachsen, sollte man bereits nach dem Pflanzschnitt die Voraussetzung für die richtige Aststellung schaffen. Dies geschieht am besten durch das Spreizen. Man verwendet dazu ein etwa fingerdickes, bei schon größeren Bäumen mit stärkeren Ästen ein entsprechend dickeres Holzstück, vorzugsweise ein Aststück einer gerade wachsenden Holzart mit möglichst weichem Mark wie z. B. Holunder, Esche, oder auch Haselnuß. Ist der Stamm und der Leitast gleich stark, kann es sein, daß nicht nur der Leitast, sondern auch der Stamm seine Stellung verändert, was ja dem Sinn der Maßnahme zuwiderliefe. In diesem Fall muß versucht werden, am Stamm den Ansatzpunkt für das Spreizholz möglichst tief und damit an einer stärkeren Stelle und im Gegenzug am Trieb einen möglichst hohen Ansatzpunkt an einer dann schwächeren Stelle zu finden und trotzdem den gewünschten Winkel zu erhalten. Notfalls wird man in einem solchem Fall auf das Binden zurückgreifen. Das Spreizholz wird nunmehr mit einer Baumschere oder einem Messer zuerst am stärkeren Ende dachförmig zugespitzt, wobei die Auflagelinie im rechten Winkel zum Spreizholz stehen muß, damit ein Abrutschen am Holz vermieden wird. Nachdem man die genau benötigte Länge des Spreizholzes austariert hat, wird dieses am zweiten Ende ebenfalls zugespitzt, wobei unbedingt zu beachten ist, daß beide Enden achsengleich verlaufen. Eingesetzt wird das Spreizholz möglichst an einer Knospe, die ihm zusätzlichen Halt gibt. Nun wird auch der Vorteil eines weichen Markes sichtbar, denn es nimmt die Form seiner Auflage an. Hat man ein Hartholz verwendet, behilft man sich mit keilförmigen Einschnitten an den Auflageflächen, um so den Druck etwas zu vermindern und den Sitz zu verbessern. Hat man ein Spreizholz mit einer natürlichen Vergabelung, wird nur an einer Seite zugespitzt und die Ästchen der Vergabelung werden auf ganz kurze Stummel zurückgeschnitten.

Stäben

Bei umgepfropften Bäumen kommt es häufig vor, daß die neuen Triebe zu steil in die Höhe, seltener nach unten wachsen. Hier ist ein Spreizen nicht möglich, meist ist auch ein Binden unzweckmäßig und für das Anbringen von Gewichten sind die neuen Triebe oft noch zu unstabil. In solchem Fall behilft man sich mit dem sogenannten Stäben. Dabei wird am Unterlagenast ein Stab an zwei bis drei Stellen gut angebunden, dessen Ende knapp in der Länge des neuen Triebes vorsteht ohne diesen zu überragen. Soll heruntergebunden werden, wird der Stab an der Unterseite des Unterlagenastes angebracht, soll hochgebunden werden, bringt man den Stab an der Oberseite an und befestigt daran den neuen Trieb.

AUCH SÄGEN WILL GELERNT SEIN

Optimale Sägetechnik

Der Griff zur Säge wird nicht nur bei den alljährlich sich wiederholenden Schnittmaßnahmen notwendig, sondern oft auch schon während der Vegetationsperioden, wenn es darum geht, stärkere Äste zu entfernen.

Völlig verwilderter Baum, der den Pflegenden vor große Probleme stellt.

Man denke in diesem Zusammenhang nur an die leider immer wieder vorkommenden Sturmschäden, den Bruch von Ästen durch einen zu starken Fruchtbehang, bei dem wir es versäumt haben, rechtzeitig eine Stütze anzubringen oder auch im Winter durch Schneelast oder starken Rauhreif.
Dabei wird man feststellen, daß abgebrochene Äste fast immer gesplittert sind. Natürlich ist es wichtig, möglichst schnell die Wundstellen zu behandeln, um ein Eindringen von Schadpilzen, Schädlingen oder ein Auftreten von Fäulnis zu unterbinden.
Es versteht sich dabei von selbst, daß für diese Arbeiten nur geeignetes, vor allem aber scharfes Werkzeug – in erster Linie die Säge – verwendet werden darf.
Bei Ästen mit mehr als 2,5 cm Durchmesser wird am besten mit der Bügelsäge gearbeitet.
Beim Absägen stärkerer Äste führt man den ersten Schnitt etwa 20 cm vom Stamm entfernt durch, indem man etwa ein Viertel der Aststärke von unten her einsägt und anschließend dann 1 cm weiter vom Stamm entfernt von oben her sägt, bis der Ast bricht. Dieses Absägen von unten und oben verhindert das Splittern von Holz. Anschließend sägt man den Stummel am Stamm sauber ab, glättet die Schnittränder mit der Hippe und verstreicht größere Wunden (größer als ein 2-DM-Stück) mit Baumwachs, um das Eindringen von Krankheitskeimen, Pilzen etc. zu verhindern und ein gutes Überwallen der Wunde zu fördern.
Wenn man nur ein kurzes, leichteres Aststück zu entfernen hat, wird der Sägeschnitt von oben nach unten bzw. von innen nach außen durchgeführt. Bei einem schwereren Ast wäre dieses Vorgehen falsch, denn durch sein Eigengewicht würde er mit Sicherheit abreißen und dabei ein größeres Stück Rinde ablösen, so daß es zu einer großen Wunde am Baum kommt.
Es ist ein Irrtum, zu meinen, man solle einen Aststummel stehen lassen, weil dieser eine kleinere Wundfläche hat. Wunden am Stummel heilen sehr viel schlechter als am Stamm.
Eine weitere Möglichkeit, einen schweren Ast abzusägen, besteht darin, daß man ihn zuerst auf eine Länge von etwa 50–60 cm einkürzt, um ihn anschließend am Ansatzpunkt abzusägen, wobei man ihn dann mit der freien Hand abstützen muß, um ein Ausbrechen zu verhindern.
Grundsätzlich ist davon auszugehen,

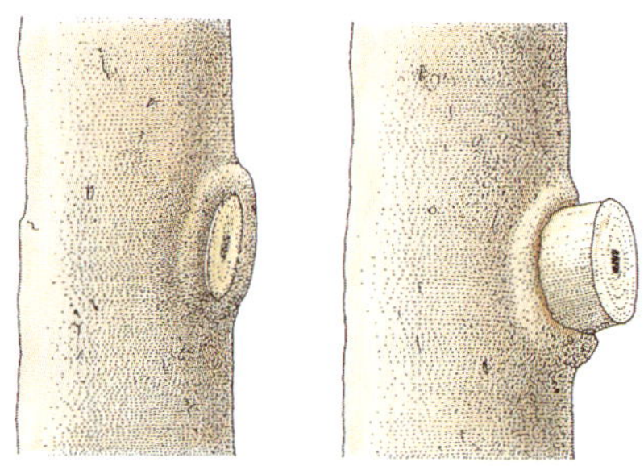

Schnitt auf Astring möglichst ohne Stummel durchführen, so wird die Fäulnisgefahr verringert.

daß kleine Wunden mit einer glatten Oberfläche und einem unbeschädigten glatten Wundrand am besten und schnellsten verheilen.
Der Schnitt sollte auch so ausgeführt werden, daß sich auf der Wundstelle kein Regenwasser ansammeln kann. Eventuell kann mit einer gut plazierten Kerbe ein Abfluß für das stehende Wasser geschaffen werden und der drohenden Fäulnis auf diese Weise vorgebeugt werden.

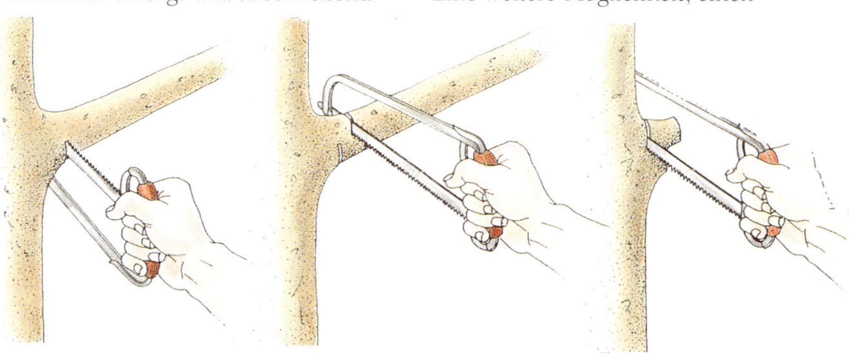

Richtiges Absägen: Zuerst sägt man von unten, dann von oben den Ast an, so daß er hier abbrechen kann. Der Schnitt am Stamm erfolgt danach ohne Probleme.

Erste Hilfe für Bäume

Auch für einen Baum ist die Pflege seiner Wunden und Verletzungen sehr wichtig und er dankt uns die Mühe durch einen schnellen und komplikationslosen Heilungsprozeß.

Größere Wunden werden mit Wundwachs behandelt.

Gut überwallte Wunde nach Behandlung mit Wundwachs.

Eine Wundbehandlung bei Gehölzen kann aus verschiedenen Ursachen notwendig sein. Es können Krankheiten wie beispielsweise Obstbaumkrebs auftreten, die ein Ausschneiden befallener Stellen bis ins gesunde Holz notwendig machen. Durch diese Maßnahme entstehen Wunden von meist größerem Format. Einer Behandlung bedürfen auch Wunden, die durch Wildverbiß, den Fraßstellen am Holz von Rehen oder Hasen, entstanden sind. Auch Frostrisse in der Rinde stellen Wunden dar, die zu beachten sind. Und schließlich verursacht natürlich jeder Schnitt bei einer Schnittmaßnahme eine Wunde. Prinzipiell ist jede Wunde, die größer als ein 2-DM-Stück ist, mit Wundverschlußmittel zu verstreichen, um ein sauberes, sicheres und rasches Verheilen ohne Infektion zu gewährleisten. Jeder Baum versucht schon von sich aus, seine Wunden in kürzester Zeit zu verschließen, denn die Wunde verursacht eine Störung des Nährstoffflusses und damit auch der Nährstoffversorgung. Eine Verletzung verursacht einen Wundreiz, der zur Bildung von Wundhormonen führt. Dieses Alarmzeichen regt das durch die Wunde offen liegende Kambium zum Wachstum an, und die Wundstelle mit dem Kallus, dem Wundgewebe, zu überwallen. Ist der Kallus zunächst gleichförmig, bildet er später nach innen Holz, nach außen Rinde.

Eine gute Überwallung ist nur dann gegeben, wenn die Wundfläche möglichst nah an den Leitungsbahnen liegt und die Wundränder nicht ausgefranst, gequetscht oder zerrissen sind, sonst bildet sich kein Kallus. Wenn man einen Aststumpf stehen läßt, kann es passieren, daß der Stumpf eintrocknet, und eine Überwallung verhindern wird. Die Wundheilung erfolgt vom unteren Rand sowie vom linken und rechten Außenrand gleich stark, während sie vom oberen Rand her, besonders bei größeren Wunden, vermindert erfolgt. Bei nach oben zeigenden Wunden besteht die Gefahr, daß sich durch die bei der Überwallung gebildeten Wülste Regenwasser ansammelt und dieses zu Fäulnis führt. In einem solchen Fall sollte man mittels einer Kerbe für den Abfluß des Wassers sorgen.

Den Abschluß der Arbeit bildet der Verschluß der Wunde mittels einem Wundverschlußmittel. In Fachgeschäften werden verschiedene Präparate angeboten, wobei flüssige gegenüber festeren den Vorteil haben, daß sie auch bei feuchter Witterung verwendet werden können und sparsamer im Verbrauch sind. Bei Salben und Pasten muß die Wunde trocken sein, da die Streichmittel sonst nicht haften. Nach einiger Zeit empfiehlt sich eine Kontrolle.

Wird eine Wunde nicht versorgt, so kann eine Wundheilung, besonders bei größeren Wunden, oft Jahre dauern. Dann besteht die Gefahr, daß in nicht überwallte Stellen Pilze und Schädlinge eindringen und den Baum in seiner Substanz schädigen. Bei Steinobst bildet sich in starkem Maße Gummifluß, was eine Schwächung des Baumes zur Folge hat.

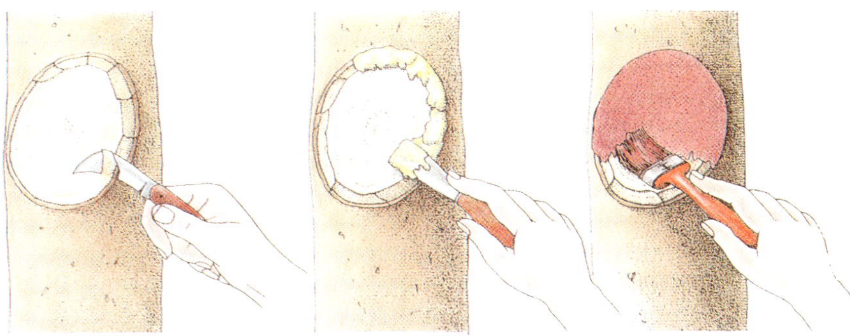

Größere Wundstellen müssen zur besseren Verheilung mit Wundwachs behandelt werden. Die Ränder werden mit einer Hippe von den Fransen des Sägens befreit und sauber abgerundet. Mit einem Spachtel wird das Wundwachs, das bei kalter Witterung angewärmt werden muß, aufgetragen. Flüssige Wundverschlußmittel werden mit einem Pinsel verstrichen.

Allerlei Erziehungs-formen

So unterschiedlich wie die Wünsche und Anforderungen der Hobbygärtner an ihre Obstgehölze sind, ist die Wahlmöglichkeit bei den verschiedenen Erziehungsformen.

Wissenswertes über Baumobst

Es gibt unzählige Variationsmöglichkeiten, Obstbäume unseren Wünschen sowie den Gegebenheiten des Standortes anzupassen. Hat man sich für eine bestimmte Wuchsstärke entschieden, wählt man die passende Kronenform aus.
Bei den Kronen unterscheidet man die Rundkrone und die Längskrone. Jede Rundkrone zeigt sich von oben als Kreis, während die Längskrone elliptisch ist. Zu den Rundkronen zählen alle Spindelformen, außerdem Pyramiden-, Hohl- und Tellerkrone. Längskronen sind Zwei- und Dreiastkronen in Heckenerziehung sowie alle Spalierformen. Grundsätzlich sind alle Kronenformen auf allen Stammlängen möglich, nur sind z. B. Spindel- oder Längskronen auf Hoch- oder auch Halbstamm nicht sinnvoll.
Hoch- und Halbstämme brauchen für die ersten fünf bis sieben Standjahre einen Pfahl, denn sie sollen ja einen geraden Stamm bilden. Der Baumpfahl sollte für Hochstämme eine Länge von ungefähr 2,50 m aufweisen mit einer Zopfstärke von 6–7 cm. Die genaue Höhe richtet man nach der Stammhöhe aus, denn der Pfahl muß immer unter der Krone enden. Das Anbinden muß immer in Form einer Acht erfolgen. Mit dieser Form wird ein Polster geschaffen, das Rindenschäden durch Wetzen am Pfahl infolge von starkem Wind etc. verhin-

Übliche Baum- und Kronenformen bei Kern- und Steinobst:

Baumform (Stammhöhe)	**Kronenform** Rundkrone	Längskrone	**Übliche Kern- und Steinobstarten**
Hochstamm ab 180 cm	Pyramiden- Hohl-		Apfel, Birne Apfel, Birne
Halbstamm 100–120 cm	Pyramiden- Hohl-		alle Obstarten Pflaume Apfel, Birne, Sauerkirsche, Pfirsich, Nektarine, Zwetsche
Niederstamm (Meter- oder Viertelstamm) 80–100 cm	Pyramiden- Hohl- Teller-	 Zweiast- Dreiast-	alle Obstarten Apfel, Birne, Sauerkirsche, Pfirsich, Nektarine, Zwetsche Pflaume Apfel, Birne Apfel, Birne
Buschbaum, Spindel 40–60 cm	Pyramiden- Hohl- Spindel-	 Zweiast- Dreiast- Spaliere	 alle außer Kirsche Apfel, Birne Apfel, Birne Birne, Pfirsich, Nektarine, Aprikose, Sauerkirsche

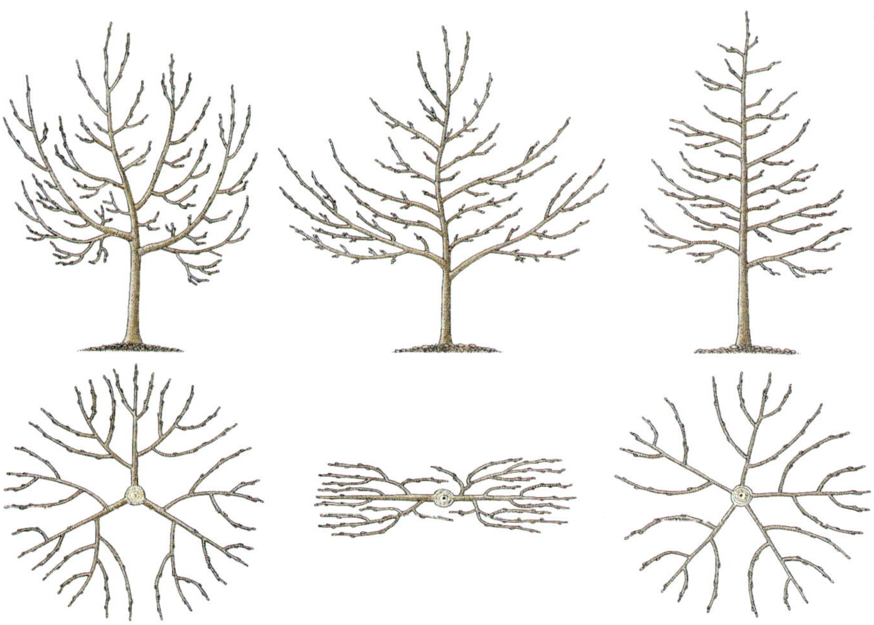

Die drei wichtigsten Kronenformen in Seitenansicht und aus der Vogelperspektive. Von links nach rechts: Pyramidenkrone mit gleichmäßig verteilten Leitästen, Dreiastkrone mit gegenständigen Leitästen und Spindelkrone mit gleichmäßig an der Mittelachse stehenden Fruchtästen.

Älterer, sehr vitaler Spindelbaum mit dem typischen tannenbaumartigen Wuchs.

dert. Selbstverständlich muß man den Stammzuwachs beachten und dementsprechend locker binden bzw. gegebenenfalls im Laufe der Jahre neu binden. Damit die Schlaufe nicht abrutscht, kann man sie mittels eines U-Häkchens am Pfahl befestigen.
Wurzeln aller Obstgehölze sind für Mäuse wahre Leckerbissen. Die possierlichen Tierchen können so ohne weiteres einen Baum zum Absterben bringen. Um ihnen den Appetit zu verderben, hilft es nur, den Wurzelstock des Baumes mit einem Korb aus unverzinktem Maschendraht, zu pflanzen, wobei man natürlich kein zu weitmaschiges Netz nehmen darf. Der Maschendraht sollte nach den ersten Standjahren durchrosten und sich so auflösen, daß er dann die weitere Entwicklung der Wurzeln nicht behindert. Das Fangen der Wühlmäuse mit Fallen ist nach wie vor aktuell.

Aber auch Wild genießt im Winter gerne die Rinde junger Bäume. Hier hilft das Anlegen einer Wildschutzspirale aus Kunststoff, die im Fachhandel erhältlich ist. Ebenso nützlich ist eine sogenannte Drahthose, die aus einem nicht zu weitmaschigen Maschendrahtgeflecht selbst hergestellt und locker um den Baumstamm angebracht wird. Im Fachhandel werden auch Wildverbißschutzmittel angeboten, mit denen der Stamm eingestrichen wird. Diese halten allerdings in erster Linie nur Hasen und Kaninchen vom Nagen ab, nur in geringerem Maße das Rehwild. Der Anstrich muß auch regelmäßig jedes Jahr erneuert werden.

Pyramidenkrone

Diese Kronenform ist für alle Obstarten und -sorten geeignet, da sie dem natürlichen Baumwuchs am nächsten kommt. Die Krone baut sich aus einer Mitte, die der Stamm bildet und drei bis vier Leitästen auf. Die Leitäste sollen gleichmäßig um die Mitte verteilt in alle Richtungen weisen, jedoch in ihrer Höhe unterschiedlich angeordnet sein. Keinesfalls darf der Ansatz der Äste am Baum einem Quirl gleichen. Der Winkel der Leitäste zur Mitte sollte optimal 60 bis 90° betragen, keinesfalls jedoch unter 50° sein, denn diese Äste werden die Hauptlast der Krone zu tragen haben und müssen daher am Stamm fest verankert sein. Enge Winkel zum Stamm begünstigen die Bildung von Schlitzästen, die gerne ausbrechen. Da ein optimaler Winkel meist nicht von Natur aus gegeben ist, helfen wir durch Binden oder Sperren nach. In Abständen von 50–80 cm werden an den Leitästen möglichst waagrechte und nicht nach oben weisende Fruchtäste gezogen, die aber sowohl beim Längen- als auch Dickenwachstum den Leitästen untergeordnet sein müssen. An der Oberseite der Leitäste sollten nur Kurztriebe stehen bleiben. Die am Mitteltrieb (Basisstamm) oberhalb der Leitäste sich entwickelnden Seitentriebe werden als Fruchtholz genutzt, bleibt ungeschnitten und wird nicht eingekürzt.
Beim Schnitt ist zu berücksichtigen, daß immer alle Seitenäste sowie der Mitteltrieb in möglichst gleichem Maße mit Fruchtästen und Fruchtholz garniert sind (siehe S. 19), um so

Pyramidenkrone auf Halbstamm mit drei Leitästen und Stammverlängerung mit Fruchtästen.

Wird bei einer Pyramidenkrone die Stammverlängerung entfernt, spricht man von einer Hohlkrone.

eine gleichmäßige Pyramidenform der Baumkrone zu erreichen. Das Fruchtholz wird überwiegend lang belassen, jedoch laufend für Verjüngung gesorgt.
Wird die Krone zu dicht aufgebaut, finden Licht, Luft und Sonne keinen Zugang ins Kroneninnere. Dort entwickeln sich dann nur minderwertige Früchte ohne Ausfärbung und Geschmack. Bei Mirabellen oder Zwetschen z. B. beginnen die Früchte zu faulen. In diesem Fall muß die Krone verjüngt und neu aufgebaut werden.

Hohlkrone

Die Hohlkrone ist eine Abwandlung der Pyramidenkrone. Sie empfiehlt sich vor allem bei Obstarten, die zur Ausbildung ihrer sortentypischen Früchte auf viel Licht und Sonne angewiesen sind, wie z. B. Pfirsiche, Nektarinen und Aprikosen, aber auch Sauerkirschen. Weist die Stammverlängerung starke Schäden auf, so ist auch hier eine Umstellung auf Hohlkrone empfehlenswert, ebenso beim Verjüngen von vergreisten Pyramidenkronen, wenn keine neue Mitte mehr aufgebaut werden kann.
Eine Hohlkrone kann auf zwei Wegen erreicht werden. Man kann die Krone die ersten fünf bis sechs Jahre als Pyramidenkrone erziehen und entfernt dann den Mitteltrieb, so daß nur noch die Leitäste übrig bleiben oder man erzieht die Hohlkrone von Anfang an ohne Mitte nur mit den Leitästen. In diesem Fall vollzieht sich der Aufbau der Leitäste und des Fruchtholzes wie bei der Pyramidenkrone. Der Aufbau einer Pyramidenkrone mit einer Umwandlung im fünften oder sechsten Standjahr zu einer Hohlkrone empfiehlt sich vor allem bei Arten und Sorten, deren Leitäste ohne Mitte zu steil wachsen, wie dies z. B. bei der Süßkirsche und einigen steilwachsenden Sauerkirschsorten der Fall ist. Die Stammverlängerung bewirkt eine flachere Stellung der Leitäste. Die Erziehung ohne Mitte, bei der nur drei bis vier Leitäste die Krone bilden, favorisiert man vor allem bei Pfirsich, Nektarine und Aprikose bereits ab der Pflanzung.
Bei der Umstellung einer Pyramidenkrone zu einer Hohlkrone muß oft ein großer Teil der Krone entfernt werden. Die dabei entstehende Wunde muß mit großer Sorgfalt behandelt werden. Die verbleibenden Leitäste werden in den folgenden zwei Jahren nicht geschnitten, außer die Äste überbauen zu stark. Durch die gute Belichtung bilden sich auf den Ästen Wasserschosse. Überzählige werden entfernt, die verbleibenden Triebe aber nicht angeschnitten, da diese Maßnahme nur das Wachstum und nicht die Bildung von Blütenknospen anregen würde. Die nicht angeschnittenen, fruchttragenden Triebe läßt man während drei bis vier Jahren aus der Terminalknospe durchtreiben. Auf diese Weise wird ein Gleichgewicht zwischen Jungtriebbildung und abgetragenem Fruchtholz erreicht. Man hat nun eine vergleichsweise leicht zu pflegende und zu erntende Krone in relativer Bodennähe, bei der sich die langen Fruchtäste bedingt durch das Gewicht der Früchte oft unter die Leitasthöhe neigen. Die gute Belichtung bringt bestens ausgefärbte, geschmackvolle Früchte, die auch durch die bessere Nährstoffversorgung der nunmehr relativ kleinen Krone profitieren. Durch besseres Abtrocknen vermindert sich auch der Befall von Schadpilzen wie Schorf oder Monilia.

Sauerkirschenhohlkrone vor dem Schnitt, bei der die Leitäste nicht optimal verteilt sind.

Tellerkrone

Eine im Prinzip sehr flache Pyramidenkrone ist die Tellerkrone. Bei mittel- bis starkwachsenden Zwetschenbäumchen will man mit dieser Erziehung eine Erleichterung des Arbeitsaufwandes und ein frühes Einsetzen des Ertrages durch besonders flache Äste erreichen. Die Tellerkrone sollte eine Höhe von 3 m nicht überschreiten.
Bei der Erziehung wird die Mitte im Gegensatz zur Pyramidenkrone den Leitästen untergeordnet, d. h., die Mitte wird beim Pflanzschnitt sehr stark angeschnitten, während die Leitäste nur waagrecht gebunden werden. Dabei ist zu beachten, daß sie nicht tiefer als waagrecht gebunden werden, da sonst ein Austreiben aus der Terminalknospe verhindert wird und damit auch ein weiteres Längenwachstum der Leitäste. In den Folgejahren wird die Krone aus rund sechs bis acht gut verteilten Leitästen aufge-

baut, wobei der Mitteltrieb jedes Jahr sehr stark zurückgenommen oder auf einen schwächeren Seitentrieb abgesetzt wird.
An der stark zurückgeschnittenen Mitte sind alle überflüssigen Jahrestriebe zu entfernen. Eine Überbauung der breit ausladenden Krone ist unbedingt zu verhindern. Die auf den flach stehenden Ästen sich bildenden Ständertriebe müssen ebenso wie das abgetragene mehrjährige Fruchtholz beseitigt werden.

Tellerkrone mit spiralförmig angeordneten Leitästen und etwas zu dominanter Mitte.

Tellerkrone bei Zwetschen mit heruntergebundenen Leitästen und untergeordneter Mitte.

Bei allen Erziehungsmaßnahmen der Tellerkrone muß auf den sehr unterschiedlichen, sortentypischen Wuchscharakter der einzelnen Arten und Sorten Rücksicht genommen werden. Grundsätzlich gilt, je steiler eine Sorte von Natur aus wächst, desto mehr Schnittaufwand wird sie brauchen.

Spindelkrone

Die erste Baumform, die als sogenannte Spindel erzogen und beschrieben wurde, war in den fünfziger Jahren der Spindelbusch. Darunter war eine Erziehungsart zu verstehen, die die Seitentriebe von unten her in ihrer natürlichen, möglichst horizontalen, oft aber auch steilen Schräglage beließ. Aus diesen Seitentrieben wurden die zukünftigen Fruchtzweige gezogen. Heute versteht man unter Spindel einen Baum, der aus einer Mittelachse und waagrecht bis leicht aufwärts zeigenden Fruchtästen besteht, die je nach Art und Sorte unterschiedlich stark ausgebildet sind. Die Anordnung entspricht in etwa einem Kreis. An den Fruchtästen und der Mittelachse wird nur Fruchtholz gezogen, wobei nur die untersten drei bis vier Fruchtäste so erzogen werden, daß sie nicht in einer Ebene stehen. Die Spindel verjüngt sich nach oben hin spitzpyramidal, der Wipfel läuft in einen kurzen Seitentrieb aus, der in einem flachen Winkel angesetzt sein soll, sie ähnelt in ihrer Form einem Tannenbaum. Diese Kegel- oder Pyramidenform garantiert eine gute Belichtung der Früchte, da die Länge der Fruchtäste von unten nach oben mit jedem Astkranz abnimmt und so dem Licht und der Sonne Zugang in das Bauminnere verschafft. Eine Spindel kann mit jeder Unterlage und mit jeder Obstart und -sorte erzogen werden. Selbstverständlich wird sich aus einer stärkerwachsenden Unterlage ein größerer Baum entwickeln als aus einer schwachwachsenden. Auch die Obstarten und -sorten unterscheiden sich oft im Wachstum.
Spindeln bauen im Durchschnitt einen Durchmesser von ca. 3 m an der Basis auf und erreichen eine Höhe bis etwa 3 m. Damit sind sie arbeitsintensiver als die weiterentwickelte Schlanke Spindel. Spindelbäume benötigen keinen Drahtrahmen, wohl aber in den ersten Jahren einen Pfahl. Spindelerziehung ist nicht nur bei Apfel und Birne, sondern auch bei Kirschen, Pflaumen und Zwetschen

Kleiner Spindelbaum auf schwachwachsender Unterlage mit Pfahl.

möglich, wenn man einen kleinbleibenden, platzsparenden Baum haben möchte. Der Aufbau der Spindel ist vom vorhandenen Pflanzmaterial abhängig; sie besteht aber immer aus einem kurzen Stamm, der in die Stammverlängerung übergeht und waagrecht stehenden Fruchtästen, die spindelartig um die Stammverlängerung stehen und an denen sich das Fruchtholz entwickelt. Unbedingt zu beachten ist bei der Pflanzung, daß die gut sichtbare Veredlungsstelle

Erwerbsobstanlage mit Schlanken Spindelbäumen auf der schwachwachsenden Unterlage M9 mit Einzelpfählen und Drahtgerüst.

möglichst hoch über dem Boden steht. Die Schlanke Spindel ist die Kronenform für schwachwachsende Unterlagen, wobei sich die Veredlungsstelle mindestens 15–20 cm über dem Boden befinden sollte. Die Schlanke Spindel besteht aus einer senkrechten Mittelachse, an der ohne Leitäste nur Fruchtholz spindelförmig gezogen wird. Es entwickelt sich ein schlanker, kleiner Obstbaum mit wenig Platzbedarf, der an der Basis bei richtiger Erziehung nur einen Durchmesser von ca. 1,50 m aufweist und eine Höhe von maximal 2,50 m erreicht. In kleinen Hausgärten ist diese Form von großer Bedeutung, denn es wachsen dabei auch keine Äste über den Zaun in Nachbars Garten, was zweifelsohne zu einem friedlichen Miteinander beiträgt. Pflegearbeiten und Ernte lassen sich an einem kleinen Baum leicht und ohne jede Gefährdung durchführen, da das meiste vom Boden her erledigt werden kann. Sie braucht für ihre gesamte Standzeit eine Unterstützung mittels Pfahl oder, falls mehrere Bäume in der Reihe stehen, mittels eines Drahtgerüstes. Ein großer Vorteil der Schlanken Spindel ist der frühe Ertragsbeginn, meist schon im ersten, spätestens im zweiten Standjahr.

Zwei- und Dreiastkrone (Hecke)

Diese Kronenform ist im Gegensatz zu den bis jetzt beschriebenen sogenannten Rundkronen eine Längskrone. Diese können wir durch gezielte Schnittmaßnahmen erreichen. Stehen mehrere Bäume in einer Hecke, so können sich die Äste und Zweige der Krone in der Längsrichtung berühren, jedoch sollte der Einzelbaum einer Hecke nicht breiter als 3 m und nicht länger als 4 m werden. Die geringere Breite der Längskrone gegenüber der Pyramidenkrone bringt eine Arbeitserleichterung bei Pflege, Ernte usw. Die Hecke sollte zur Unterstützung ein Drahtgerüst bekommen, wobei drei bis vier Drähte in einem Abstand von etwa 50 cm entlang der Bäume gespannt werden. Durch Anbinden können die Äste und Zweige in die von uns gewünschte Stellung gebracht werden. Wichtig ist eine gute Verankerung der Eckpfähle. Die Höhe des ersten Spanndrahtes richtet sich nach der Stammhöhe der Bäume und sollte etwa 10 bis höchstens 20 cm über den Leitästen liegen. Bringt man in Abständen von jeweils 50 cm noch zwei bis drei weitere Drähte an, erreicht das Gerüst eine Höhe von ca. 2 bis 2,5 m.

Eine Dreiastkrone besteht aus einem Mitteltrieb und zwei möglichst gleichwertigen Seitentrieben, die in Reihenrichtung weisen müssen. Die Seitentriebe werden zu Leitästen erzogen und sollen in einem Winkel von ca. 45°, bei Birnen und Kirschen bis 60° zum Mitteltrieb stehen. Am Mitteltrieb und den Leitästen zieht man dann bei geringem Baumabstand das Fruchtholz, bei weiterem Baumabstand Fruchtäste mit Fruchtholz, wobei darauf zu achten ist, daß die Fruchtäste den Leitästen in Länge und Dicke untergeordnet bleiben.
Die Zweiastkrone entspricht der Hohlkrone, denn die Erziehung erfolgt ebenfalls ohne Mitte. Vorteilhaft dabei ist eine bessere Belichtung als bei der Dreiastkrone, allerdings besteht bei einer Zweiastkrone die Gefahr des Auseinanderbrechens.

TIP

Besonders bewährt hat sich die Erziehung in Heckenform bei allen wärmebedürftigen Obstarten, vor allem bei der Birne, weil bei dieser Form die Sonneneinstrahlung und damit die Wärme den Früchten in hohem Maße zugute kommt.

Spalier-Formen

Obstspaliere findet man in erster Linie in Hausgärten, wo sie zur Begrünung von Hauswänden, Garagen, Schuppen und Mauern dienen. Äpfel, Pflaumen, Quitten und Mirabellen sind robuste Obstarten, die gut in freien Lagen am Spalier gedeihen und ohne besonderen Schutz auskommen. Süßkirschen eignen sich nicht zur Spaliererziehung, dagegen die wärmeliebenden Birnen, Aprikosen, Pfirsiche, Nektarinen und auch Sauerkirschen für eine schützende Wand, besonders in rauheren Gegenden, sehr dankbar. Denn die am Tage gespeicherte Wärme wird von der Wand in der Nacht abgegeben und ermöglicht so die Anpflanzung von Obstarten, die in der freien Landschaft ein zu rauhes Klima vorfinden würden. Selbstverständlich gilt dies auch für Weinreben oder Kiwis.
Ein Wandspalier birgt für Gebäude vielerlei Vorteile. Die Wände werden beispielsweise vor schweren Schlagregen geschützt. Die Himmelsrichtung spielt allerdings dabei eine wichtige Rolle. Am kritischsten sind dabei Nordost- und Nordwestseiten, hier eignen sich allenfalls Sauerkirschen für eine Bepflanzung. Nach Ost- bis Südost gerichtete Wände bieten sich für Aprikosen, Pfirsiche, Nektarinen, Sauerkirschen und Wein an. An der Südwand finden Wein, spätreifende Birnen, Aprikosen, Pfirsiche, Nektarinen und Kiwis optimale Bedingungen, während das nach Westen weisende Spalier (Südwesten, Nordwesten) für nicht zu spät reifende Birnensorten der richtige Standort ist.

Gerüst

Am besten macht man sich zu Beginn der Pflanzung eine Skizze, in welcher Fenster, Türen etc. eingezeichnet werden und plant danach den Bau des Gerüstes. Das Gerüst wird mit Holzlatten und Draht vor der Pflanzung errichtet und an der Hauswand gut verankert. Man kann die gewünschte Baumform bereits am Gerüst anzeigen. Eine sorgsame Planung bei der Auswahl von Obstart, Sorte und Spalierform ist sehr wichtig, da später keine Korrektur mehr vorgenommen werden kann. Man wird auf wenig krankheitsanfällige Sorten zurückgreifen, da Pflanzenschutzmaßnahmen an der Hauswand nicht empfehlenswert sind. Vor der Pflanzung muß für jede Spalierform als erste Maßnahme das entsprechende Gerüst erstellt werden. Hinter dem aus Holzlatten oder Draht errichteten Gerüst sollte ein Abstand von 10 cm zur Wand bestehen, damit eine gute Luftzirkulation gewährleistet ist. Vor der Pflanzung ist eine gute Bodenvorbereitung ratsam, denn an Hausmauern sind oft Bodenverdichtungen vorhanden. Ebenso wichtig ist nach der Pflanzung eine ausreichende Bewässerung und anschließende Abdeckung der Erde mit einem Mulchmaterial wie z. B. Rindenmulch, Grasschnitt etc., um an den heißen Mauern ein Austrocknen zu verhindern. Für formlose Fächerspaliere können

Wandspalier mit waagrechtem Kordon, das sich exakt den Gegebenheiten des Gebäudes anpaßt.

auch stärkerwachsende Unterlagen mit größeren Baumformen verwendet werden, während man bei strengen Spalierformen wie z. B. dem Kordon, U-Form, Palmette besser zu schwach- bis höchstens mittelstark wachsenden Unterlagen greifen wird.
Die Pflanzung erfolgt in gleicher Weise wie in der freien Landschaft. Zu beachten ist, daß man bei einem vorgesehenen kurzen Fruchtholzschnitt einen Abstand von Baum zu Baum von 0,6 m wählt, während man bei einem langen Fruchtholzschnitt einen Zwischenraum von 1,2 bis 1,5 m beläßt. Ein formloses Fächerspalier besteht in der Regel aus einem Baum.

Schnitt

Die Erziehung eines Spaliers erfordert in den Anfangsjahren viel Schnitt- und Pflegeaufwand, um den Baum in die gewünschte Form zu bringen. Dabei kommt dem Sommerschnitt eine sehr große Bedeutung zu. Laufend muß das Spalier überwacht werden, um Wasserschosse sofort zu entfernen. An Stellen, wo Verkahlung droht, schneidet man die Wasserschosse immer wieder auf Stummel zurück, damit daraus Fruchtholz wird.

Bei der Gestaltung von Spalierobst sind der Phantasie keine Grenzen gesetzt.

Wärmeliebende Pfirsiche gedeihen an einer geschützten Hauswand besonders gut.

Verkahlung entsteht bei zu schwachem Rückschnitt der Verlängerungstriebe bei schwacher Triebleistung. Ein zu starker Rückschnitt dagegen bewirkt zu steilen und zu starken Austrieb der Seitentriebe. Deshalb werden auf jeden Fall die folgenden Knospen hinter der Knospe an der Schnittstelle geblendet. Steile und kräftige Seitentriebe, die man für den Aufbau des Spaliers benötigt, werden in die Waagrechte gebunden.
Prinzipiell werden bei Wandspalieren immer die Triebe entfernt, die von der Wand weg und auf die Wand zu wachsen. Hat man sich für einen kurzen Fruchtholzschnitt (siehe S. 88) entschieden, müssen die parallel zur Wand stehenden Seitentriebe laufend eingekürzt werden, bis auf diese Weise Fruchtholz entsteht. Optisch nicht ganz so attraktiv, dafür allerdings dem natürlichen Wuchsverhalten der Obstgehölze etwas mehr entsprechend, ist der lange Fruchtholzschnitt (siehe S. 88) bei dem die Erziehung der Spalierformen nicht ganz so aufwendig ist.

Kordon oder Schnurbaum
Da diese Spalierform aus mehreren Bäumen besteht, die in einem Abstand von etwa 0,6 m gepflanzt werden, können mehrere Sorten nebeneinander untergebracht werden. Verwendung finden dabei einjährige Veredlungen auf schwachwachsenden Unterlagen ohne Seitenverzweigungen. Steinobst ist für diese Erziehung ungeeignet.

Senkrechter Kordon
Dieser eignet sich sowohl für freistehende Drahtspaliere als auch für Wände, wobei allerdings eine Höhe von 3 m zur Verfügung stehen muß. Bei zur Verkahlung neigenden Sorten schneidet man über den unteren Knospen halbmondförmige Kerben ein, die die Knospen zum Austrieb anregen. Die Erziehung erfolgt mit dem kurzen Fruchtholzschnitt.

Waagrechter Kordon
Der waagrechte Kordon wird gleich erzogen wie der senkrechte Kordon, nur in waagrechter Richtung.

Schräger Kordon
Mit dem schrägen Kordon werden vorzugsweise Wände und Mauern bis zu einer Höhe von etwa 2 m begrünt. Er wird gleich wie der senkrechte Kordon erzogen, nur in schräger Richtung.

U-Form
Diese Form besteht aus zwei senkrechten Kordons aus einem Baumstamm, die dem Spalier eine U-Form geben.

Verrier-Palmette
Werden mehrere U-Formen übereinander angeordnet, bezeichnet man diese Form als Verrier-Palmette. Die Erziehung erfolgt entsprechend den Regeln der U-Form. Die Leitäste werden erst waagrecht gezogen, um nach Erreichen des gewünschten Abstandes in die Senkrechte gestellt zu werden. Dabei muß für jeden Ast der gleiche Abstand, ca. 0,5–1 m je nach Fruchtholzschnitt, eingehalten werden. Das bedeutet, daß sich der waagrecht gestellte Abschnitt der Leitäste in jeder Stufe um den jeweils erstrebten Abstand verringert. Für eine gute und schnelle Begrünung werden in der Regel drei Stufen mit jeweils zwei Leitästen gezogen. Bei langem Fruchtholzschnitt sollte die Palmette mit nur zwei Stufen aufgebaut werden. Der Aufbau einer Verrier-Palmette geht über einige Jahre. Nur so ist zu vermeiden, daß sich die jeweils obenstehenden Astpaare auf Kosten der tieferstehenden stärker entwickeln und so ein Ungleichgewicht auftritt.

Fächerspalier
Das Fächerspalier kann mit oder ohne Mitteltrieb geformt werden. Wird der Mitteltrieb entfernt, so wird das Wachstum gleichermaßen auf den ganzen Fächer gelenkt. Man pflanzt einjährige Veredlungen und beginnt mit dem Aufbau in Fächerform ca. 0,5 m über dem Boden. Man muß immer darauf bedacht sein, die Leitäste nicht zu steil in die Höhe wachsen zu lassen, da sonst die tiefergestellten Baumpartien verkahlen. Geht die Wuchstendenz mehr in die Waagrechte, so treibt der Baum willig aus, es können längere Fruchtruten gebildet und der lange Fruchtholzschnitt praktiziert werden. Man muß am ganzen Baum durch regelmäßige Fruchtholzverjüngung einen ständigen Neutrieb fördern. Diese Spalierform empfiehlt sich besonders für Steinobst.

Beerenobststräucher

Bei Johannisbeer- und Stachelbeersträuchern werden nach der Pflanzung 4–5 kräftige Triebe belassen, die auf etwa die Hälfte ihrer Länge und dabei auf eine außen stehende Knospe zurückgeschnitten werden. Die nicht

Selbst auf kleinstem Raum findet sich Platz für einen Baum dieser schlanken Form.

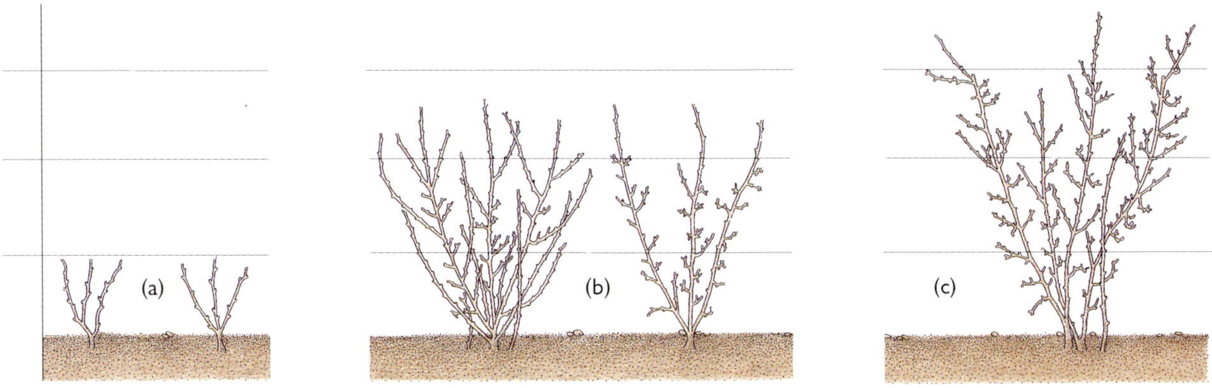

Erziehung von roten Johannisbeeren am Drahtgerüst: Pflanzschnitt auf drei Triebe (a), ständiges Entfernen von Bodentrieben (b). Leittriebe mit nachlassendem Wuchs werden bei älteren Sträuchern sukzessive durch Jungtriebe ersetzt (c).

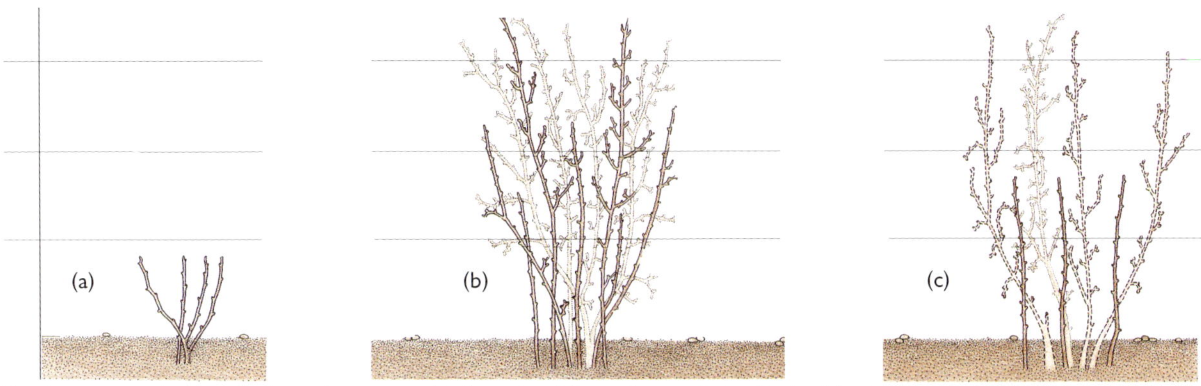

Erziehung von schwarzen Johannisbeeren am Drahtgerüst: Pflanzschnitt auf vier Triebe (a), ab dem dritten Standjahr werden alte Triebe ständig durch neue ersetzt (b). Am älteren Strauch befinden sich demzufolge nur ein-, zwei- und dreijährige Triebe (c).

benötigten Triebe werden bodengleich abgeschnitten. Der Aufbau des Strauches sollte so locker sein, daß man gut ins Innere greifen kann.

Fuß- und Hochstämmchen bei Beerenobst

Bei Stämmchen, gleich welcher Höhe, baut man die Krone mit drei bis vier Leittrieben um den Mitteltrieb auf, die gleichmäßig verteilt sein sollten, wobei alle Triebe auf eine Länge von ca. 20 cm auf eine nach außen gerichtete Knospe zurückgeschnitten werden, nur bei überhängenden Stachelbeeren wird auf eine trieboberseits stehende Knospe geschnitten. Jedes Stämmchen braucht zur Unterstützung einen Pfahl, an dem der Mitteltrieb gerade hochgebunden wird. Die Kronen müssen jährlich kräftig geschnitten werden, um für ausreichenden Neutrieb zu sorgen.

Beerenobsthecken

Johannisbeeren und Stachelbeeren können gut als Hecke gezogen werden. Dazu beläßt man bei der Pflanzung drei Leitäste, die fächerförmig an einem Drahtgerüst befestigt werden. Aus diesen Leitästen bilden sich Seitenäste. Man beläßt pro Leitast 6 bis 8 Triebe, die laufend erneuert werden. Bodentriebe werden ganz entfernt, außer man benötigt einen Ersatzleitast.

Ebenfalls als Hecke werden Himbeeren und Brombeeren gezogen. Erzieht man Himbeeren an einer Hecke mit doppelt gezogenem Draht, durch den die Triebe geführt werden, verbessert sich die Belichtung und durch mehr belassene Triebe erhöht sich der Ertrag. Auch bei einfacher Drahtführung müssen die Ruten mit Bast oder Bindfaden angebunden werden. Brombeeren benötigen ebenfalls ein Gerüst als Rankhilfe. Man beläßt einer Pflanze vier bis sechs Ranken und bindet diese fächerförmig an das Gerüst. Sich bildende Geiztriebe werden laufend auf zwei bis drei Blätter zurückgeschnitten.

Beerenobsthecken können gut zur Abgrenzung des Nutz- vom Wohngarten gesetzt werden. Auch die Begrünung an Nachbars Zaun ist mit ihr möglich.

So sehr die Früchte locken, so wehrhaft ist das Bäumchen, wenn es nicht geschnitten wird.

Beachtenswerte Schnittregeln

Für jedes Altersstadium des Baumes gibt es den entsprechenden Schnitt, der Gesundheit und Ertragsfähigkeit des grünen Riesen erhält.

Rundkronen kommen dem natürlichen Wuchs der Obstbäume am nächsten (von links nach rechts): Vor dem Schnitt; der optimale Pflanzschnitt an einem Baum, dessen Leitäste optimal um die Stammverlängerung verteilt sind; ein zu langer Mitteltrieb mit Leitästen, die zu dicht aufeinander am Stamm angewachsen sind und damit das Wachstum der Mitte behindern.

Wissenswertes über Kern- und Steinobst

Jetzt werden die Grundlagen für die künftige Kronenform gelegt. Er dient aber auch dem besseren Anwachsen des Baumes, denn durch das Umpflanzen von der Baumschule zu seinem bleibenden Standort gehen Wurzeln verloren und es entsteht ein Ungleichgewicht zwischen unterirdischen und oberirdischen Pflanzenteilen, das durch einen Rückschnitt ausgeglichen wird. Der Pflanzschnitt der einzelnen Kronenformen ist bei Kern- und Steinobst gleich.

Pflanzschnitt der Pyramidenkrone

Viele Hobbygärtner begehen beim Pflanzschnitt den Fehler, zu viele seitliche Triebe stehenzulassen. In der Regel werden für eine Pyramidenkrone beim Kernobst drei, beim Steinobst vier Leitäste ausreichen, die gemeinsam mit der Stammverlängerung die Grundlage für den Aufbau bilden. Ansonsten wird bei Kern- und Steinobst gleich vorgegangen. Ebenso kann man oft beobachten, daß der Hobbygärtner die Triebe nicht kurz genug zurückschneidet und/oder die Stammverlängerung zu hoch eingekürzt wird. Es gilt jedoch die Regel, je kürzer die Leittriebe beim Pflanzschnitt zurückgeschnitten werden, desto stärker wird der Austrieb sein. Wichtig ist auch, daß beim Rückschnitt der Leittriebe die Endknospen nach außen stehen, sich also nicht an der Oberseite der Triebe befinden.

Leitäste

Nach der fertigen Pflanzung, wenn der Baum am Pfahl steht, wählt man die drei bis vier Seitentriebe aus, die als Leitäste zusammen mit dem Mitteltrieb die Krone bilden sollen. Man entfernt zuerst den neben der Stammverlängerung meist sehr steil stehenden Seitentrieb, den sogenannten Konkurrenz- oder Afterleittrieb. Dieser entwickelt sich meist aus der direkt unter der angeschnittenen Mitte stehenden Knospe. Der Konkurrenztrieb muß bis zur Basis, also auf Astring, entfernt werden. Dabei darf man sich nicht von seiner Stärke täuschen lassen, denn meist ist er fast gleichstark wie die Stammverlängerung, er kann sogar noch stärker als diese sein. Sollte die Stammverlängerung sehr schwach sein, Verletzungen aufweisen etc., kann der Konkurrenztrieb als neue Stammverlängerung aufgebaut werden. Dazu nimmt man den

Die Leitäste dürfen nicht zu dicht beieinander an der Stammverlängerung angeordnet sein (Quirlbildung links). Besser sind Leitäste in unterschiedlicher Höhe (rechts).

Auch beim Steinobst wird die Pyramidenkrone mit drei Leitästen und der Stammverlängerung gebildet.

eigentlichen Mitteltrieb bis zur Höhe des Konkurrenztriebes auf Astring zurück, es darf keinesfalls ein Stummel stehenbleiben. Allerdings muß dann die nächst tieferstehende Verzweigung entfernt werden, die sonst einen Konkurrenztrieb bilden würde. Man verliert so einen Trieb, der eventuell als Leitast dienen könnte.
Die überflüssigen Triebe, die nicht als Leitäste benötigt werden, entfernt man an der Ansatzstelle, wobei man vorhandene Kurztriebe unbeschnitten stehen läßt. Man darf sich aber nicht dazu verleiten lassen, einfach nur die stärksten Triebe für Leitäste auszuwählen, denn meist sind dies auch die steilsten. Leitäste sollen einen möglichst flachen Winkel zum Stamm aufweisen, um eine gute Verankerung zu gewährleisten und damit schon einem Ausbrechen des Leitastes aus dem Stamm entgegenzuwirken. Optimal ist ein Winkel von 90°, auf keinen Fall sollte er weniger als 45° betragen. Engere Winkel führen zu Schlitzästen, die sehr leicht ausbrechen und dann zu großen Schäden am Baum führen. Eine gewisse Regulierung kann man durch Herunterbinden oder Abspreizen der Triebe erreichen. Dies ist besonders bei solchen Sorten wichtig, die von Natur aus steiler wachsen und deren Kronen im Sortenkarussell mit hochkugelig oder hochpyramidal im Gegensatz zu breitausladend oder breitpyramidal beschrieben werden.
Die Leitäste sollten sich in unterschiedlicher Höhe – meist stehen etwa 10–15 cm zur Verfügung – rund um den Stamm befinden. Bei einer Quirlbildung wird die Stammverlängerung mit Nährstoffen unterversorgt, die Leitäste würden unproportional stärker werden als die Stammverlängerung.
Die Spitze der Leitäste darf aber niemals ganz waagrecht stehen oder gar zum Boden zeigen, da sich dann die Leitäste frühzeitig in Fruchtholz umwandeln würden und damit ihre Aufgabe, als Aufbaugerüst der Krone zu fungieren, verlieren würden. Stehen die Spitzen der Leitäste in geschilderter Art, müssen die Leitäste im vorderen Teil leicht hochgebunden werden.
Beim Pflanzschnitt werden die als Leitäste vorgesehenen Seitentriebe um ungefähr ein Drittel bis zur Hälfte auf die gleiche Länge eingekürzt. Im Idealfall weisen die zurückgeschnittenen Leittriebe zehn bis zwölf Knospen auf. Im Prinzip wird man sich aber beim Schnitt immer am schwächsten bzw. am kürzesten benötigten Trieb orientieren. Wenn jedoch ein benötigter Trieb in sehr starkem Maße von den anderen in Stärke oder Länge abweicht, ist es besser, diesen durch Waagrechtbinden zur Fruchtholzbildung zu verwenden und im nächsten Jahr einen neuen Leittrieb heranzuziehen.

Mitteltrieb

Der Mitteltrieb wird ebenfalls herabgesetzt, muß allerdings die Leitäste um 10 bis maximal 20 cm überragen. Man setzt den Trieb auf die entgegengesetzte Seite der Knospe, aus der sich die Stammverlängerung entwickelt hat, und wechselt jedes Jahr bei jedem Rückschnitt, so daß der Mitteltrieb gerade in die Höhe wächst.
Bekommt ein Baum einen Standplatz an einem stark dem Wind ausgesetzten Ort, so schneidet man die Stammverlängerung so zurück, daß die letzte Knospe gegen die Windrichtung zeigt. Diese Richtung hält man auch in den Folgejahren beim Rückschnitt ein.
Bleiben nur zwei oder drei Triebe für einen Aufbau zu Leitästen, so bildet man den fehlenden Trieb aus einem sich im kommenden Jahr bildenden Neutrieb. Man kann nachhelfen, indem man über einer geeigneten Knospe eine Kerbe in Form eines Halbmondes

mit nach unten zeigenden Spitzen anbringt. Dabei muß die Rinde bis zum Holzkörper herausgelöst werden.

Pflanzschnitt der Hohlkrone

Wählt man schon bei der Pflanzung die Erziehung zur Hohlkrone, die ja eine Abart der Pyramidenkrone darstellt, so wird die Krone ohne Mitteltrieb aufgebaut. Sorten, die zu einem steilen Wuchs neigen, werden zuerst als reine Pyramidenkronen erzogen, deren Mitte man erst nach fünf bis sechs Jahren entfernt. Beim Pflanzschnitt zur Hohlkrone wählt man drei, meist vier geeignete Seitentriebe nach den Kriterien der Pyramidenkrone aus, die als Leitäste dienen sollen. Der Pflanzschnitt der Hohlkrone entspricht dem der Pyramidenkrone, der Mitteltrieb wird jedoch bis zum höchststehenden Leitast so entfernt, daß kein Stummel stehenbleibt. Ungeeignet ist die Hohlkrone für Süßkirschen. Beim Kernobst spielt diese Kronenform keine Rolle.

Pflanzschnitt der Tellerkrone

Bei dieser Erziehung wird die Mitte im Gegensatz zur normalen Pyramidenkrone den Leitästen untergeordnet, d. h. die Mitte wird beim Pflanzschnitt sehr stark angeschnitten, während die Leitäste nur flach gebunden werden. Beim Binden der Leitäste ist darauf zu achten, daß sie nicht unter die Waagrechte gebunden werden, da sonst der Austrieb aus den Endknospen unterbleibt. In den Folgejahren wird die Zahl der Leitäste auf sechs bis acht erhöht. Anwendung findet die Tellerkrone meist bei Pflaumen und Zwetschen. Diese Kronenform wird beim Kernobst nicht praktiziert.

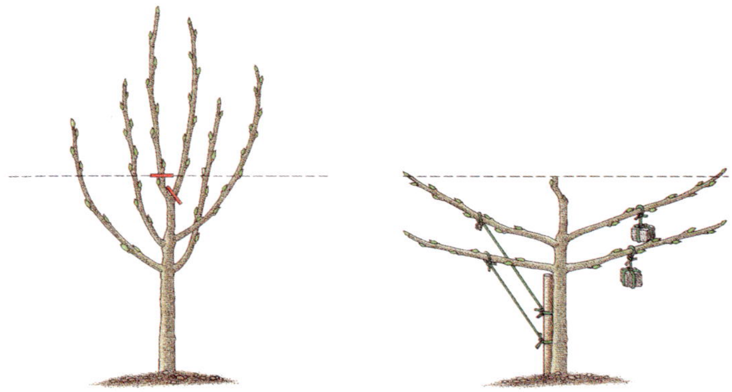

Pflanzschnitt und Formierung bei Erziehung zu einer Tellerkrone. Die Leitäste werden durch Gewichte oder Schnüre flacher gestellt und die Mitte wird stark zurückgeschnitten, so daß sie ihre Dominanz verliert.

Pflanzschnitt der Spindelkrone

Bei ein- oder zweijährigen Veredlungen mit vorzeitigen Verzweigungen wird die Stammverlängerung etwa 40 cm über der obersten seitlichen Verzweigung schräg zu einer Knospe angeschnitten, wobei die darunterstehende Knospe geblendet wird, um so die Bildung eines Konkurrenztriebes zu verhindern. Zwischen dem obersten Seitentrieb und der Endknospe sich befindende kleine, schwache Triebchen können stehenbleiben, während man stärkere Triebe auf Astring entfernt. Dabei ist zu beachten, daß der Schnitt schräg zur Knospe hin ausgeführt und die Endknospe nicht vom Triebende überragt wird. Mit dem Aufbau der Fruchtäste beginnt man in einer Stammhöhe von etwa 60–70 cm. Darunter befindliche Verzweigungen werden am Astring, also an der Basis, entfernt. Die verbleibenden Triebe werden auf ca. 30 cm eingekürzt, wobei zu beachten ist, daß sich die Triebe vom unteren Teil der Stammverlängerung nach oben möglichst regelmäßig verkürzen. So wird das Bäumchen nach oben hin schmaler und bietet so die besten Voraussetzungen, daß genügend Licht, Luft und Sonne in das Bauminnere gelangen können. Man schneidet immer auf untenstehende Knospen zurück, um zu verhindern, daß der Neutrieb steil in die Höhe wächst. Steil stehende Triebe bindet man waagrecht oder beschwert sie mit Gewichten. Die Spitze des Triebes darf dabei nicht in Richtung Boden zeigen, der Trieb selbst darf keinen Bogen beschreiben. Weisen die Jungbäume keine vorzeitigen Verzweigungen auf, so schneidet man den Baum bei der Pflanzung in etwa 1 m Höhe an einer Knospe wie oben beschrieben an. Dieser Rückschnitt regt die unter der Schnittstelle befindlichen Knospen zum Austrieb an und man erhält die notwendigen Verzweigungen. Auch hier wird die unter der Endknospe befindliche Knospe geblendet, damit kein Konkurrenztrieb entsteht. Die aus den Knospen austreibenden Seitenverzweigungen stehen in der Regel meist sehr steil nach oben, so daß viel Bindearbeit zu leisten ist.

Pflanzschnitt bei Steinobst zur Erziehung einer Spindelkrone. Der Konkurrenztrieb wird entfernt, zu steil stehende Triebe werden flach gebunden, allerdings nicht unter die Waagrechte (wie links) und auch nicht am Stamm (wie abgebildet), weil dort die Gefahr des Einwachsens besteht. Angebunden werden sollte am Pfahl.

Schön gewachsener Hochstamm für die Pflanzung in der freien Landschaft. Der kräftige Pflanzschnitt garantiert ein zügiges Anwachsen. Das sorgsam angebrachte Drahtgeflecht schützt vor Wildverbiß und die vorbildliche Verankerung gibt dem Jungbaum den nötigen Halt.

Durch die unterlassene Entfernung des Konkurrenztriebes beim Pflanzen besteht erhöhte Bruchgefahr.

Pflanzschnitt der Zwei- und Dreiastkrone (Hecke)

Mit dieser Form kann man auch mit stärker- und starkwachsenden Unterlagen eine Hecke aufbauen. Dabei sollte man beachten, daß der Pflanzabstand so weit gewählt wird, daß den Bäumen für ihre Entwicklung genügend Platz zur Verfügung steht und sie sich im ausgewachsenen Stadium nicht überkreuzen.
Die runde Pyramidenkrone läßt sich bei eigentlich allen Obstarten durch Reduzierung auf zwei Leitäste sehr gut in eine Längs- oder Flachkrone verändern. Beim Pflanzschnitt wählt man zwei geeignete gegenständige Triebe als Leitäste aus, die in einem Winkel von ca. 45°, bei Süßkirschen bis 60° zum Mitteltrieb stehen, und schneidet diese sowie den Mitteltrieb wie die Pyramidenkrone an (siehe S. 42).

Pflanzschnitt der Spalier-Formen

Senkrechter Kordon

Nach der Pflanzung werden vorhandene Seitentriebe auf einen 2 cm langen Zapfen zurückgeschnitten, die zur Wand weisenden Triebe werden ebenso wie der Konkurrenztrieb ganz entfernt. Die Stammverlängerung wird angeschnitten und in senkrechter Linie an das Gerüst geheftet.

Waagrechter Kordon

Hier werden nach der Pflanzung die nach hinten und vorne weisenden Triebe an der Basis entfernt, während die seitlichen auf eine astunterseits stehende Knospe angeschnitten werden. Die Triebe werden waagrecht an das Gerüst geheftet, wobei die Triebspitzen nach oben weisen müssen.

Schräger Kordon

Gepflanzt werden die Bäume in gewohnter Weise senkrecht mit einem Abstand von 60–80 cm. In 40–60 cm Höhe biegt man die Stammverlängerungen in die vorgesehene Lage und befestigt diese am Gerüst. Schnitt und Erziehung sind wie beim senkrechten Kordons. Man führt den kurzen Fruchtholzschnitt durch.

U-Form

Man wählt zwei seitlich in möglichst gleicher Höhe stehende Verzweigungen aus und entfernt den Mitteltrieb. Diese Triebe werden in U-Form mit dem gewünschten Abstand an das Gerüst geheftet und dann in den Folgejahren hochgezogen. Der Abstand sollte jedoch 0,5 m auch bei kurzem Fruchtholzschnitt nicht unterschreiten, bei langem Fruchtholzschnitt ist ein Abstand von ca. 1 m zu berücksichtigen.
Bei einer doppelten U-Form wird man wie bei einem waagrechten Kordon die Leittriebe heften, um sie bei einer Länge von etwa 0,4 m für das erste U in die Senkrechte zu binden. Im darauffolgenden Winter erfolgt ein Rückschnitt auf 0,3 m über der Biegung, worauf im daran anschließenden Sommer das nächste U in gleicher Form auf gleicher Ebene geformt wird. Somit stehen auf einer Ebene zwei U nebeneinander.

Verrier-Palmette

Hier gelten die gleichen Regeln wie bei der Erziehung einer U-Form. Man beläßt nach der Pflanzung die Mitte und wählt zwei Verzweigungen als Leitäste, die jedoch nicht ganz waagrecht, sondern leicht nach oben weisend gebunden werden. Man schneidet sie an, daß ein kräftiger Austrieb erfolgt. Nach einem Jahr wird flacher gebunden und erst wenn die Äste die vorgesehene Länge erreicht haben, werden sie, am besten im Sommer, waagrecht gebunden, wobei die Spitzen senkrecht hochgebunden werden. Mit der Bildung des zweiten, darüberliegenden U darf erst begonnen werden, wenn das erste senkrecht in die Höhe wächst. Um das letzte U zu formen, wird die Stammverlängerung in entsprechender Höhe sorgsam zur Seite in die Waagrechte gebogen und auf das erste nach unten gerichtete Auge nach der Biegung zurückgeschnitten. Der zweite Ast bildet sich aus einem sich an der Biegung befindlichen Auge. Die aus diesen beiden Augen austreibenden Triebe werden wie beschrieben zu einem U geformt.

Fächerspalier

Zur Pflanzung verwendet man vorzugsweise ein- oder zweijährige Veredlungen. Die Stammhöhe kann den Erfordernissen angepaßt werden, in der Regel wird man in 0,4–0,6 m Höhe anschneiden. Ein Fächerspalier kann mit oder ohne Mitteltrieb geformt werden. Sind keine Seitentriebe vorhanden, können zwei seitlich stehende Knospen sichelmondförmig eingekerbt und so zum Austrieb angeregt werden. Die Triebe werden im Laufe der Zeit fächerförmig befestigt, wobei die unteren eine fast waagrechte Stellung einnehmen.

Solche Pfirsiche reifen auch in nicht optimaler Lage an einem geschützen Spalier.

Kräftiges, gut verzweigtes Stachelbeerstämmchen vor dem Pflanzschnitt.

Nach dem kräftigen Rückschnitt verbleiben nur die Mitte und drei Leitäste, die angeschnitten werden.

Pflanzschnitt bei Beerenobst

Johannisbeersträucher werden in der Regel mit drei bis fünf Trieben erzogen. Sind beim Pflanzmaterial mehr Triebe vorhanden, reduziert man diese durch Rückschnitt bis zum Boden auf die gewünschte Anzahl von Trieben, wobei man selbstverständlich vorzugsweise verletzte, schwache oder angebrochene Triebe entfernt. Die verbleibenden Triebe sollten jedoch gut verteilt im Kreis stehen, sie werden auf 20–30 cm Länge eingekürzt. Der Schnitt erfolgt immer auf eine außenstehende Knospe. Befindet sich ein Trieb in der Mitte des Strauches, so kann dieser etwas länger belassen werden. Eine größere Triebzahl würde zu Lasten eines kräftigen Neutriebes gehen. Verletzte Wurzeln werden bis zum gesunden Teil entfernt, sehr lange etwas zurückgeschnitten. Bei Erziehung am Drahtgerüst ist es empfehlenswert, dieses bereits vor der Pflanzung aufzustellen, wobei der erste Draht etwa 70 cm über dem Boden, der zweite in 120 cm Höhe angebracht werden sollte. Der Pflanzabstand beträgt 1 m, der Zwischenraum von Pfahl zu Pfahl sollte nicht größer als 5–6 m sein. Am Drahtgerüst beläßt man drei Triebe, die fächerförmig geheftet werden, und läßt so Raum für nachwachsende Ruten.

Bei Johannisbeerbäumchen wird nach den Regeln des Pyramidenschnitts vorgegangen, allerdings wird die Krone mit vier bis fünf Leitästen aufgebaut. Diese sollten in einem Winkel von 45–90° gleichmäßig rund um das Stämmchen stehen. Man schneidet die Leittriebe auf eine Länge von ca. 25 cm auf eine außenstehende Knospe zurück. Unbedingt notwendig ist ein Pfahl, der bis in die Krone hineinreichen sollte, damit auch die Stammverlängerung daran befestigt werden kann.

Jostabeerensträucher werden nach der Pflanzung auf vier Triebe zurückgenommen, die leicht auf eine außenstehende Knospe eingekürzt werden. Die Wurzeln schneidet man zurück und entfernt alle beschädigten und eingetrockneten Teile. Man muß bei der Pflanzung dieser Beerenobstart berücksichtigen, daß sie einen Standraumbedarf von ca. 4 m^2 pro Pflanze hat.

Für **Stachelbeersträucher** wird man auf zweijähriges Pflanzmaterial mit fünf bis sieben Trieben zurückgreifen. Der Strauch wird mit vier bis fünf Trieben aufgebaut, die kreisförmig um die Mitte angeordnet sein sollten. Überflüssige Triebe entfernt man nach der Pflanzung direkt über dem Boden. Die verbleibenden Triebe werden auf eine Länge von 20–30 cm auf eine außenstehende Knospe eingekürzt. Handelt es sich um eine stark hängende Sorte, so schneidet man auf eine obenstehende Knospe zurück. Auch hier kann ein in der Strauchmitte stehender Trieb etwas länger belassen werden. Soll die Erziehung am Drahtgerüst erfolgen, so errichtet man ein Drahtgerüst in Höhe von etwa 1,70 m, wobei der erste Draht 30 cm über dem Boden gezogen wird, weitere Spanndrähte folgen im Abstand von ca. 40 cm. Der Pflanzabstand beträgt 75 cm, wobei nach jeder 6. Pflanze ein Gerüstpfahl stehen sollte. Aufgebaut wird der Strauch am Gerüst mit zwei oder drei Trieben. Stachelbeeren werden bei Hobbygärtnern vorzugsweise auf Fuß- oder Hochstämmchen gepflanzt. Auch hier ist ein bis ins Kroneninnere reichender Pfahl nötig. Ein in der Mitte stehender Trieb wird als künftige Stammverlängerung am Pfahl befestigt, die Krone

Die kleineren Trauben macht die Jostabeere durch größere Beeren wieder wett.

In einem Korb mit verschiedenen leckeren Beeren findet sich auch noch ein Plätzchen für herrliche Süßkirschen.

wird mit vier Leittrieben aufgebaut, die einen Winkel von etwa 60° zur Stammverlängerung aufweisen sollten. Die Triebe werden auf ca. 20 cm zurückgenommen, wobei die Mitte etwas längerbleibt. Geschnitten wird auf außenstehende Knospen, nur bei stark hängenden Sorten wird auf eine obenstehende Knospe zurückgeschnitten. Die Erziehung der Krone ist bei Fuß-, Mittel- oder Hochstämmchen identisch.

Pflanzmaterial für **Himbeeren** sollte eine gute Bewurzelung und einen kräftig ausgebildeten Wurzelknospenansatz aufweisen, die Rutenlänge sollte etwa 80 cm betragen. Nach der Pflanzung werden die Ruten auf eine Länge von 40–50 cm zurückgeschnitten. Durch diesen Rückschnitt werden die Adventivknospen zu einem kräftigen Austrieb angeregt. Bei Containerpflanzen ist ein Rückschnitt nicht notwendig. Ist der Neutrieb 40–50 cm hoch, werden die zurückgeschnittenen Ruten direkt über dem Boden abgeschnitten und entfernt. Der Pflanzabstand beträgt etwa 50 cm. Himbeeren benötigen ein Drahtgerüst mit einer Höhe von ca. 1,60 m, wobei der erste Draht in 80 cm, der zweite in 1,50 m Höhe über dem Boden angebracht wird. Wird der Draht doppelt geführt, so daß die Ruten praktisch durchwachsen können, erspart man sich das Anheften; in diesem Fall sollte aber der Draht, um ein Auseinanderfallen zu verhindern, alle 1,00–1,50 m mit einem Häkchen zusammengehalten werden. Zieht man nur einen einfachen Draht, müssen die Ruten mit einem rutschfesten Material angebunden werden. Zieht man vier Drähte, so können die Ruten eingeflochten werden.

Brombeeren sind ein- oder zweijährig als Pflanzmaterial erhältlich, wobei die Ranke mindestens bleistiftstark sein muß. Am Wurzelhals sollten mindestens eine, besser jedoch zwei Adventivknospen ausgebildet sein. Man pflanzt Brombeeren an einem Gerüst, wobei jeder Rückschnitt nach der Pflanzung unterbleibt. Beschädigte oder eingetrocknete Wurzelteile werden selbstverständlich entfernt. Der Pflanzabstand beträgt 1,50 m. Für das Gerüst wird der erste Draht in einer Höhe von ca. 1,00 m, der zweite in 1,75 m Höhe über dem Boden an den Pfählen angebracht, wobei diese im Abstand von ca. 3,00 m stehen sollten.

Einen mäßigen Rückschnitt von gutem Pflanzmaterial auf 30–40 cm unter Berücksichtigung eines Strauchaufbaues mit drei bis fünf Haupttrieben ist bei den **Heidelbeeren** notwendig, um einen guten Austrieb zu erhalten. Schwache, nach innen wachsende und beschädigte Triebe werden ebenfalls entfernt.

Kiwi-Sträucher zur Spaliererziehung werden nach der Pflanzung um ein Drittel ihres Habitus eingekürzt.

Bei **Weinreben** in Containern erfolgt kein Pflanzschnitt. Bewurzelte Jungreben werden auf ein Auge über der Veredlungsstelle zurückgeschnitten.

Für den Aufbau eines **Holunderbaumes** verwendet man in der Regel Meterstämme. Man beläßt drei bis vier Triebe, die gleichmäßig um den Stamm stehen, und kürzt diese auf zwei Knospen zurück. Daraus entwickelt sich in den nächsten Jahren eine Rundkrone. Mindestens bis zum dritten Standjahr sollte ein Pfahl die Standfestigkeit des Baumes sicherstellen.

Nashi-Spindel: Der Baum ist durch Waagrechtbinden der Triebe bereits in der generativen Phase.

Aufbauschnitt bei Kernobst

Aufbauschnitt der Pyramidenkrone

Der Aufbauschnitt erfolgt im Spätwinter, wenn keine starken Fröste mehr zu erwarten sind. Jetzt zeigen sich auch deutlich die Auswirkungen des Pflanzschnittes. Die Wuchsstärke wird auch in starkem Maße von äußeren Bedingungen beeinflußt, wie beispielsweise Bodenqualität, Kleinklima u. a. Haben so gut wie alle Knospen starke, meist hochwachsende Triebe gebildet, so wurde zu kurz angeschnitten und man wird jetzt entsprechend länger anschneiden. Wenn sich nur wenige und schwache Triebe entwickelt haben, hat man zu lange angeschnitten und wird nun stärker einkürzen, notfalls sogar bis ins zweijährige Holz. Im Idealfall haben sich Leitastverlängerungen und einige starke, gut verteilte Seitentriebe sowie einige Kurztriebe gebildet.
Man beginnt den Aufbauschnitt mit der Entfernung aller Konkurrenztriebe (Afterleittriebe), die sich an den Leitästen und an der Stammverlängerung gebildet haben. In der Regel wird dann der Zuwachs der Leittriebe und der Stammverlängerung je nach Wuchsfreudigkeit um ein Drittel bis maximal zur Hälfte auf eine astunterseits stehende Knospe zurückgeschnitten, wobei man sich immer am schwächsten Ast orientiert. Man blendet die erste Knospe, um die Bildung eines Konkurrenztriebes zu unterbinden. Bei starkem Wachstum wählt man dazu die ersten zwei bis drei astoberseits befindlichen Knospen (Konkurrenzknospen). Triebe werden geschnitten, die an der Oberseite der Äste stehen oder in das Kroneninnere hineinwachsen. Dann bestimmt man an den Leitästen, welche der neu zugewachsenen Triebe für Fruchtholz benötigt werden und entfernt die überflüssigen. Fruchtäste sollten in einem Abstand von ca. 50–70 cm stehen, wobei der dem Stamm am nächsten wachsende einen Abstand von mindestens 40 cm zum Stamm haben sollte. Man schneidet die Fruchtäste so an, daß sie bis zur Spitze des Leitastes einen pyramidalen Aufbau bilden. Schwache Triebe werden nur angeschnitten, wenn man sie in das nötige Verhältnis zueinander bringen muß. Kurztriebe bleiben unbeschnitten, da die meist sehr gut ausgebildeten Endknospen die besten Voraussetzungen zum Fruchtansatz bieten. Schief wachsende Verlängerungen von Leitästen werden mittels Stäben zu einem geraden Wuchs gebracht. Man bindet dazu den Ast an eine entsprechend lange, gerade Latte (Besenstiel etc.).

Erziehungsschnitt bei einer Pyramidenkrone.
Oben links: Triebe, die nach innen wachsen, werden entfernt.
Oben rechts: Konkurrenztriebe und zu steil stehende Triebe an Stammverlängerung und Leitästen werden entfernt.
Unten links: Die Verlängerungen an den Leitästen und an der Mitte werden angeschnitten, wobei die Leitäste gleich hoch sein und von der Mitte überragt werden sollten.
Unten rechts: Fertig geschnittene Pyramidenkrone.

Aufbauschnitt der Hohl- und Tellerkrone

Diese beiden Kronenformen finden beim Kernobst keine Verwendung.

Aufbauschnitt der Spindelkrone

Im zweiten Standjahr wird in der Regel die Stammverlängerung (Mittelachse) bzw. deren Verlängerung nicht

Eine Spindel erinnert im Wuchs stark an einen Tannenbaum. Der Baum rechts ist dagegen zu stark überbaut. Es kann nicht genügend Licht ins Bauminnere gelangen, so daß die Fruchtausbildung leidet.

mehr angeschnitten. Ist sie jedoch zu stark gewachsen, leitet man sie auf einen kürzeren Konkurrenztrieb ab, der dann ungeschnitten bleibt. Nur wenn der Baum zu wenig Seitentriebe gebildet hat und dadurch schlecht garniert ist, wird die Mitte auch noch im zweiten Jahr eingekürzt. Zu steil stehende Triebe werden waagrecht gebunden. Im Idealfall sind keine weiteren Schnittarbeiten nötig. Muß jedoch ein Rückschnitt von zu langen Trieben erfolgen, so schneidet man auf eine an der Triebunterseite stehende Knospe zurück und vermeidet so einen sich zu steil entwickelnden Zuwachs. Sehr steil wachsende, kleine Triebe können ebenfalls entfernt werden.

Aufbauschnitt der Zwei- und Dreiastkrone

Die Obsthecke (Zwei- und Dreiastkrone) wird ähnlich wie die Pyramidenkrone geschnitten.

Aufbauschnitt der Spalier-Formen

Senkrechter und waagrechter Kordon

Beim senkrechten Kordon wird die Stammverlängerung angeschnitten, wobei sich keine kahlen Stellen bilden dürfen. Beim waagrechten Kordon wird der Trieb waagrecht gebunden, seine Spitze muß dabei aber immer nach oben weisen. Stärkere Seitentriebe entfernt man, außer wenn der waagrechte Kordon in mehreren Stufen übereinander gezogen werden soll. Die Triebverlängerungen müssen nicht zurückgeschnitten werden, da sie sich aufgrund des waagrechten Wuchses gut garnieren und Fruchtholz bilden.

Schräger Kordon

Kräftige, stammoberseits stehende Triebe werden beim schrägen Kordon am besten schon im Sommer entfernt.

U-Form

Dieses Spalier wird wie der senkrechte Kordon behandelt. Haben sich die beiden Leitäste unterschiedlich stark entwickelt, wird der starke Leitast etwas kürzer als der schwächere zurückgeschnitten. Wenn sich die Leitäste gleich stark entwickelt haben, wird auf die gleiche Höhe zurückgeschnitten. Die Schnittstelle sollte immer der Mauer oder Wand zugewandt sein, damit das Spalier vorn einen glatten, makellosen Stamm aufweist.

Verrier-Palmette

Hier wird im zweiten Standjahr die Mitte angeschnitten, die zwei seitlichen Äste werden waagrecht gebunden, wobei die Spitze nach oben weisen muß. Mit dem Aufbau des nächsten, innenstehenden U's muß man warten, bis die untersten Äste die gewünschte Länge erreicht haben und nach oben gezogen werden. Die Schnittbehandlung entspricht derjenigen der U-Form.

Fächerspalier

Hier ist zu beachten, daß die unteren Äste ausreichend Fruchtholz bilden und nicht durch zu langen Anschnitt verkahlen. Die Stammverlängerung sowie die Leitäste werden wie bei der Pyramidenkrone angeschnitten.

Nach dem Pflanzschnitt wurde hier nicht mehr geschnitten. Er droht durch zu viel Fruchtholz zu vergreisen.

Leitäste und Stammverlängerung müssen von Konkurrenztrieben befreit werden. Aufgrund der vielen Blütenknospen muß weiter ins zweijährige Holz zurückgeschnitten werden.

Reife Mirabellen, Zwetschen und Renekloden sind sichere Zeichen dafür, daß der Sommer vorbei ist und der Herbst naht.

Aufbauschnitt bei Steinobst

Steinobst und Kernobst unterscheiden sich in einigen Punkten ganz deutlich voneinander, wenn nach dem Pflanzschnitt der Aufbauschnitt ansteht.

Aufbauschnitt der Pyramidenkrone

Prinzipiell ist die Erziehung einer Pyramidenkrone bei Steinobst gleich wie bei Kernobst. Allerdings besteht die Möglichkeit, bei Steinobst bis zu fünf Leitäste aufzubauen, da sich im Gegensatz zum Apfel- und Birnbaum die Nebentriebe bei Steinobst schwächer entwickeln. Wenn im Pflanzjahr nur drei Leitäste aufgebaut werden konnten, so kann man jetzt mit geeigneten Trieben weitere ein oder zwei Leitäste erziehen. Der Aufbau über zwei Jahre hat auch den positiven Effekt einer besseren Verteilung der Leitäste an der Stammverlängerung. Gerade in den ersten Standjahren sollte man auf die Bildung einer gut ausgebildeten, tragfähigen Krone großen Wert legen; diese Arbeit macht sich noch nach vielen Jahren bezahlt, wenn der Verjüngungsschnitt nötig ist.
Besonderes Augenmerk sollte man gerade bei Steinobst auf einen lockeren und lichten Kronenaufbau legen, denn diese Obstarten, ob es sich nun um Pflaumen, Kirschen, Pfirsiche oder andere Arten handelt, sind besonders sonnenhungrig und benötigen für die optimale Entwicklung der Früchte Licht, Sonne und Luft. Dies gilt in besonderem Maße für Anbaugebiete im Grenzbereich.
Im zweiten Standjahr richtet sich der Schnitt auch hier nach dem erfolgten Austrieb. Es wird nach der alten Grundregel verfahren: schwacher Trieb braucht starken Schnitt, starker Trieb wird nur schwach geschnitten. Dabei muß man allerdings berücksichtigen, daß die Bäume im zweiten Standjahr, nachdem der Pflanzschock überwunden ist, ein größeres, kompletteres Wurzelsystem gebildet haben und dementsprechend etwas stärker treiben. Man beginnt auch hier mit dem Entfernen aller Konkurrenztriebe an Leitästen und Stammverlängerung.
Es folgt der Schnitt aller in das Kroneninnere hineinwachsenden Triebe, weil bei diesen durch die schlechte Belichtung kaum die Voraussetzung zur Bildung von Blütenknospen gegeben ist. Da diese Triebe in aller Regel an der Trieboberseite stehen, kann man sich die Arbeit für das kommende Jahr erleichtern, wenn man die vier bis fünf an der Trieboberseite stehenden, gut ausgebildeten Knospen hinter der Schnittstelle blendet. Ein weiterer Vorteil dieser Maßnahme ist die Förderung der triebunterseits stehenden Knospen, die dann kräftige, in die gewünschte Richtung wachsende Triebe bilden. Leittriebe und Mitteltrieb werden eingekürzt, wobei der Mitteltrieb immer dominieren muß.
Zu steil stehende Triebe, die als Fruchtaste zum Kronenaufbau benötigt werden, bindet man waagrecht oder spreizt sie entsprechend ab. Dies muß unbedingt bei starken Trieben durchgeführt werden, die in ihrer Länge die Schnittstelle des Leitastes überragen. Wenn man solche Triebe nicht in ihrem Wuchs einschränkt, würden sie in Konkurrenz zu den

Erziehungsschnitt einer Tellerkrone. Links: Durch das Zurücksetzen der Mitte zeigen die Leitäste ein stark nach oben strebendes Wachstum. Mitte: Sie werden auf flachere Konkurrenztriebe abgeleitet und die Mitte wird stark zurückgenommen. Rechts: Nach innen zeigenden Triebe werden entfernt.

Leitästen treten und dabei die Dominanz übernehmen, die Leitäste würden nur noch kümmern und der ganze Kronenaufbau käme in Unordnung.

Aufbauschnitt der Hohlkrone

Wenn man sich schon beim Pflanzschnitt für die Erziehung einer Hohlkrone entschieden hat, kann man die Leitäste etwas steiler als bei der Pyramidenkrone erziehen. Auch hier muß man darauf achten, daß die Leitäste immer die führende Rolle im Kronenaufbau behalten. Der Aufbauschnitt erfolgt in gleicher Art und Weise wie bei der Pyramidenkrone.

Aufbauschnitt der Tellerkrone

Hier läßt man die ersten Standjahre zwei bis drei günstig um die Stammverlängerung verteilte, mittelstarke Triebe stehen, die zum Kronenaufbau dienen.
Die fertige Krone sollte insgesamt acht bis zwölf gut verteilte Leitäste aufweisen. Die Stammverlängerung wird auf etwa 30–40 cm zurückgeschnitten oder auf einen günstig stehenden, schwächeren Seitentrieb abgesetzt, auf jeden Fall muß sie den Leitästen untergeordnet bleiben.
Leitäste und seitliche Triebe werden nicht angeschnitten, falls sie zu steil stehen, werden sie flach gebunden. Nach Möglichkeit sollte versucht werden, den Abgangswinkel der Leitäste von der Stammverlängerung her auf einen Winkel von etwa 60° zu bringen.

Aufbauschnitt der Spindelkrone

Beim Aufbau der Spindel muß darauf geachtet werden, daß sich die Spindel nicht überbaut. Die Länge der Triebe muß also von unten nach oben kontinuierlich abnehmen. Da alle Seitentriebe unbeschnitten bleiben, schränkt man das Längenwachstum durch Herunterbinden in die Waagrechte ein. Die Stammverlängerung wird in der Regel nicht mehr angeschnitten. Man kann die Stammverlängerung auch umgesetzt aufbauen. In diesem Fall wird man auf einen aufrechtstehenden Seitentrieb zurückschneiden, der dann die Rolle der Stammverlängerung übernimmt. Im kommenden Jahr wird auf einen gegenständigen Seitentrieb abgesetzt usw., so daß sich eine flache Zick-Zack-Form der Mitte ergibt. Diese Methode bewirkt ein schwächeres Wachstum des Mitteltriebes, was eine Förderung der Knospenanlage an allen Seitentrieben zur Folge hat.

Aufbauschnitt der Zwei- und Dreiastkrone

Die Obsthecke (Zwei- und Dreiastkrone) wird wie die Pyramidenkrone geschnitten. An der Stammverlängerung stehende, kräftige einjährige Triebe, die aufrecht in die vorgegebene Richtung wachsen, werden flach gebunden.

Erziehungsschnitt eines Zwetschenhochstammes. Bei fehlender Mitte wird eine Hohlkrone geformt. Konkurrenztriebe und nach innen stehende Triebe werden entfernt, die Leitäste angeschnitten.

Aufbauschnitt eines Stachelbeerhochstämmchens. Links: Vor dem Schnitt. Mitte: Stärkere, nicht als Leitäste benötigte Triebe werden entfernt. Rechts: Alle nach innen wachsenden Triebe sowie Konkurrenztriebe an den Leittriebverlängerungen und an der Mitte werden entfernt.

Aufbauschnitt bei Beerenobst

Der Schnitt bei **roten Johannisbeeren** unterscheidet sich etwas bei schwachwachsenden und starkwachsenden Sorten. Schwachwachsende, rote Johannisbeersorten bilden unmittelbar an der Terminalknospe einen ringförmigen Blütenknospenansatz, der entfernt wird, d. h. die Leittriebe und die seitlichen Verzweigungen werden angeschnitten. Bei starkwachsenden Sorten werden die Leittriebe nicht zurückgeschnitten, nur wenn die Höhe der Leittriebe etwa 140–150 cm übersteigt, wird auf einen Seitentrieb abgeleitet. Konkurrenztriebe werden entfernt. Bei weißen Johannisbeeren wird nach demselben Prinzip vorgegangen. Bei roten Johannisbeersträuchern, die am Drahtgerüst erzogen werden, entfernt man die in Reihenrichtung weisenden Seitentriebe. Die Leittriebe werden nicht angeschnitten, es sei denn, sie überschreiten eine Höhe von etwa 150 cm, wobei man die sortenbedingten Wuchseigenschaften berücksichtigen muß. Mittellange Seitentriebe mit Blütenknospen werden auf zwei bis drei Knospen zurückgenommen, kurze Fruchttriebe bleiben unbeschnitten. Bei **Johannisbeerstämmchen** kann man jetzt einen fehlenden Leittrieb ergänzen oder einen zu steil stehenden durch einen flacher wachsenden ersetzen. Konkurrenztriebe werden entfernt, nach innen wachsende Triebe kürzt man auf ein Auge ein, die Leittriebe werden auf die Hälfte des Neuzuwachses eingekürzt.
Bei **schwarzen Johannisbeeren** werden die Leittriebe angeschnitten und leicht eingekürzt, die Triebe, die in das Innere des Strauches wachsen, werden entfernt.
Jostabeeren bilden willig Seitentriebe an den drei bis vier Leittrieben, die für den Aufbau des Strauches nötig sind. Es müssen dann nur eventuell notwendige Korrekturen vorgenommen werden. Zu beachten ist, daß der sehr starkwachsende Strauch nicht zu dicht wird, denn Voraussetzung für einen guten Ertrag ist eine ausreichende Belichtung.
Stachelbeeren sind, wie der Name ja schon sagt, mit sehr vielen Stacheln versehen. Um sich viele zerstochene Finger zu ersparen, ist es sinnvoll, schon dem Aufbauschnitt bei dieser Beerenart angemessene Aufmerksamkeit zu schenken. Fünf bis sieben kräftige voll entwickelte Leittriebe genügen für einen Strauch. Zuerst entfernt man alle an Leittriebverlängerungen und Stammverlängerung stehenden Konkurrenztriebe. Damit die Bildung von Verzweigungen an den Leittrieben gefördert wird, werden diese nur leicht angeschnitten. Die vorhandenen seitlichen Verzweigungen kürzt man auf ein bis drei Knospen ein. Zu beachten ist die Wuchsentwicklung der Sorte; so werden Sorten mit einem leicht überhängenden Wuchs auf oben- bzw. innenstehende Knospen geschnitten, während man bei einem aufrechten Wuchs auf außen- bzw. triebunterseits stehende Knospen schneidet.
Die drei bis vier Leittriebe und die Stammverlängerung der Stämmchen werden leicht angeschnitten, die nach außen weisenden Seitentriebe ebenfalls auf wenige Knospen zurückgenommen. Nach innen wachsende Triebe sowie Konkurrenztriebe an Leittriebverlängerungen und Stammverlängerung werden ebenso wie alle nicht benötigten Triebe völlig entfernt. Bei einer Erziehung am Drahtrahmen werden alle Triebe, die in Reihenrichtung wachsen, entfernt. Zu schwach oder zu stark wachsende sowie aufrecht stehende Triebe an den Leitästen werden bei starkwachsenden Büschen ganz entfernt, bei schwachwachsenden auf zwei bis drei Knospen zurückgenommen.
Da bei **Himbeeren** jedes Jahr die abgetragenen Ruten entfernt werden, gibt es keinen Aufbauschnitt. (siehe Seite 124).
Bei **Brombeeren** erfolgt ebenfalls kein Aufbauschnitt, die notwendigen Korrekturen werden wie auf Seite 128 beschrieben, während der Sommermonate vorgenommen.
Unsere **Kulturheidelbeere** braucht keinen Aufbauschnitt; sie bleibt in den ersten Jahren nach der Pflanzung ungeschnitten. Selbstverständlich entfernt man beschädigte oder dürre Triebe.
Da frischgepflanzte **Kiwis** sehr frostempfindlich sind und die junge Pflanze sicherlich unter dem ersten Winterschutz versteckt ist, wird man

erst im zeitigen Frühjahr zurückschneiden können. Ist der Trieb im ersten Jahr zu zaghaft gewachsen, erfolgt ein kräftiger Rückschnitt. Dieser fördert wesentlich die Triebstärke und bewirkt damit die Bildung eines kräftigen Stammes. Will man die Pflanze mit einem kurzen Stämmchen erziehen, werden bis zur gewünschten Höhe jetzt alle Seitentriebe entfernt. Um den Saftkreislauf zu fördern, ist es wichtig, daß der Trieb bis zum Spalierdraht gerade wächst, ohne zu ranken. Dies erreicht man, indem die weiche Triebspitze in ganz kurzen Abständen an einem Pfahl angebunden wird.

Gleichgültig, ob man ein Spalier an einer Hauswand oder ein freistehendes Spalier hat, der Aufbau der **Weinrebe** im ersten Jahr ist immer gleich. Ist der gerade hochgezogene Austrieb stark gewachsen, kann man bereits auf die gewünschte Stammhöhe anschneiden. Man schneidet dabei 2–3 cm so schräg über dem obersten Auge, daß der austretende Saft vom Auge weggeleitet wird. Schwache Reben werden nochmals auf zwei Augen zurückgeschnitten, damit sie kräftiger werden. Die Bildung des Stämmchens erfolgt dann erst ein Jahr später.

Beim **Schwarzen Holunder** erfolgt der Aufbauschnitt bereits im Spätherbst, wobei nur ausgelichtet wird. Man beläßt sechs bis sieben gut verteilte, kräftige und aufrechtstehende einjährige Triebe.

Obsternte auf Balkon und Terrasse.

Auslichtungsschnitt eines Johannisbeerstrauches. Links: Undurchdringbares Wirrwarr vor dem Schnitt. Mitte: Alte, abgetragene Äste, die kaum noch Wachstum zeigen, werden am Boden eben herausgenommen und durch Neutriebe ersetzt. Rechts: Überzählige Neutriebe und Konkurrenztriebe werden entfernt. Zu steile Seitentriebe werden entfernt, flachere Seitentriebe und die Jungtriebe werden eingekürzt.

Erhaltungsschnitt bei Kern- und Steinobst

Links: Apfelhochstamm mit starkem Neuzuwachs. Rechts: Konkurrenztriebe und nach innen wachsende Triebe an den Leitästen und der Mitte wurden entfernt. Nur mäßiger Rückschnitt der Leitäste.

Das unterschiedliche Wuchsverhalten der einzelnen Obstarten und Obstsorten zeigt sich jetzt mit jedem Standjahr deutlicher. In der Folge muß man bei den nun folgenden jährlichen Pflegemaßnahmen den Schnitt nach den sortentypischen Merkmalen der einzelnen Obstbäume ausrichten.
Grundsätzlich ist der Erziehungsschnitt der einzelnen Kronenformen bei Kern- und Steinobst gleich. Allerdings gibt es große Unterschiede in der Wuchsstärke, der Neutriebbildung, dem Habitus (aufrechtwachsend oder eher zu einem hängenden Wuchs neigend) usw. Zu erkennen sind diese Faktoren an den Reaktionen des letztjährigen Schnittes. Dabei ist zu beachten, daß starker Fruchtbehang das Wachstum eindämmt. Daraus leitet sich die Regel ab, daß man bei starkem Blütenknospenansatz etwas stärker schneiden kann als bei schwachem oder sehr schwachem zu erwartenden Ertrag.
Für alle Erziehungsarten gilt, daß beim Erhaltungsschnitt mehrjährige, abgetragene Triebe entfernt werden müssen, ebenso alle Triebe, die für die Fruchtholzverjüngung nicht gebraucht werden, sowie solche, die ins Kroneninnere wachsen oder astoberseits sehr steil stehen. Triebe, die für die Fruchtholzverjüngung benötigt werden, aber zu steil stehen, bindet man herunter.
Zu beachten ist auch, daß sich bei Kernobst sowie bei Pflaumen, Zwetschen, Mirabellen und Renekloden die besten und schönsten Früchte am zwei- bis dreijährigen Fruchtholz bilden. Die ersten Erträge werden sich in der Regel an den heruntergebundenen Trieben gebildet haben. Es muß also dafür gesorgt werden, daß das Fruchtholz alle drei bis vier Jahre verjüngt wird. Dazu greift man auf ein- bis zweijährige Triebe zurück, die meist astoberseits an dem durch Fruchtbehang nach unten gebogenen, abgetragenen Fruchtholz stehen. Von diesen nach oben wachsenden Trieben, die sonst immer entfernt werden, wählt man nun, je nach Erziehungsart der Krone, den dem Leitast oder Stamm am nächsten stehenden Trieb zur Verjüngung aus. Würde man einen weiter außen stehenden Trieb wählen, so würde der Baum außer Form geraten und innen verkahlen. Das zu entfernende, abgetragene Fruchtholz wird bis zu diesem neu als Fruchtholz aufzubauenden Trieb zurückgenommen, wobei man schon etwas dickere Triebe besser absägt und gegebenenfalls mit einem Wundverschlußmittel verstreicht.

TIP

Als Faustregel gilt, schwachwachsende Bäume werden stärker geschnitten als starkwachsende, denn eine starke Schnittmaßnahme regt zu einem verstärkten Neutrieb an. In jedem Fall sollte ein Pflegeschnitt, wenn möglich, jährlich durchgeführt werden, um die Vitalität des Baumes durch einen gesunden Aufbau über lange Jahre hin zu erhalten.

Ein kräftiges Astgerüst bildet die Grundlage bei allen Obstarten und Kronenformen für einen leistungsfähigen Baum, ganz gleich, ob er auf einer schwach-, mittel- oder starkwachsenden Unterlage steht. Aus diesem Grund sollte man sein Augenmerk auch darauf richten, daß sich der Baum gleichmäßig entwickelt. Unterschiedlich starker Wuchs einzelner Kronenteile ist mit Schnittmaßnahmen zu korrigieren, wobei man in einem solchen Fall unter Umständen einen Leitast anschneidet, die anderen

Auslichtungsschnitt bei der Birne. Die starkwachsende und zu dichte Pyramidenkrone muß ausgelichtet werden. Bei so starkem Wachstum unterbleibt ein Anschneiden der Leitäste.

'President'

jedoch aus der Terminalknospe treiben läßt. Einer Überbauung der Krone muß unbedingt entgegengewirkt werden, das Gleichmaß der Krone muß gegeben und die jährliche Neutriebbildung erhalten bleiben. Die Leitäste müssen, wie der Name schon sagt, immer dominant bleiben, die Fruchtäste dürfen die Leitäste nicht überragen. Oft ist die Entfernung einer ganzen Astpartie sinnvoller als sehr viele kleine Triebe und Ästchen an- bzw. wegzuschneiden.
Selbstverständlich wird man während der Schnittmaßnahmen die Bäume auch auf Beschädigungen der Rinde, Frostschäden, Krebsbefall u. a. hin kontrollieren und gegebenenfalls eine Wundbehandlung vornehmen und bei Krebsbefall diesen sorgfältig ausschneiden.

Erhaltungsschnitt der Pyramidenkrone

Vor Beginn der eigentlichen Schnittmaßnahmen werden die letztjährig angebrachten Formierungshilfen wie Spreizhölzer, Bindematerial usw. entfernt. Man beginnt mit dem Entfernen aller Konkurrenztriebe. Der Mitteltrieb wird in der gewünschten Höhe auf ein zum letztjährigen Rückschnitt gegenständiges Auge zurückgeschnitten, damit eine möglichst gerade Verlängerung der Mitte gewährleistet ist. Beim Schnitt der Leit- und Fruchtäste ist zwischen Fruchtästen und Fruchtholz zu unterscheiden. Beim Fruchtholz werden starke Triebe bis auf eine Knospe entfernt, flache Fruchtspieße beläßt man unbeschnitten. Schwächer wachsende Arten und Sorten werden über mehrere Jahre kürzer angeschnitten, während man stark austreibende Sorten und Arten länger anschneiden kann. Starkwachsende Fruchtäste, die zu steil stehen, aber wichtig sind, werden heruntergebunden. Durch diese Maßnahme wird das Wachstum zugunsten von Blütenbildung eingeschränkt.
In den Folgejahren wird die Krone in entsprechender Weise behandelt. Man achtet darauf, daß der Zuwachs an Länge und Stärke im Verhältnis der Leitäste und des Mitteltriebes zueinander gleich bleibt, um so die Stabilität der Krone zu gewährleisten. Mit zunehmendem Alter wird das Hauptaugenmerk beim Schnitt auf dem Ausgleich und der Korrektur von unterschiedlicher Wuchsentwicklung innerhalb der Krone liegen. Die Verlängerung der Leitäste und des Mitteltriebes sollte möglichst immer aus der dafür vorgesehenen, im letzten Jahr angeschnittenen Knospe erfolgen. Ist der Verlängerungstrieb durch Krankheit oder Verletzung verkümmert und daher nicht mehr zu verwenden, greift man auf den nächsten Konkurrenztrieb zurück und baut diesen auf. Haben sich die Leitäste gut entwickelt, sind stark und gut garniert, so kann ein Anschneiden unterbleiben; sie treiben dann aus der Terminalknospe aus. Nicht benötigte Konkurrenztriebe sowie in das Kroneninnere wachsende Triebe, die sich meist aus astoberseits stehenden Knospen entwickeln, müssen immer entfernt werden.
Wichtig ist, daß die pyramidale Form der Krone gewahrt bleibt, da es sonst zu einer sogenannten Überbauung der Krone kommt. Dies hat zur Folge, daß das Kroneninnere verkahlt, die Früchte sich nur an den äußeren Kronenteilen entwickeln und der Baum aus dem Gleichgewicht kommt. Erstrebenswert ist am Baum ein- bis dreijähriges Fruchtholz; älteres sollte ausgeschnitten werden, da sich daran zu viele kleine Früchte entwickeln.
Bei Längskronen wird im Prinzip nach den gleichen Regeln vorgegangen. Da das Drahtgerüst auch etwas schwächeren Ästen Halt bietet, kann allerdings bei Leitästen und am Mitteltrieb etwas länger angeschnitten werden. Ungefähr ab dem sechsten Standjahr werden dann die Leitäste und der Mitteltrieb nicht mehr angeschnitten.

Erhaltungsschnitt der Hohlkrone

Wer eine Pyramidenkrone mit dem Ziel aufgebaut hat, diese zu einer Hohlkrone umzuformen, wird dies nach den ersten fünf bis sechs Jahren tun. Die spätere Umwandlung einer Pyramidenkrone zu einer Hohlkrone empfiehlt sich vor allem bei Obstarten

Reife Mirabellen für einen herrlichen Schnaps.

und -sorten, die von Natur aus einen steileren Wuchs aufweisen. Würde man in solchem Fall bereits vom Pflanzschnitt an eine Hohlkrone erziehen, hätte man viel Mühe, die Leitäste nicht zu steil werden zu lassen. Erzieht man die ersten Jahre die Krone mit einer Stammverlängerung, und will diese später zugunsten einer Hohlkrone entfernen, werden die Leitäste von sich aus eine flachere Stellung einnehmen. Man entfernt in diesem Falle die bei der Pyramidenkrone vorhandene Stammverlängerung in Höhe des obersten Leitastes. Dabei ist zu beachten, daß der Schnitt so ausgeführt wird, daß sich kein Wasser ansammeln kann. Die Wunde wird nach sorgfältiger Glättung der Wundränder mit einem Wundverschlußmittel vollständig verstrichen.

Tellerkrone, bei der die Dominanz der Leitäste gegenüber der Mitte deutlich zu erkennen ist.

Treibt die Stammverlängerung zu stark durch, so kann auf einen etwas tieferstehenden, schwächeren Seitentrieb abgeleitet werden. Da dieser meist einen etwas seitlichen Wuchs aufweist, wird das Längenwachstum eingeschränkt. Eine andere Möglichkeit ist das Abbinden der Stammverlängerung in eine leichte seitliche Schräglage, wenn die Stammverlängerung im Sommer sehr stark durchgetrieben hat und der Neuzuwachs eine Länge von mindestens 90–100 cm erreicht hat.
Ist die gewünschte Baumhöhe, die in der Regel zwischen 200 und 250 cm liegen wird, erreicht, setzt man die Stammverlängerung immer auf einen mit Blütenknospen garnierten, möglichst zweijährigen, flachwachsenden Seitentrieb zurück. Wichtig ist, daß sich Blütenknospen bevorzugt an waagrecht bis leicht schräg aufwärts stehenden Trieben bilden, zu steil nach oben wachsende Triebe entfernt man bei Vorhandensein genügend günstig stehender Triebe. Immer sollte aber beim Schnitt darauf geachtet werden, daß sich der Baum nach allen Richtungen hin gleichmäßig entwickelt und die Form eines Tannenbaumes behält, d. h. sich von unten nach oben gleichmäßig verjüngt. Besteht durch die natürliche Spitzenförderung des Baumes die Gefahr einer Überbauung, so werden im oberen Kronenbereich starke Seitentriebe ent-

Wurde die Hohlkrone ohne Stammverlängerung mit vier bis fünf nunmehr etwas steiler stehenden Leitästen erzogen, werden auch hier das Fruchtholz und die Fruchtäste gleich wie bei der Pyramidenkrone an den Leitästen angeordnet.
Auch bei der Hohlkrone werden alle Konkurrenztriebe entfernt. Da die Stammitte fehlt, können einige nicht sehr steil wachsende, in die Kronenmitte ragende Triebe belassen werden. Man muß aber darauf achten, daß die Krone nicht zu dicht wird, alle Kronenteile gut belichtet sind und ausreichend Sonneneinstrahlung vorhanden ist. Man schneidet auch hier immer auf eine astunterseits stehende Knospe an. Eine etwas kleinere Ernte wird durch die wesentlich bessere Qualität der Früchte ausgeglichen.

Erhaltungsschnitt der Tellerkrone

Etwa nach dem dritten bis vierten Standjahr haben sich die für die Tellerkrone notwendigen acht bis zwölf Leitäste gut entwickelt. Sie sollten gut verteilt um die Stammverlängerung stehen, welche auch weiterhin auf alle Fälle den Leitästen untergeordnet bleiben muß. Diese Kronenform benötigt einen alljährlichen Schnitt, um den Baum in der gewünschten Form zu halten. Man entfernt steile sowie in das Kroneninnere wachsende Triebe, und alle Konkurrenztriebe, die nicht als Ersatz für beschädigte Leittriebe benötigt werden. An der stark zurückgenommenen Stammverlängerung werden einjährige überflüssige Triebe entfernt. Abgetragenes mehrjähriges Fruchtholz wird ebenfalls bis zur Basis weggeschnitten. Man erkennt es an dem meist hängenden Wuchs. Seitliche Verzweigungen, die die Krone zu dicht werden lassen, kürzt man ein oder entfernt sie ganz, ebenso wie Äste, die die Krone überbauen.

Erhaltungsschnitt der Spindelkrone

Links: Spindel vor dem Schnitt. Rechts: Konkurrenztriebe um die Mitte und zu starke, aufrecht stehende Langtriebe und Fruchtäste werden entfernt. Waagrechtbinden starker Langtriebe im oberen Teil.

Schöne Apfelquitten, die jeden Garten zieren, deren Früchte aber auch Verwertung finden.

nen, wenn das Spalier gut garniert ist. Stellt man jedoch Stellen mit beginnender Verkahlung fest, werden die Wasserschosse immer wieder auf Stummel zurückgeschnitten, um dadurch die Bildung von Fruchtholz zu fördern.
Mit einem dem Wachstum des Baumes angepaßten Rückschnitt der Gerüstäste ist dafür Sorge zu tragen, daß keine Verkahlung entsteht. Zu schwacher Rückschnitt der Verlängerungstriebe bei schwacher Triebleistung führt zu Verkahlungen. Zu starker Rückschnitt bewirkt zu steilen und zu starken Austrieb der Seitentriebe. Deshalb werden in jedem Fall die Knospen hinter der Knospe an der Schnittstelle geblendet. Steilere, kräftige Seitentriebe, die man für die Weiterführung des Spaliers benötigt, müssen waagrecht gebunden werden.

fernt und nur schwache Triebe belassen.
Überzählige Triebe werden bei der Spindel vorzugsweise Ende August / Anfang September beim sogenannten Sommerschnitt entfernt. Stehen die Triebe zu steil, werden sie in die Waagrechte gebunden. Damit wird nicht nur ein besserer Ertrag gefördert, sondern auch das Triebwachstum etwas eingeschränkt. Beim Winterschnitt nimmt man nur kleine Korrekturen vor und entfernt die beim Sommerschnitt belassenen überflüssigen Triebe. Muß ein Rückschnitt erfolgen, so schneidet man immer möglichst auf eine an der Triebunterseite stehende Knospe zurück und vermeidet so einen sich zu steil entwickelnden Zuwachs.

Zwetschenspindel mit starken, einjährigen Trieben. Um das Wachstum nicht anzuregen, wird nur ein starker Fruchtast entfernt, der sich sonst zu einem unerwünschten Leitast entwickeln würde.

Erhaltungsschnitt der Zwei- und Dreiastkrone

Der Erhaltungs- bzw. Auslichtungsschnitt bei einer Hecke ist bei Kern- und Steinobst gleich. Er beschränkt sich auf das Entfernen von überragendem Fruchtholz und von tief hängenden und in das Kroneninnere wachsende Triebe.

Erhaltungsschnitt der Spalier-Formen

Hat man sich für ein Spalier entschieden und den Aufbauschnitt beendet, so gilt ganz allgemein die Regel, daß für die weitere Erziehung und Formierung von Spalieren dem Sommerschnitt sehr große Bedeutung zukommt. Man kann schon im Sommer, wenn man die Bildung von steil nach oben wachsenden Wasserschossen feststellt, diese laufend sofort entfernen.

Man entfernt alle Triebe, die von der Wand weg und auf die Wand zu wachsen. Bei einem kurzen Fruchtholzschnitt werden die parallel zur Wand stehenden Seitentriebe laufend eingekürzt. Auf diese Weise entsteht Fruchtholz. Erzieht man das Spalier mit langem Fruchtholzschnitt, der allerdings kein streng geformtes Spalier zuläßt, dafür aber wesentlich weniger arbeitsintensiv ist, so beschränkt sich der Erhaltungsschnitt auf die laufende Erneuerung des Fruchtholzes.

Stachelbeerstämmchen mit vielen einjährigen Trieben.

Ein Großteil der senkrecht auf den Leitästen stehenden, einjährigen Triebe wurde entfernt, die verbleibenden Triebe eingekürzt.

Erhaltungsschnitt bei Beerenobst

Man wird zuerst alle abgebrochenen, kranken oder beschädigten und auf dem Boden aufliegenden Triebe entfernen. Ist dies geschehen, hat man in der Regel schon eine wesentlich bessere Übersicht und kann entscheiden, wie der weitere Schnitt erfolgen soll. Auch beim Beerenobst müssen nunmehr verstärkt sorten- und artentypische Wuchseigenschaften berücksichtigt werden. Auch Standortunterschiede können einen unterschiedlichen Schnitt notwendig werden lassen. Wichtig ist bei allen Arten und Sorten, daß eine ständige Neutriebbildung erfolgt, so daß abgetragenes Fruchtholz laufend erneuert werden kann und die Krone bzw. der Strauch von innen her nicht verkahlt oder überbaut. Die Stärke des Rückschnittes richtet sich nach der Triebbildung des letzten Jahres; bei reichlichem Zuwachs mit starker Verzweigung kann länger angeschnitten werden, ist der Zuwachs nur schwach, so wird kürzer angeschnitten. Bei jedem Strauch ist darauf zu achten, daß nach Möglichkeit der in der Mitte stehende Trieb dominant ist und die seitlichen Leittriebe etwas überragt.

Werden kranke Holzteile entfernt, wie zum Beispiel die Rotpustelkrankheit bei Johannisbeeren oder der Mehltau bei Stachelbeeren, dürfen die abgeschnittenen Teile nicht liegenbleiben, da sonst die Gefahr einer Neuinfektion gegeben ist. Man sammelt das Holz sorgfältig auf und verbrennt es. Wo dies nicht möglich ist, wird es entsorgt. Es darf auch nicht auf einen Komposthaufen gebracht werden.

Bei **Johannisbeeren** wird man sich beim Schnitt nach dem Ertrag richten. Ist der Fruchtertrag zu gering, wird das Fruchtholz länger angeschnitten. Bilden sich aufgrund eines zu starken Ertrages nicht mehr in ausreichendem Maße neue Triebe und bleiben die Früchte zu klein, ist ein stärkerer Fruchtholzschnitt angezeigt. Ist der Strauch im Gleichgewicht, so wird wie bisher weitergeschnitten, wobei bei schwachwachsenden Sorten die Jahrestriebe auf die Hälfte zurückgenommen werden, während man bei stärkerwachsenden Sorten die Leittriebverlängerungen nicht mehr zurückschneidet. In jedem Fall wird beim Fruchtholz die Terminalknospe mit der nächststehenden Seitenknospe abgeschnitten.

Bei **Stämmchen** werden zuerst alle Konkurrenztriebe entfernt, danach nach innen wachsende und zu dicht stehende Triebe auf ein bis zwei Knospen zurückgenommen und anschließend die Leittriebe sowie das Fruchtholz angeschnitten. Da Stämmchen eine schwächere Wuchskraft haben als Sträucher, sollte auf alle Fälle kürzer geschnitten werden, damit ein Neutrieb gewährleistet ist.

Bei der **Jostabeere** wird nur dann auf einen in entsprechender Höhe stehenden Seitentrieb abgeleitet, wenn der Strauch zu hoch wird. Er sollte eine Höhe von 160–180 cm nicht überschreiten. Sonst werden die Triebe nicht angeschnitten, da sie bereits am einjährigen Holz Früchte ausbilden. An mehrjährigem Holz stehende Kurztriebe bringen jahrelang Früchte, unter der Voraussetzung, daß sie genügend Licht bekommen. Man sorgt durch regelmäßiges Ausdünnen für genügend Lichteinfall ins Strauchinnere, wobei man dazu die jeweils ältesten Triebe bodeneben entfernt.

Bei **Stachelbeeren** ist darauf zu achten, daß sich der Strauch mit sechs bis sieben Leittrieben aufbaut. Alle überflüssigen Triebe werden in Bodenhöhe abgeschnitten. Danach schneidet man alle Triebe, auch Leittriebe, die am Boden aufliegen, ab. Dies ist besonders bei Sorten mit naturgemäß eher hängendem Wuchs zu beachten. Hat man jetzt einen ordentlichen Überblick gewonnen, werden nun die überzähligen Triebe entfernt. Stachelbeeren treiben in der Regel kräftig aus, wenn sie gut gepflegt sind. Sie tragen ihre Früchte an Kurztrieben, die aus älterem Holz oder einjährigen Langtrieben treiben. Handelt es sich um keine gegen Amerikanischen Stachelbeermehltau resistenten Sorten, so werden alle Triebspitzen um 1–2 cm eingekürzt, die abgeschnittenen Teile eingesammelt und entsorgt.

Bei **Stachelbeerstämmchen**, die einen schwächeren Wuchs als Sträucher aufweisen, muß jährlich ein kräftiger Auslichtungsschnitt durchgeführt werden, um ausreichend neues Wachstum anzuregen. Man wirkt damit einer vorzeitigen Vergreisung der Leitäste entgegen, denn nur aus diesen kann für eine laufende Verjüngung gesorgt werden. Aus dem Stamm oder gar durch Bodentriebe kann keinerlei Erneuerung in der Krone vorgenommen werden.

Himbeeren und **Brombeeren** erfahren keinen sogenannten Erhaltungsschnitt; notwendige Maßnahmen sind auf Seite 47 näher erläutert.

Bei **Heidelbeeren** beschränkt sich der Schnitt auf ein regelmäßiges Auslichten des Strauches mit gleichzeitiger Verjüngung. Dabei werden abgetragene, ältere Triebe entfernt und durch neue Triebe ersetzt. Insgesamt sollte der Strauch sechs bis acht kräf-

Brombeeren ohne Stacheln laden zum Naschen ein.

Gut ausgeglichtete Stachelbeeren können relativ verletzungsfrei geerntet werden.

tige Leittriebe aufweisen, wobei die ältesten vier Jahre sein sollten. Sind keine geeigneten neuen Triebe vorhanden, setzt man einen abgetragenen Trieb auf einen möglichst bodennahen kräftigen Seitentrieb zurück. Überzählige Bodentriebe werden entfernt. Die einjährigen Ruten, die das abgetragene Holz ersetzen sollen, werden angeschnitten, um die Bildung von Seitentrieben zu fördern; sind sie sehr kräftig und überragen sie den Strauch, nimmt man sie auf die durchschnittliche Strauchhöhe zurück.

Für einen lockeren Aufbau eines Johannisbeerstrauches werden abgetragene Fruchtäste entfernt.

Bei **Kiwis** werden im Winter überflüssige Triebe entfernt und damit für eine gleichmäßig und locker aufgebaute Pflanze gesorgt. Frostfreie Tage von Mitte Februar bis Mitte März sind dafür am günstigsten. Dabei muß man sehr vorsichtig sein, da die Triebe wie Glas abbrechen können. Im August wird der Sommerschnitt ausgeführt, der wesentlich einfacher zu handhaben ist, weil die Triebe biegsamer sind und nicht so leicht brechen. Außerdem verliert die Pflanze aufgrund eines im Sommer artgemäß schwächeren Saftdrucks weniger Saft, die Wunden verheilen schneller, da die Schnittstellen rasch verkleben.

Bei der **Weinrebe** werden Seitentriebe bei schwachwachsenden Sorten und solchen, die aus den unteren Augen Fruchttriebe entwickeln, einem sogenannten Zapfenschnitt, also einem sehr kurzen Schnitt unterzogen. Bei kräftig wachsenden Sorten, die Fruchttriebe an weiter außen stehenden Augen bilden, wird man einen sogenannten Bogrebenschnitt anwenden. Bei letzterem Schnitt bindet man die Triebe waagrecht bis bogenförmig.

Bei **Schwarzen Holunder** werden die abgetragenen zweijährigen Äste entfernt und möglichst fünfzehn bis zwanzig kräftige, einjährige Triebe für die kommende Ernte belassen. Diese Triebe sollten sich in größtmöglicher Nähe der Basis befinden. Alle überzähligen und nicht benötigten Triebe werden entfernt.

Nach längerem Nichtschneiden zu dicht gewordener Johannisbeerstrauch. Dieser muß ausgelichtet werden.

Flache, abgetragene Äste und überschüssige Fruchtäste wurden entfernt, Seitentriebe wurden eingekürzt.

Verjüngungsschnitt eines vergreisten Apfelhochstammes. Wenn möglich, werden die alten Leitäste reaktiviert, sonst werden neue ausgewählt.

Verjüngungsschnitt bei Kern- und Steinobst

Ein Rückschnitt in mehrjähriges Holz wird als sogenannter Verjüngungsschnitt bezeichnet, da er bei schwachtriebig gewordenen Bäumen und Sträuchern wieder einen verstärkten Neutrieb zur Folge hat. Auch hier sind die grundsätzlichen Schnittmaßnahmen bei Kern- und Steinobst gleich. Dies geschieht in der Regel in den Wintermonaten während der Vegetationsruhe, wenn kein starker Frost mehr zu erwarten ist. Ausnahmen bilden lediglich Süß- und Sauerkirschen sowie frühreifende Pfirsiche, Nektarinen und Aprikosen, wo man diese Maßnahme am besten nach der Ernte durchführt, damit bei diesen empfindlichen Obstarten noch vor dem Winter die oft doch großen Schnittwunden gut verheilen können.
Ein Verjüngungsschnitt hängt nicht vom Alter eines Baumes ab, sondern nur von seinem momentanen Zustand

Pyramidenkrone im Vollertragsalter.

Ein starker Rückschnitt bewirkt einen starken Austrieb auf Kosten der Fruchtbarkeit des Baumes.

Ein mäßiger Rückschnitt bewirkt einen mäßigen Austrieb unter Beibehaltung des physiologischen Gleichgewichts.

und kann aus unterschiedlichen Gründen notwendig werden. Zum einen können sich Bäume, die sehr reich tragen, durch die jährlichen hohen Ernten vorzeitig erschöpfen, obwohl sie regelmäßig geschnitten und gepflegt wurden. Dies zeigt sich an kleinbleibenden Früchten und nachlassender Triebleistung sowie einer zunehmenden Alternanz. Greift man hier durch entsprechende Schnittmaßnahmen ein, erlangt der Baum sein physiologisches Gleichgewicht und bildet wieder in ausreichendem Maße jährlich Neutriebe und Blütenknospen. Zum anderen können bereits relativ junge Bäume im Alter von fünf oder sechs Jahren so schwachtriebig sein, daß sie eines Verjüngungsschnittes bedürfen. In diesem Fall ist es ein Zeichen mangelhafter und schlechter Pflege, die diese Maßnahme notwendig macht.
Ein Verjüngungsschnitt kann aber auch empfehlenswert sein, wenn bei einem Baum größere Schäden durch Frost, Hagelschlag, Sturm oder sonstige starke Beschädigungen der Baumkrone oder eines Kronenteiles aufgetreten sind. Sind die Wurzeln eines Baumes stark in Mitleidenschaft gezogen worden, ist eine Verjüngung ebenfalls von Vorteil.
Müssen bei Walnußbäumen, die zum Schalenobst gehören, größere Schnittmaßnahmen durchgeführt werden, geschieht dies am besten im August, da dann der Baum am wenigsten blutet, das heißt, es tritt am wenigsten Saft aus den Schnittwunden aus.

Bei diesem Baumriesen sind die vor Jahren beim Pflanzschnitt ausgewählten Leitäste gut zu erkennen.

Verjüngungsschnitt der Pyramidenkrone

Man beginnt die Arbeit mit dem Entfernen der astoberseits stehenden Triebe und lichtet den Baum aus. Im zweiten Schritt werden Leit- und Fruchtäste in das alte Holz zurückgenommen. Dies kann um ein Drittel, wenn nötig auch etwas mehr, geschehen. Zu beachten ist dabei, daß die Baumkrone ihre Pyramidenform behält und die Leitäste ihre dominante Stellung unverändert bewahren. Bei der klassischen Verjüngungsmethode schneidet man auf einen gut entwickelten, astunterseits befindlichen Trieb zurück. Dieser wird anschließend auf Astring entfernt, ebenso wie alles Fruchtholz auf einer Länge von 15–20 cm von der Schnittstelle zurückgeschnitten wird. Durch dieses Vorgehen entwickeln sich aus den schlafenden Augen neue Triebe. Das verbleibende Fruchtholz wird entsprechend der Größe des Leitastes so zurückgenommen und ausgelichtet, daß letzterer die Führungsposition behält. Dieses Vorgehen empfiehlt sich vor allem bei Kernobst, Sauerkirschen und Pfirsichen, da diese Arten sehr willig aus den schlafenden Augen und aus den Adventivknospen austreiben.

Ableiten

Bei den anderen Steinobstarten, empfiehlt sich ein Verjüngungsschnitt durch Ableiten auf einen günstig stehenden, jungen und möglichst kräftigen Trieb, da bei diesen Obstarten nicht mit Sicherheit auf einen Neuaustrieb aus einer Adventivknospe gerechnet werden kann. Man schneidet auch hier um etwa ein Drittel die Leit- und Fruchtäste zurück, beläßt aber den astunterseits stehenden Trieb. Auch hier sollte der Winkel zwischen Leitast- und Stammverlängerungsende etwa 60° betragen. Finden sich an den Leitästen keine geeigneten Triebe mehr, auf die abgesetzt werden kann, besteht im folgenden Frühjahr die Möglichkeit einer Aufveredlung kräftiger Reiser an die Schnittstellen. Dieser Verjüngungsmaßnahme ist jedoch nur dann ein längerfristiger Erfolg beschieden, wenn gleichzeitig eine kontinuierliche Fruchtholzverjüngung erfolgt. Steinobst bildet bereits an den Vorjahrestrieben Blütenknospen aus. Am zweijährigen Holz bringen die an den Kurztrieben stehenden Blüten einen ausreichenden Ertrag, im Gegensatz zu dreijährigem oder noch älterem Holz, das kaum Früchte hervorbringt. So muß laufend das abgetragene Fruchtholz entfernt werden, zugunsten der nachwachsenden Fruchttriebe.

Sommerschnitt

Auf alle Fälle sollte nach einem Verjüngungsschnitt im Winter, egal nach welcher Methode man vorgegangen ist, im folgenden Sommer ein Sommerschnitt durchgeführt werden. In extremen Fällen, wenn ein Baum sehr stark durchgetrieben hat, kann man diese Maßnahme sogar zweimal durchführen. Man reißt dann beim sogenannten Sommerriß (siehe S. 25) die überflüssigen, sich an der Astoberseite befindlichen Wasserschosse vor dem Verholzen aus, um im August mit Schnittmaßnahmen nochmals für eine Verminderung der astoberseits und falls nötig auch seitlich der Äste gebildeten Triebe zu sorgen.

Verjüngung bei Jungbäumen

Wird ein Verjüngungsschnitt bei Jungbäumen notwendig, weil diese keinen Pflanz- und Aufbauschnitt erhalten haben und daher nur ein sehr schwaches Triebwachstum aufweisen, wird mit dem Kronenaufbau von Grund auf begonnen. In diesem Fall werden wie S. 42 beschrieben die benötigte Anzahl von Leitästen aufgebaut, die Stammverlängerung eingekürzt und Fruchtäste sowie Fruchtholz herangezogen. Bei Bäumen, die in den ersten Jahren schon eine Schnittbehandlung erfahren haben und bei denen somit bereits Leit- und Fruchtäste vorhanden sind, erfolgt die Behandlung wie bei älteren Bäumen. In jedem Falle wird auch hier mit einem starken Ausdünnungsschnitt begonnen, an dem sich dann die Verkürzung der Leitäste und Stammverlängerung und dementsprechend die Rücknahme von Fruchtästen anschließt..

Falsch geschnittene Bäume

Falsch geschnittene oder über Jahre ungeschnittene alte Bäume, die man erhalten will, benötigen stärkere Eingriffe. In solchen Fällen kann es ratsam sein, diese Arbeit auf zwei Jahre zu verteilen. Ziel einer Verjüngung ist es, wieder Sonne, Luft und Licht in das Kroneninnere gelangen zu lassen und dadurch die Bildung neuen Fruchtholzes und so auch die regelmäßige Blütenknospenbildung anzuregen. Man beginnt mit einem kräftigen Auslichtungsschnitt, bei dem zuerst die Äste und Zweige entfernt werden, die ins Kroneninnere wachsen. Die an den Astoberseiten stehenden Reiter konnten sich dank ihres nach oben strebenden Wuchses und der damit bevorzugten Ernährung meist sehr kräftig entwickeln und müssen ebenfalls entfernt werden. Haben sich die ursprünglichen bzw. jetzt vorgesehenen Leitäste nach unten abgesenkt, so haben sich an deren Oberseite junge, kräftig Triebe entwickelt. Auf einen solchen Trieb kann ein Leitast aufgeleitet werden, wobei allerdings dieser mindestens um ein Drittel eingekürzt werden sollte. Ist der Jungtrieb besonders lang gewachsen, so ist ein leichter Rückschnitt angezeigt.

Ältere Spindel vor und nach dem Winterschnitt. Für eine bessere Belichtung der Krone wurden stärkere Fruchtäste entfernt. Zu starke und überzählige einjährige Triebe wurden ebenfalls weggeschnitten. Abgetragene Fruchtäste wurden aufgeleitet. Die Höhe wurde durch Rückschnitt begrenzt.

Umstellung zur Hohlkrone

Die Stammverlängerung wird auf eine seitliche Verzweigung in gewünschter Höhe abgeleitet. Bei Kirsch- und Birnenbäumen, manchmal auch bei Apfelbäumen, kommt es gerne zur Bildung von zwei oder drei, ab und an auch zu noch mehr Stammverlängerungen. Man spricht dann von einer Gabelkronenbildung. Diese mehrfachen Stammverlängerungen bilden Schlitzäste und haben häufig ein Auseinanderbrechen des Baumstammes zur Folge. Man nimmt den für den Kronenaufbau günstigsten Mitteltrieb und entfernt alle anderen an der Basis. Bei sehr hohen Bäumen leitet man auch den verbleibenden Mitteltrieb auf eine geeignete seitliche Verzweigung ab, um die gewünschte Kronenhöhe besser einhalten zu können. Bilden sich durch den rigorosen Rückschnitt an der Sägestelle stärker Neutriebe aus, so werden diese im Sommer entfernt, um einen besseren Lichteinfall ins Kroneninnere zu gewährleisten. Ist es nicht mehr möglich, eine geeignete und funktionsfähige Stammverlängerung aufzubauen, so empfiehlt sich die Umstellung zu einer Hohlkrone, denn es ist bei alten Bäumen so gut wie aussichtslos, eine neue Stammverlängerung aufzubauen. Der freiwerdende Innenraum der Krone wird freigehalten; auch hier müssen alle in die Mitte wachsenden Triebe und Äste entfernt werden.

Will man bewußt eine großkronige, breit ausladende Baumkrone in eine Hohlkrone umwandeln, so wird die Stammverlängerung nach den untersten drei bis vier Leitästen leicht schräg abgesägt, so daß Regenwasser und Tau leicht abfließen können. Die verbleibenden Äste erfahren in den ersten zwei Jahren keinerlei Schnittmaßnahmen; eine Ausnahme ist nur dann gegeben, wenn der Baum anfängt, seine Krone zu überbauen. Es bilden sich als Folge dieser Maßnahme zahlreiche starke Neutriebe. Diese werden ausgelichtet, d. h. zu dicht stehende werden vereinzelt, die verbleibenden dürfen aber nicht angeschnitten werden, denn sie sollen ja Blütenknospen und keine neuen Triebe bilden. Treiben sie aus der Terminalknospe aus, so bilden sich je nach Art und Sorte schon am einjährigen, spätestens jedoch am zweijährigen Holz Blütenknospen aus. Die keine Verzweigung bildenden Triebe schneidet man auch in der Folge nicht an, sondern entfernt sie nach vier bis fünf Jahren. Die sich jährlich entwickelnden Neutriebe erlauben dann den normalen Wechsel zwischen Jungtriebbildung und abgetragenem Fruchtholz.

Die Richtung der aufrechten Triebe ändert sich durch das Fruchtgewicht in einen schrägen bis waagrechten, manchmal sogar nach unten weisenden Wuchs. Durch die gute Belichtung und optimale Nährstoffversorgung bilden sich Früchte in sortentypischer Größe und Färbung aus. Ungeeignet für eine Hohlkrone ist lediglich die Süßkirsche.

Verjüngungsschnitt der Hohl- und Tellerkrone

Hat man Bäume schon mit einer Hohl- oder Tellerkrone erzogen, so werden diese nach den gleichen Kriterien behandelt und verjüngt. Gegebenenfalls kann selbstverständlich auch aus einer Tellerkrone eine Hohlkrone entstehen, wenn sich dies aus praktischen Erwägungen anbietet. In diesem Fall muß der Mitteltrieb entfernt werden.

Starke Verjüngung einer Sauerkirschenhohlkrone. Zur Höhenbegrenzung und Anregung des notwendigen Neutriebes wurden die noch deutlich zu erkennenden Leitäste stark zurückgeschnitten und abgetragene Peitschentriebe entfernt.

Wilde Kirschen sind bei den Vögeln sehr beliebt, aber für uns bleiben sie zu klein.

Verjüngungsschnitt der Spindelkrone

Bei einer Spindelkrone wird im Zuge des regelmäßigen Erhaltungsschnittes für laufende Fruchtholzerneuerung gesorgt, so daß kein Verjüngungsschnitt notwendig wird. Ist eine Spindel über längere Zeit nicht geschnitten worden und die Krone infolgedessen überbaut und im unteren Bereich verkahlt, ist eventuell eine Neupflanzung empfehlenswerter.

Verjüngungsschnitt der Zwei- und Dreiastkrone

Die Obsthecke (Zwei- und Dreiastkrone) wird nach dem gleichen Prinzip wie die Pyramidenkrone verjüngt.

Verjüngungsschnitt der Spalier-Formen

Spaliere, die über einen längeren Zeitraum hinweg nicht mehr geschnitten wurden und infolgedessen statt einer Fruchtholzgarnierung zahlreiche kräftige, meist senkrecht in die Hähe wachsende Äste aufweisen, werden soweit zurückgeschnitten, daß mit dem starken Neutrieb wieder die ursprüngliche Spalierform aufgebaut werden kann.

Verjüngung beim Umpflanzen

Will man bereits größere, mehrjährige Bäume umpflanzen, so führt man ebenfalls einen Verjüngungsschnitt durch, um ihnen das Anwachsen am neuen Ort zu erleichtern. Diese Maßnahme geschieht im Jahr vor dem Verpflanzen, so daß die Wunden beim Umpflanzen bereits verheilt sind und dem Baum am neuen Standort genügend kräftige, gesunde Triebe zur Verfügung stehen, die für eine ausreichende Assimilation sorgen.

Selbstverständlich benötigen alle verjüngten Bäume eine über mehrere Jahre dauernde Nachbehandlung, und eine laufende jährliche Schnittmaßnahme, denn die investierte Arbeit soll sich ja bezahlt machen und nicht umsonst gewesen sein. Nicht zuletzt will man ja auch die ausgezeichneten Früchte seiner Arbeit über längere Zeit hinweg ernten und genießen. Nachdem man schon im Sommer überflüssige Triebe entfernt hat, wählt man beim Winterschnitt die kräftigsten Triebe aus, um den Neuaufbau durchzuführen. Nimmt man Triebe, die sich seitlich oder unterhalb dieser Stellen befinden, besteht die Gefahr, daß sie ausbrechen. Triebe, die die Leitäste überragen oder in Konkurrenz zu ihnen treten, werden entfernt. Zum Aufbau von Fruchtästen verwendet man Triebe, die sich unterhalb der Verlängerung des Leitastes gebildet haben. Man wählt die Triebe nach den gleichen Kriterien wie beim Aufbau eines Jungbaumes aus und bindet sie gegebenenfalls flacher. Nicht benötigte sowie astoberseits stehende Triebe werden an der Basis entfernt. Besonderes Augenmerk muß man auf einen gleichmäßigen Aufbau der Krone legen; diesem Ziel sind die Schnittarbeiten unterzuordnen. In den folgenden Jahren werden diese Arbeitsgänge wiederholt, bis sich wieder eine schöne Krone aufgebaut hat, die dann den normalen Schnittmaßnahmen unterzogen wird. Wichtig ist, daß die Krone in ihrem Aufbau locker bleibt und nicht zu dicht wird.

Verjüngungsschnitt bei Beerenobst

Ständiger, kräftiger Auslichtungsschnitt ist bei Stachelbeerstämmchen ein absolutes Muß, um Verletzungen bei der Ernte zu vermeiden. Die Leitäste werden zur Stabilisierung noch angeschnitten.

In vielen Hausgärten findet man viel zu dichte Beerensträucher, die kaum noch junge Triebe bilden. In der Folge fällt die Ernte nicht mehr befriedigend aus, es gibt zu kleine Früchte, die aufgrund des fehlenden Lichts und der Sonne auch noch in Geschmack und Färbung nicht mehr die sortentypischen Erwartungen erfüllen. Man erinnert sich an frühere Zeiten, wo man doch so gerne gerade an diesem Strauch immer wieder genascht hat, und versteht nun gar nicht, warum die Qualität so nachgelassen hat. Man denkt daran, aus Enttäuschung den Strauch gleich durch einen anderen zu ersetzen, aber das muß nicht sein. Durch gezielte Verjüngungsmaßnahmen kann man in den meisten Fällen Abhilfe schaffen. Sträucher treiben willig und gerne bei ein wenig Hilfe und Unterstützung und erfreuen uns über viele Jahre mit ihren köstlichen Früchten.

Sind **Johannisbeeren** nur wenig oder gar nicht einer Schnittbehandlung unterzogen worden, so hat man in der Regel zu hohe Sträucher. Eine Verjüngung durch Ableiten auf kräftige junge Seitentriebe erübrigt sich, da infolge der schlechten Belichtung sich keine Verzweigungen mehr gebildet haben, es fehlen auch neue Bodentriebe. So muß also als erste Maßnahme ein kräftiger Auslichtungsschnitt erfolgen, bei dem alle Triebe bis auf vier bis fünf bodeneben entfernt werden. Die verbleibenden Triebe leitet man auf den tiefsten vorhandenen, nach außen weisenden Seitentrieb ab. Jetzt reagiert der Strauch wieder mit der Bildung neuer Bodentriebe. Man wählt fünf bis sieben gesunde, kräftige Triebe aus und schneidet sie um etwas weniger als ein Drittel auf eine außenstehende Knospe zurück. Behindern die alten belassenen Leittriebe die Entwicklung der nachfolgenden, werden die alten schon im Sommer entfernt. Auf jeden Fall werden sie beim Winterschnitt in der Höhe des Bodens abgeschnitten. Stämmchen verjüngt man, indem die Leitäste auf Jungtriebe, die möglichst nahe an der Stammverlängerung stehen sollen, abgesetzt werden.

Bei der **Jostabeere** wird der Strauch, wenn er zu dicht geworden ist, kräftig ausgelichtet. Aus den Bodentrieben erzieht man, falls nötig, wieder neue Triebe.

Stachelbeeren reagieren auf einen fehlenden Erhaltungsschnitt sehr rasch mit frühzeitigem Altern. Es zeigt sich in einem völligen Verkahlen des Strauchinneren, es fehlen neue Triebe aus dem Wurzelstock und der schwache Neutrieb findet nur noch im Außenbereich des Strauches oder der Krone statt. Um diesen unerwünschten Erscheinungen entgegenzuwirken, entfernt man einige alte Leitäste direkt am Boden. Aufgrund der guten Belichtung wird der Wurzelstock wieder zu erneutem Austrieb angeregt und man kann neue Leitäste heranziehen. Ist ein junger Seitentrieb an einem alten Leitast, kann auch auf diesen abgelei-

Unscheinbar blüht die rote Johannisbeere, später macht sie sich durch ihre roten Früchte bemerkbar.

tet werden. Man schneidet den meist kurzen Trieb nur leicht an, damit er sich erst in genügender Entfernung vom Boden verzweigt. Selbstverständlich vermindert man die Zahl der Leitäste, so daß der Strauch wieder lockerer wird. Aus den nunmehr wieder erscheinenden jungen Bodentrieben erfolgt die Verjüngung kontinuierlich über mehrere Jahre.
Bei Stachelbeerstämmchen werden die alten, abgetragenen Leitäste auf junge Triebe zurückgesetzt und diese wieder langsam zu neuen Leitästen aufgebaut. Auch hier ist auf einen lockeren Habitus zu achten und deshalb ausreichend auszulichten.
Bei **Himbeeren** und **Brombeeren**, die völlig verwildert sind, empfiehlt sich ein radikaler Rückschnitt bis auf den Boden. Diese Maßnahme erfolgt im zeitigen Frühjahr, wenn keine starken Fröste mehr zu befürchten sind. Machen Sie sich keine Gedanken, wenn keine Ranke und kein Blatt mehr zu sehen sind, beide Beerenarten treiben wieder durch. Man sollte dann nur unbedingt dafür Sorge tragen, daß sie an einem Gerüst emporwachsen können, damit man die laufenden Pflegearbeiten vornehmen kann. Die nicht benötigten und in größerer Entfernung zum Gerüst austreibenden Triebe werden möglichst mit Wurzeln aus dem Boden gestochen.

Herrliche Früchte entschädigen jeden Gartenbesitzer für die dornige Arbeit während des Jahres.

Kräftiger und konsequenter Auslichtungsschnitt ist bei Johannisbeeren unbedingt erforderlich.

Heidelbeeren werden in Form einer Mini-Pyramidenkrone erzogen. Der Verjüngungsschnitt wird meist im Alter von zehn Jahren erforderlich, wenn viele Kahlstellen im Kroneninneren entstanden sind. Grundsätzlich werden Heidelbeeren mäßig geschnitten.
Kiwis sind ausgeprägte Schlingpflanzen, die alles mit ihren Ranken umfassen. Sie klettern nicht nur an ihrem Stützgerüst empor, sondern winden sich über Pfosten und Pfeiler, ja sogar um ihre eigenen Triebe. Wer hier nicht sehr sorgfältig und vor allem regelmäßig im Sommer und im Winter Schnittmaßnahmen durchgeführt hat, steht sehr schnell vor einem Gewirr von Ästen und Zweigen, die kaum noch zu sortieren sind. Die Folge ist auch eine große Zahl von Schattenfrüchten, die nicht ausreifen und sauer ohne Aroma bleiben. Steht man nun vor so einem verfilzten alten Kiwistrauch, kann man nur, über mehrere Jahre versuchen, ihn neu zu formieren. Man schneidet im Spätwinter, wenn keine strengen Fröste mehr zu erwarten sind, auf alle Fälle jedoch vor Mitte März, alte, vergreiste Fruchttriebe bis zum Leitast ab. Aber Vorsicht – die Triebe, besonders steil aufwärts gerichtete, splittern leicht, wenn man mühsam versucht, den Verschlingungen nachzugehen. Man muß sich also genau überlegen, welchen Weg man gehen will und welcher Trieb erhalten bleiben soll. Im Sommer werden dann vor allem die fruchttragenden Triebe auf fünf bis sieben Blätter eingekürzt.
Bei alten, lange ungeschnittenen **Weinreben** ist ein Verjüngungsschnitt problemlos, da Wein gerne und willig aus seinen verbleibenden Augen austreibt. Man schneidet zu lange Reben auf das gewünschte Maß zurück. Die aus den Augen austreibenden Fruchtruten erhalten dann laufend den vorgesehenen Schnitt. Weinreben können ein sehr hohes Alter erreichen und trotzdem noch einen vollkommen zufriedenstellenden Ertrag sowohl in Quantität als auch in Qualität bringen.
Schwarzer Holunder treibt willig durch, so daß es kein Problem darstellt, eine zu dicht gewordene Krone auszuschneiden. Auch eine Verringerung des Kronenumfangs nimmt diese Obstart nicht übel. Im Prinzip sollten beim Holunder jährlich alle abgetragenen Äste entfernt werden.

Schneiden zum richtigen Zeitpunkt

Bäume können auch durch unterschiedliche Schnittzeitpunkte im Wachstum beeinflußt werden.

Hochstamm, der mit kräftigem Neutrieb auf starken Verjüngungsschnitt reagiert hat.

Hochstamm, der mit nur sehr schwachem Austrieb auf behutsamen Verjüngungsschnitt reagiert hat.

Beim Sommerschnitt wird ein Teil der nur mit Blättern besetzten Triebe zur besseren Belichtung entfernt.

Sommerschnitt

Grundsätzlich hilft dem Baum das Entfernen überflüssiger, für den Kronenaufbau nicht benötigter Triebe. Der Nährstoffstrom, der ja in gleichem Maße in die verbleibenden Baumteile geleitet wird, steht nun diesen in vermehrtem Maße zur Verfügung. Da diese Schnittmaßnahme erst nach Triebabschluß, also nicht vor Mitte August, erfolgen darf, bildet der Baum an den Schnittstellen keine weiteren Triebe mehr aus. So werden durch das jetzt erhöhte Nährstoffangebot die Größe der Früchte und durch den vermehrten Licht- und Sonneneinfall ihre Ausfärbung gefördert. Die im Baum reichlich vorhandenen Nährstoffe bewirken die Ausbildung von Blütenknospen, das Triebwachstum wird gebremst.
Entfernt werden Triebe, die steil nach oben oder in das Kroneninnere wachsen, ferner solche, die fruchttragende Äste überbauen und somit beschatten. Grundsätzlich schneidet man solche Triebe weg, die man auch beim Winterschnitt entfernen würde. Benötigt man Triebe zum Aufbau von Fruchtholz, so kürzt man diese auf die hinterste Blattrosette, bei ihrem Fehlen auf etwa drei voll ausgebildete Blatter ein. Aus den Augen entwickeln sich Kurztriebe mit Blütenknospen. Obwohl die Blätter im Kroneninneren durch die vermehrte Licht- und Sonneneinstrahlung funktionsfähiger werden, d. h. besser assimilieren, sollte man doch auf ein ausgewogenes Blatt-Frucht-Verhältnis achten. Mit dem Sommerschnitt verbindet man praktischerweise die Arbeit des Waagrechtbindens.
Von selbst versteht sich, daß man alle dürren, kranken oder abgebrochenen Zweige entfernt und auch geschädigte Früchte auspflügt.
Neu gepflanzte Bäume werden noch keinem Sommerschnitt unterzogen. Sie benötigen jedes Blatt zum Aufbau von Wurzeln und Holz. Wenn sich Konkurrenztriebe zu stark entwickeln oder in das Kroneninnere wachsen, so werden sie lediglich entspitzt. Im zweiten Standjahr hat sich der Baum dann so weit entwickelt, daß man mit behutsamen Schnittmaßnahmen beginnen kann.

Winterschnitt

Wie schon ausgeführt, bewirkt ein starker Winterschnitt einen kräftigen Neutrieb, der auf Kosten der Anlage von Blütenknospen geht. Im Vordergrund der Schnittarbeiten steht die Pflege des Fruchtholzes. Stärkere Astpartien werden in der Vegetationsruhe entfernt.
Beim Winterschnitt entfernt man abgetragenes Fruchtholz. Haben sich Astpartien an den Enden sehr stark nach unten gebogen, so leitet man sie auf einen waagrecht stehenden Trieb auf. Entfernt werden alle nach innen wachsenden Triebe, ebenso solche, die tieferliegende überbauen. Um ein Verkahlen des Kroneninneren zu vermeiden, muß man beim Schneiden darauf

Beim Winterschnitt im unbelaubten Zustand läßt sich der Kronenaufbau leicht erkennen.

Menschen und Tiere können den Einfluß des Mondes spüren.

achten, daß auch immer wieder Jungtriebe im Inneren der Krone aufgebaut werden, während man die sich an der Peripherie des Baumes willig ausbildenden Triebe nicht zu dicht werden läßt. Man kürzt nicht alle ein, sondern entfernt einzelne an der Basis.
Haben sich nach dem Sommerschnitt nochmals kräftige Triebe entwickelt, so werden diese im Winter auf bereits vorhandenes Fruchtholz abgeleitet oder, wenn dies fehlt, eingekürzt. Haben sich zu lange Fruchtholztriebe entwickelt, so werden sie auf eine Länge von etwa 15–20 cm zurückgeschnitten, wobei der Rückschnitt immer auf eine gut entwickelte Blütenknospe erfolgen soll.
Beim Winterschnitt sind besonders gut Ast-und Zweigstellen zu erkennen, die sich bei Wind wundreiben. Es entstehen so Rindenverletzungen, durch die Krankheitserreger oder Pilzsporen Eingang finden. Durch entsprechende Maßnahmen oder Rückschnitt wird man hier Abhilfe schaffen.
Schnittmaßnahmen im Winter sollten keinesfalls bei Temperaturen unter minus 8°C durchgeführt werden.

Im Einklang mit der Natur

Obstbäume schneiden nach dem Mond

Die Sonne benötigt für ihre Reise durch die zwölf Tierkreiszeichen – wie ja allgemein bekannt ist – ein ganzes Jahr. Unser Erdtrabant, der gute alte Mond, schafft dies in genau 27,3 Tagen. Bei seiner Reise wandelt der Mond ständig sein Gesicht vom unsichtbaren Neumond bis zum vollen, leuchtenden Vollmond.

Die nachfolgenden Zeilen sind keine exakten Hinweise, dazu ist dieses Thema viel zu komplex, sie sollen neugierig machen und zum Probieren anregen.
Jedem ist ja geläufig, daß der Mond Ebbe und Flut bewirkt, also durchaus mit seinen Kräften einen sichtbaren Einfluß auf das Geschehen der Erde hat. Schon bei den Urvölkern, in vielen Regionen der Erde auch heute noch, hat der Mond seinen festen Platz in der Religion, den Mythen und Geschichten. Auch heute richten sich Menschen in bestimmten Dingen wieder nach dem Mond. Es gab schon im Mittelalter Vorschriften, wann und bei welchem Stand des Mondes man welche Heilkräuter zu pflücken hatte, und dies nicht ohne Grund. Dieses Wissen ging im Laufe der Zeit verloren, wird aber in den letzten Jahren wieder mehr anerkannt. Nun stehen ja immer noch viele Menschen dem Ein-

fluß des Mondes eher skeptisch gegenüber, obwohl kaum jemand ableugnet, daß er kurz vor und bis zum Vollmond schlechter als sonst schläft oder unruhiger wird. Auch viele alte Bauernregeln basieren auf Mondstellung und -gestalt. Es kann also nicht schaden, sich ein wenig mit dem Mond zu beschäftigen.

Der Mond

Zunächst einmal gibt es die vier Mondphasen – Neumond, zunehmender Mond, Vollmond, abnehmender Mond – die in einem Monat durchlaufen werden. Die Neumondphase eignet sich besonders gut zum Ballast abwerfen. Dem Neumond folgt der zunehmende Mond, in dieser Zeit wirkt alles besonders, was aufbaut. Bei Vollmond ist eine deutliche Kraft zu spüren, die alles in Unruhe versetzt. Der abnehmende Mond ist die Zeit der Ruhe und Besinnung, die Kräfte ziehen sich zurück. Außerdem wechselt der Mond auf seiner Reise alle zwei bis vier Tage vor ein neues Sternbild und übermittelt so die Eigenschaften dieser Tierkreiszeichens auf die Erde.
Was nicht mit den Mondphasen verwechselt werden sollte, ist der auf- und absteigende Mond. Er beschreibt den Stand des Mondes in den Tierkreiszeichen. Dem aufsteigenden Mond in der ersten Jahreshälfte wird eine aufsteigende Kraft zugesprochen, die Entwicklung der oberirdischen Pflanzenteile wird begünstigt. Es ist die Zeit der Ernte. Der Mond ist in der zweiten Hälfte des Jahres – im Sommer und Herbst – absteigend. Man nennt diese Zeit auch Pflanzzeit. Jetzt wird besonders die Wurzelbildung gefördert, die Säfte steigen nach unten.

Die Sonne

Die Sonne steht jeweils einen Monat in einem der zwölf Tierkreiszeichen, die wiederum den vier Elementen Feuer, Erde, Wasser und Luft zugeordnet werden. Zum Feuer gehören Widder, Löwe und Schütze. Stier, Jungfrau und Steinbock werden der Erde zugeteilt, während Krebs, Skorpion und Fische Wasserzeichen sind. Zwillinge, Waage und Wassermann werden der Luft zugeordnet.
Diese vier Elemente mit ihren Tierkreiszeichen bilden auch jedes für sich ein Trigon, dem die einzelnen Pflanzenorgane zugeordnet werden. So steht Wasser für Blatt, d. h. für Pflanzen, deren Blätter wir genießen wie Salate, Kohlarten, Kräuter usw., Erde für Wurzeln und hier für alle Pflanzen, die sich im Erdreich entwickeln wie Karotten, Radieschen, Rettiche, Kartoffel, Zwiebeln usw., Luft für Blüte und damit für die Blumen, die uns erfreuen sowie einige Heilpflanzen, und Wärme für Frucht, also für die Früchte des Gartens wie Erbsen, Bohnen, Tomaten, Getreide, Erdbeeren und unser gesamtes Baum- und Strauchobst. In einem sogenannten Mondkalender findet man für jeden Tag den Hinweis Blatt, Wurzel, Blüte, Wärme sowie die Mondphase und damit die günstigen Daten für bevorstehende Arbeiten. Es geht hierbei immer um das Zusammenspiel von Mondphase und Tierkreiszeichen.

Wird der Mann im Mond für seinen Dienst belohnt?

Die Tierkreiszeichen in den verschiedenen Mondphasen

Zeichen	Symbol		zunehm. Mond im Zeichen ☽	Vollmond	abnehm. Mond im Zeichen ☾	Neumond
Widder		◡	Okt.–April	Okt.	April–Okt.	April
Stier		◡	Nov.–Mai	Nov.	Mai–Nov.	Mai
Zwilling		◡◠	Dez.–Juni	Dez.	Juni–Dez.	Juni
Krebs		◠	Jan.–Juli	Jan.	Juli–Jan.	Juli
Löwe		◠	Febr.–Aug.	Febr.	Aug.–Febr.	Aug.
Jungfrau		◠	März–Sept.	März	Sept.–März	Sept.
Waage		◠	April–Okt.	April	Okt.–April	Okt.
Skorpion		◠	Mai–Nov.	Mai	Nov.–Mai	Nov.
Schütze		◡◠	Juni–Dez.	Juni	Dez.–Juni	Dez.
Steinbock		◡	Juli–Jan.	Juli	Jan.–Juli	Jan.
Wassermann		◡	Aug.–Febr.	Aug.	Febr.–Aug.	Febr.
Fische		◡	Sept.–März	Sept.	März–Sept.	März

◡ = aufsteigender Mond ◠ = absteigender Mond

Günstige Tage

Um dies wiederum auf unsere Pflanzen umzusetzen heißt, daß man bei Neumond vorzugsweise kranke Bäume und Sträucher schneiden und behandeln sollte; sie werden dann wieder kräftig und gesund. Bei zunehmendem Mond, der nach etwa sieben Tagen zum Halbmond und nach weiteren sieben Tagen zum Vollmond wird, wirken sich Pflegemaßnahmen besonders günstig aus. Allerdings sollen während dieser Zeit gegebene Düngemittel nicht ihre volle Wirkung erreichen. Mit dieser Arbeit wartet man besser bis zum optimalen Zeitpunkt hierfür, nämlich dem Vollmond, während man weder Bäume noch Sträucher bei Vollmond schneiden sollte. Der abnehmende Mond ist günstig für jede Maßnahme, die in der Erde wirken soll, z. B. kann jetzt wunderbar gedüngt werden.

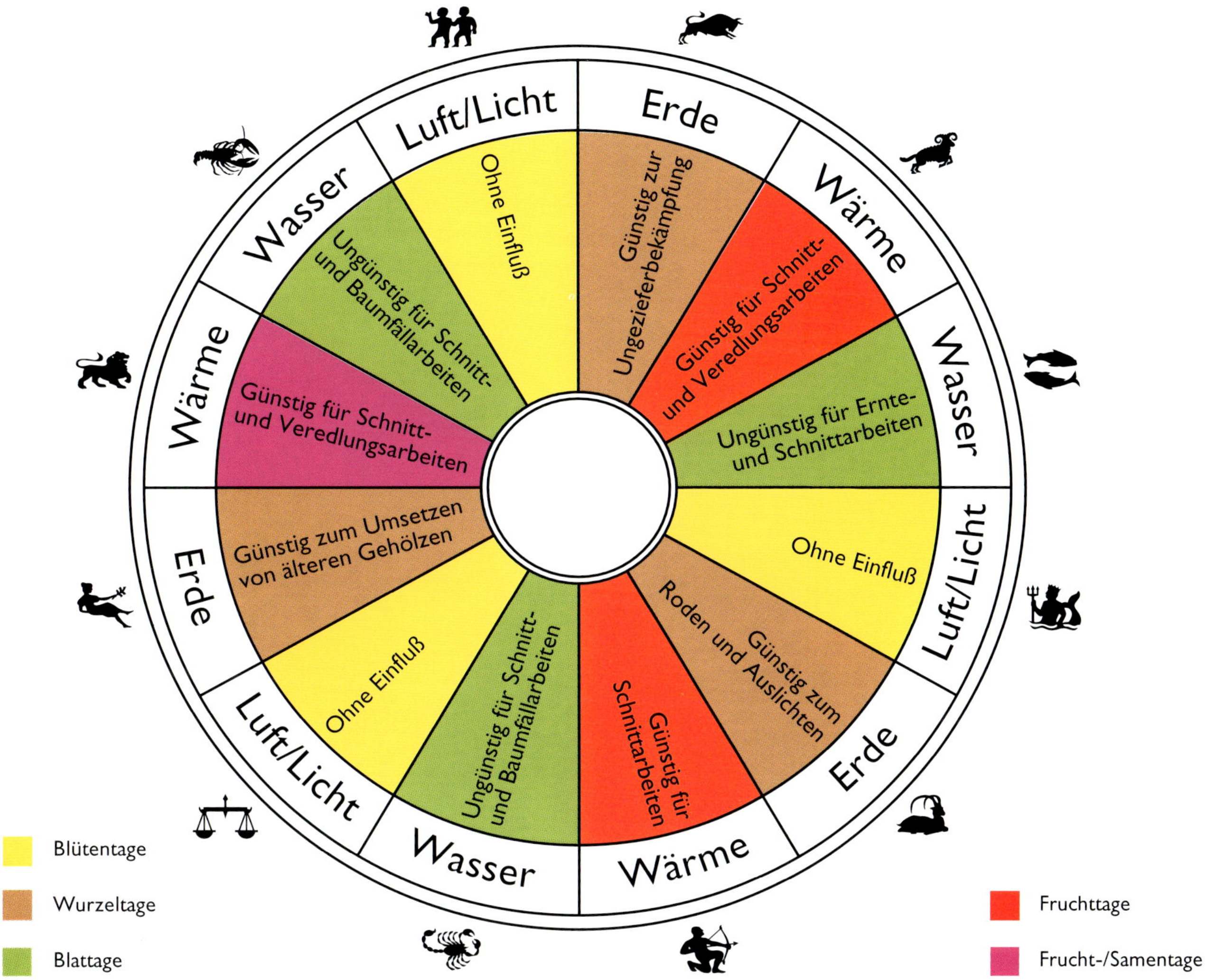

Auswirkungen der Elemente und Tierkreiszeichen auf Pflanzen

Es gibt aber noch genauere Hinweise, wann welche Arbeit am günstigsten gemacht werden kann. So wird empfohlen, daß das Umpflanzen von Bäumen und Gehölzen nur bei abnehmendem Mond an einem Jungfrautag erfolgen sollte, natürlich nur in einer geeigneten Jahreszeit. Ein älteres Gehölz kann dann gut anwachsen. Genauso sollten Stecklinge oder Reiser nur bei abnehmendem Mond geschnitten werden. Auch Bäume und Sträucher sollten nach Möglichkeit immer nur bei abnehmendem Mond einem Schnitt unterzogen werden, da wie schon erläutert, bei abnehmendem Mond alles zur Erde zurückströmt, so auch der Saft, d. h. Bäume und Sträucher bluten während dieser Mondphase weniger, es geht weniger Saft verloren. Ganz ideal ist es, wenn diese Arbeit noch zusätzlich zum abnehmenden Mond auf einen Fruchttag fällt. Am ungünstigsten ist Vollmond mit einem Blattag. Auf welches Datum diese Tage fallen, ändert sich jährlich und ist in einem Mondkalender zu finden.

Im Gegensatz dazu sollte man die schwierige Arbeit des Veredelns, Pfropfens oder Okulierens während der letzten Hälfte des zunehmenden Mondes, am besten kurz vor oder bei Vollmond und an einem Fruchttag vornehmen. Während dieser Zeit steigt der Baumsaft vermehrt hoch und somit auch rasch in das Edelreis. Unsere Obstbäume und Beerensträucher brauchen immer wieder eine Düngung. Auch hier ist der richtige Zeitpunkt gefragt. Empfohlen wird für diese Maßnahme ein Fruchttag bei abnehmendem Mond oder Vollmond, wobei es nach Möglichkeit ein Widder- oder Schützetag sein sollte, an einem Löwetag – der Löwe gilt als feurigstes Zeichen – trocknet der Boden sehr leicht aus.

Weiter wird empfohlen, Säfte und Marmelade nur bei zunehmendem Mond anzufertigen, da das Obst dann viel saftiger und das Aroma besser ausgebildet ist. Allerdings nicht an Fischtagen, ebenso sind Jungfrautage für Ernte und Konservieren sehr ungünstig. Bei abnehmendem Mond wird alles geerntet, was getrocknet oder gedörrt werden soll. Kellerregale, die für die Obstlagerung vorgesehen sind, sollte man nur bei abnehmendem Mond und einem Luft- oder Feuerzeichen reinigen, um einer Schimmelbildung vorzubeugen.

ACHTUNG, AUFGEPASST!

Die häufigsten Schnittfehler

Beim Obstbaumschnitt sollte man auf die folgenden Fehlerquellen besonders achten, die das gesunde Wachstum des Baumes verhindern können.

Was Sie wissen sollten

Nachfolgend finden Sie eine Auswahl der wichtigsten Schnittfehler.

Rinden- und Holzverletzungen beim Schneiden

Durch stumpfes, nicht geöltes, nur schwergängiges oder nicht dem Zweck entsprechendes Werkzeug werden beim Schneiden Quetschwunden verursacht. Dabei entstehen Einrisse in die Rinde und der Rand der Schnittfläche ist nicht glatt, sondern fühlt sich rauh, uneben und ausgefranst an.
Abhilfe: Scheren, Sägen und sonstige Schnittgeräte sollten Sie unbedingt vor Gebrauch kontrollieren, schärfen und ölen, bis sie leicht zu handhaben sind und einen möglichst glatten Schnitt ergeben. Fehlen dazu die geeigneten Instrumente, bringt man die Schnittwerkzeuge am besten in den Fachhandel und läßt dort die Arbeiten vornehmen.

Schlechte Triebverlängerung

Die Triebverlängerung ist nicht optimal, und die Knospe, aus der die Stammverlängerung erfolgen soll, bricht aus. Die Knospe überragt das Ende der Schnittstelle; es hat sich eine große ovale Schnittstelle und damit auch eine Wunde gebildet. Der sich aus dieser Knospe entwickelnde einjährige Trieb bleibt schwach. Bei schon geringer Belastung bricht er ähnlich einem Schlitzast aus.
Abhilfe: Der Rückschnitt auf Knospen ist wie in der unteren Abbildung erkennbar, nicht überall richtig ausgeführt. Richtig ist der Schnitt bei Zeichnung b; die Knospe ist noch etwas geschützt, ohne jedoch über die Schnittfläche hinauszuragen. Bei a bleibt ein zu langer Stummel stehen, während bei c und d die Knospe sehr leicht verletzt werden kann oder gar ausbricht, bei d ist der Schnitt beim Zurücksetzen des Holzes tiefer als der Knospenbeginn angesetzt. Der sich aus dieser Knospe entwickelnde einjährige Trieb bleibt schwach. Richtig wird der Schnitt an der Ast oder Zweiggegenseite zur Knospe in Höhe des Knospenbeginns angesetzt und leicht schräg nach oben geführt, so daß die Spitze der Knospe eben noch frei sichtbar ist. Es entsteht so eine leicht schräge Schnittfläche, an der das Wasser gut abläuft und die nur eine kleinstmögliche Wunde bedingt. Der Austrieb bekommt so genügend Kraft und sitzt fest am alten Holz.

Zu viel Fruchtholz wurde entfernt, der Baum wird mit zu starkem Trieb reagieren.

Konkurrenztriebe, die bei der Pflanzung nicht entfernt werden, neigen später zum Ausbrechen.

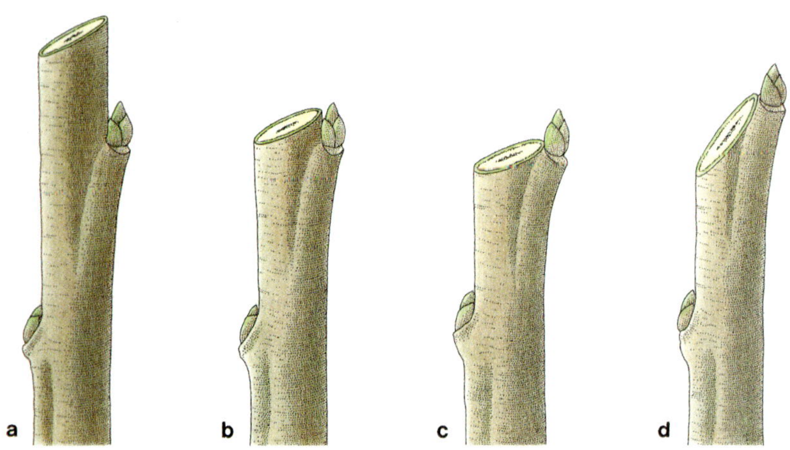

Rückschnitt auf Knospen: Zu lang angeschnitten (a), richtig angeschnitten (b), zu nahe an der Knospe angeschnitten (c), zu schräg angeschnitten (d).

Zu schwacher Schnitt führt bei Sauerkirschen zu Peitschentrieben, an denen nur unterentwickelte Früchte wachsen.

Im Vordergrund richtiger Schnitt auf einjährige Triebe, im Hintergrund sind noch zu viele Peitschentriebe vorhanden.

Zu viele Wasserschosse

Von den Astoberseiten wachsen zahlreiche dünne Triebe, die sogenannten Wasserschosse, meist als Folge eines zu starken Winterschnitts rutenförmig nach oben. Dadurch wird die Baumkrone zu dicht und es kann zu wenig Licht und Sonne in das Kroneninnere gelangen, wodurch viele Früchte nur unzureichend ihre sortentypische Färbung erlangen. Es entwickeln sich auch zu wenig Blütenknospen für das kommende Jahr.

Abhilfe: Ab Mitte August, wenn das Triebwachstum abschließt, führt man einen Sommerschnitt durch. Überflüssige Wasserschosse können aber auch schon im Juni ausgerissen werden, man spricht dann vom Juniriß. Haben sich sehr viele Wasserschosse gebildet, werden nicht alle entfernt, sondern man dünnt nur stark aus, damit die verbleibenden Wasserschosse im kommenden Jahr Blütenknospen ansetzen.

Der Baum wächst zu stark

Der gepflanzte Baum überschreitet mit seinem Ausmaß die vorgesehene und unterlagentypische Größe. Er wächst zu stark und wird zu groß, so daß der vorgesehene Standraum nicht mehr ausreicht. Auch der Ertragsbeginn verzögert sich.

Abhilfe: Erster Grundsatz: Keine zusätzliche Düngung und wenig oder gar keine Schnitteingriffe an der Krone. Auch das Waagrechtbinden steilstehender Fruchtäste verringert das Wachstum. Das Baumwachstum wird aber auch durch den Wurzelschnitt gebremst bei gleichzeitiger Förderung des Ertragsbeginns. Beim Wurzelschnitt sticht man im Spätwinter oder im zeitigen Frühjahr (Februar/März) mit einem Spaten 30–40 cm vom Stamm entfernt rings um den Baum spatentief in den Boden und verkürzt so die Wurzeln. Durch das verkleinerte Wurzelvolumen wird das Wachstum des Baumes gebremst. Diesen Vorgang wiederholt man bei Bedarf alle zwei bis drei Jahre.

Mehrmaliges Ansetzen der Schere

Überflüssige oder zu lange Äste und Triebe können nicht mit einem glatten Schnitt durch einmalige Betätigung der Schere entfernt werden.

Abhilfe: Bei Scheren mit einseitig geschärfter Klinge ohne Rollgriff, der durch seine Ausformung den richtigen Griff der Schere vorgibt, ist zu prüfen, ob durch den Handdruck die Schnittklinge bewegt wird und nicht etwa der Gegenbacken. Mit einer Schere sollten allerdings prinzipiell nur Äste bis maximal 2,5 cm Durchmesser entfernt werden, wobei der zu entfernende Ast mit der freien Hand etwas in die Schnittrichtung gedrückt wird; durch diesen Kniff wird die Arbeit wesentlich erleichtert und die Schnittstelle bleibt ohne Quetschungen.

Schlitzäste

Beim Schneiden wurden Konkurrenztriebe nicht entfernt, es sind senkrecht hochwachsende Triebe mit einem Winkel von weniger als 30° zur Stammverlängerung stehengeblieben. Zwischen diesen Ästen und der Stammverlängerung bleibt Wasser in den feinen Vertiefungen der Rinde stehen, es entstehen Fäulnisstellen, bzw. durch Gefrieren wird das Holz gesprengt. Als Folge bricht dieser Ast schon bei geringer Belastung ab und schlitzt den Stamm auf.

Abhilfe: Schon beim Aufbau- und Erziehungsschnitt konsequent alle zu steil stehenden Triebe, die sich in der Folgezeit zu Schlitzästen entwickeln, entfernen. Auch beim Erhaltungsschnitt sollte das Entstehen von Schlitzästen verhindert werden.

Krankheitsherde im Baum

Ganze Astpartien sind von Krankheiten wie Zweigmonilia, Mehltau etc. befallen, die sich immer weiter ausbreiten. Nach Unwettern sind Äste an- oder gar abgebrochen und wurden nicht enfernt.

Abhilfe: Man paßt den Schnitt an den Baum bzw. Strauch an, indem man nicht nur während des Winters in der vegetationslosen Zeit Schnittmaßnahmen durchführt, sondern diese das ganze Jahr über je nach Bedarf vornimmt. Findet man die ersten Krankheitsanzeichen an Triebspitzen, so schneidet man jederzeit und sofort bis ins gesunde Holz zurück. Man achtet auch darauf, die kranken Zweige zu entfernen und zu entsorgen. Wenn man sie am Boden liegen läßt, können weitere Infektionen erfolgen. Ebenso werden dürres Holz, abgebrochene Zweige fachgerecht entfernt.

Umpfropfen und Veredeln

Im deutschen Duden wird das Wort „pfropfen" wie folgt definiert: „durch Einsetzen eines wertvolleren Sprosses veredeln".

Ohne Schwierigkeiten Veredeln oder Umpfropfen kann man mit Ausnahme von Walnußbäumen alle Obstarten und -sorten. Diese Maßnahme kann aus mancherlei Gründen vorteilhaft sein. Der Kleingärtner und Hobbyobstbauer kann damit Befruchtungsschwierigkeiten aus dem Wege gehen, indem er eine zweite Sorte auf einen Obstbaum veredelt, wenn der Platz für weitere Bäume fehlt. Aber man kann auch auf einen Apfelbaum eine Vielzahl von Sorten aufveredeln und erreicht somit eine breite Palette von Früchten verschiedener Reifezeit und Verwendbarkeit. Haselnüsse und Beerensträucher können so leicht durch Stecklinge sortenecht vermehrt werden, daß sich das Risiko und die Arbeit des Veredelns hier nicht lohnen. Bei allen Veredlungsarten ist es wichtig, nur Reiser von gesunden, gut tragenden Bäumen zu verwenden.

Geeignetes Werkzeug

Wichtig ist auch bei dieser Arbeit das geeignete Spezialwerkzeug. Veredlungsmesser gibt es in unterschiedlichen Ausführungen wie z. B. Hippe, Okuliermesser und Kopuliermesser. Zum Okulieren verwendet man ein leichtes Spezialmesser, da ja nur die Augen aus dem Reis geschnitten und die Rinde der Unterlage gelöst werden muß. Das Kopuliermesser ist schwerer und findet sowohl beim Kopulieren als auch beim Pfropfen Verwendung. Die Griffigkeit des Heftes ist wichtig, da glatte Schnitte ausgeführt werden sollen. Aus diesem Grunde weisen die Klingen auch eine gerade Schnittfläche auf, die nur an der Oberseite, d. h. der Ballenseite geschliffen ist. Die Unterseite bleibt ungeschliffen. Noch stärker und mit einer breiten Klinge versehen ist die Hippe. Diese ermöglicht glatte Schnitte und einwandfreies Arbeiten bei stärkeren Reisern, erleichtert das Arbeiten beim Geißfußpfropfen und wird unentbehrlich beim Glattschneiden von Pfropfköpfen, Unebenheiten an der Rinde usw. Heute finden auch Linkshänder geeignete Messer im Fachhandel.
Für die Schnittarbeiten sind Gartenscheren und für das Abwerfen größerer Äste eine Säge, am besten eine Bügelsäge mit Spannhebel, erforderlich.

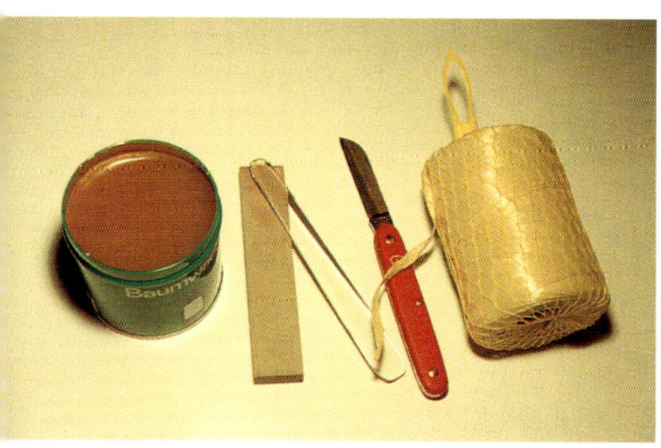

Professionelle Ausrüstung, die das Veredeln leicht und für jedermann möglich macht.

Vorbereitung zum Veredeln

Zu Beginn wählen wir diejenigen Äste aus, die nach der Veredlung die Hauptäste für den neuen Kronenaufbau bilden sollen. Grundsätzlich sollte die Krone neben dem Mitteltrieb mit drei bis vier etwa gleichstarken und regelmäßig um die Mitte verteilten Leitästen gebildet werden. Alle überflüssigen Äste werden herausgenommen. Ist dies geschehen, legen wir die Länge der verbleibenden Äste fest, an denen das Umpfropfen vorgenommen werden soll, wobei die Mittelachse die Seitenäste immer überragen muß. Im Zweifelsfall sollte man die Äste lieber zu lang als zu kurz belassen, wobei zu beachten ist, daß je länger die Leitäste bleiben, je mehr Pfropfköpfe angebracht werden müssen. Wenn wir den Baum bereits im Winter vorbereiten, so legen wir die Abwurfstelle etwa 20–30 cm über der gewählten Pfropfstelle fest und kürzen später das Holz ein; so wird ein Austrocknen verhindert. Ebenso müssen einige Zugäste stehenbleiben, deren Blätter die Ernährung und damit die Entwicklung des Baumes gewährleisten. Diese Zugäste müssen mindestens einen halben Meter von den Pfropfköpfen entfernt sein und werden in den nächsten zwei bis drei Jahren sukzessive entfernt. Sollte eine Pfropfstelle ausfallen so kann im nachfolgenden Jahr eventuell eine Nachveredlung auf den Zugast erfolgen.

Über 50 verschiedene Apfelsorten veredelte der Autor auf diesen alten Baum.

Wann Umpfropfen?

Wenn die Bäume Ende April/Anfang Mai richtig im Saft stehen, kann mit dem Umpfropfen bei allen Obstarten begonnen werden. Die Reiser sollten das gleiche Aussehen haben wie bei der Einlagerung, die Rinde sollte glatt und straff sein, sie sollten ein einwandfreies, grünes Gewebe aufweisen und die Knospen sollten nur leicht verdickt sein. Man hilft den Reisern, wenn man sie einige Stunden vor der Veredlung in kaltes Wasser legt oder sie mit feuchten Tüchern umwickelt. Das Edelreis muß bei Pfropfungen immer schwächer sein als die Basis, bei der Kopulation müssen Unterlage und Edelreis die gleiche Stärke aufweisen. Erfolgreich ist jede Veredlung nur dann, wenn Reis und Unterlage verwachsen. Deshalb muß beim Binden darauf geachtet werden, daß kein Verrutschen möglich ist. Das beste Bindematerial ist auch heute noch Bast. Nach dem Binden werden alle Schnittstellen von Edelreis und Unterlage mit Baumwachs verstrichen und das Ende des Bindematerials nach dem Verknoten mit Baumwachs gesichert.
Mit Ausnahme der Okulation werden bei den anderen Veredlungsarten alle Wunden verstrichen.

Aufbewahrung der Edelreiser

Edelreiser für die Veredlung schneidet man während der Winterruhe, am besten gegen Ende Dezember bis Januar. Vor allem Steinobstreiser dürfen nicht zu spät geschnitten werden. Bei starkem Frost verschieben wir die Arbeit. Die einjährigen Ruten sollten kräftig sein und nicht unter der Stärke eines Bleistifts liegen. Zu beachten ist, daß mit zunehmender Stärke auch das Veredeln schwieriger wird.
Nach dem Schneiden werden die Reiser etikettiert, gebündelt und am besten in einem kühlen, feuchten Kellerraum aufbewahrt, wo sie etwa 10 cm tief in leicht angefeuchteten Sand gesteckt werden. Der Kellerraum sollte eine Temperatur von ca. 5°C aufweisen.

TIP

Bei den besonders empfindlichen Kirschenreisern empfiehlt es sich, die Schnittstellen mit Baumwachs zu verstreichen. Keinesfalls dürfen die Reiser bei der Lagerung in der Nähe von Äpfeln stehen. Das bei der Apfellagerung frei werdende Ethylen kann vorzeitiges Treiben der Reiser verursachen.

Ist eine Augenveredlung (Okulation) im Sommer vorgesehen, so werden die Edelreiser erst unmittelbar vor dem Okulieren geschnitten. Die Blätter dürfen von den Reisern nicht gegen den Strich abgestreift bzw. abgerissen werden, sondern müssen sorgfältig und vorsichtig mit einer Schere oder einem Messer entfernt werden. Lediglich ein etwa 1 cm langes Stielstück bleibt stehen. Die Reiser sollten immer feucht gehalten werden.

Okulation

Die Okulation, das Augenveredeln, wird vor allem in den Baumschulen praktiziert. Dabei wird nur ein Auge eingesetzt, wobei das Edelreis nicht vorzeitig geschnitten werden muß. Der Zeitraum ist begrenzt, denn die Rinde muß sich leicht lösen lassen und gleichzeitig müssen sich in den Blattachseln der einjährigen Triebe kräftige Augen entwickelt haben. Für den Hobbygärtner ist das Okulieren nur für Aprikosen- und Pfirsichbäume sowie für Rosen interessant, da bei diesen Arten die anderen Veredlungen oft nur schlecht anwachsen. Man beginnt mit einem T-Schnitt in der Unterlage. Vom Edelreis schneidet man das noch von einem Rindenstückchen umgebene Auge in Triebrichtung heraus. Es soll eine Länge von ca. 3 cm aufweisen, das Auge muß dabei in der Mitte liegen. Man schiebt das Schildchen vorsichtig in die Rindentasche und befestigt mit Bast oder Gummiband, welche nach vier Wochen wieder gelöst werden. Im darauffolgenden Winter schneidet man den Trieb über dem eingesetzten und inzwischen angewachsenen Auge ab.

So wichtig wie das richtige Veredeln ist das sorgfältige Verstreichen der Wunden.

Dabei läßt man einen Zapfen von 20 cm Länge stehen, an welchen der aus dem eingesetzten Auge im Frühjahr entstehende Trieb festgebunden wird. Austriebe oberhalb und unterhalb des Auges müssen immer wieder entfernt werden. Ist kein weiteres Festbinden mehr nötig, wird der Zapfen entfernt und die Schnittstelle mit Baumwachs verstrichen.

Kopulation

Wenn Unterlage und Edelreis etwa die gleiche Stärke aufweisen, empfiehlt sich das Kopulieren. Es wird wie beim Rindenpfropfen ein sogenannter Kopulationsschnitt siehe Abb. S.75 ausgeführt, diesmal jedoch an beiden Partnern. Man bindet die Schnittstellen mit Bast fest. Der Erfolg zeigt sich am Engerwerden bzw. Einwachsen des Bastes, der dann vorsichtig mit einem scharfen Messer gelöst werden muß.

Die wichtigsten Messer, von links nach rechts : Hippe; Okuliermesser, Kopuliermesser, Krebsmesser.

Geißfußpfropfen

Ist die Unterlage stärker als das Edelreis, empfiehlt sich das Geißfußpfropfen. Am Pfropfkopf wird ein Keil im Winkel von 45–80° herausgeschnitten. Nun wird am Edelreis ein gegengleicher Keil zugeschnitten. Beim Einfügen des Edelreises ist zu beachten, daß sich das Kambium beider Partner an der gesamten Länge berühren muß. Der Anfang der Schnittstelle des Edelreises muß über dem Pfropfkopf noch sichtbar sein. Nun wird die Schnittstelle von oben nach unten mit Bast verbunden. Dem Edelreis werden in Bodennähe drei, bei höherer Kronenveredlung vier bis sechs Augen belassen. Pfropfkopf und Bast werden mit Baumwachs bestrichen. Diese Methode kann bereits ab Ende Februar angewandt werden, was vor allem bei Steinobst das Anwachsen fördert; sie empfiehlt sich auch bei Kirschen im August und September.

Verbessertes Rindenpfropfen

Beim verbesserten Rindenpfropfen wird am Reis ein einfacher Kopulationsschnitt ausgeführt. Die etwa das Sechsfache des Durchmessers des Edelreises betragende schräge Schnittfläche muß vollkommen glatt sein. Im rechten Winkel dazu erfolgt über die gesamte Schnittlänge ein Zusatzschnitt. An der Außenseite muß sich etwa in Höhe der Mitte der Schnittfläche eine Knospe befinden. Am frisch abgesägten Pfropfkopf wird die Rinde etwas länger als der Kopulationsschnitt eingeschnitten, und ein Rindenflügel gelöst. Das Reis wird dann vorsichtig eingeschoben, der exakte Sitz überprüft und mit Bast wird die Veredlungsstelle verbunden.

Veredlungstechniken Schritt-für-Schritt

Alle Veredlungsarten, außer die Okulation, sollten vor Luft und Feuchtigkeit durch Verstreichen mit Baumwachs geschützt werden!

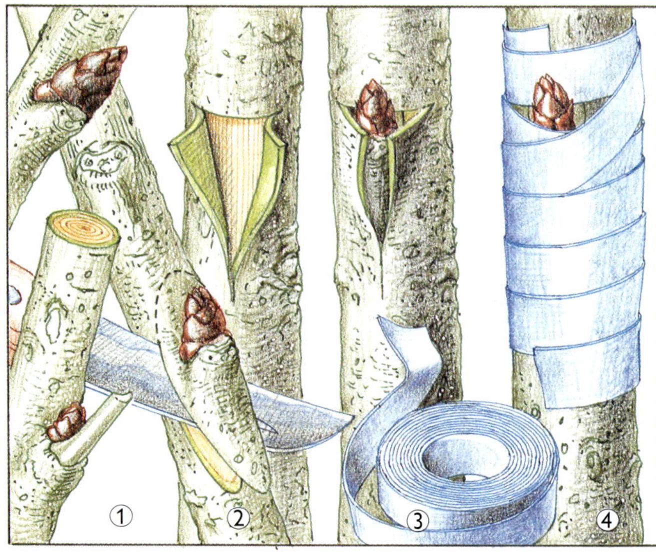

Okulation

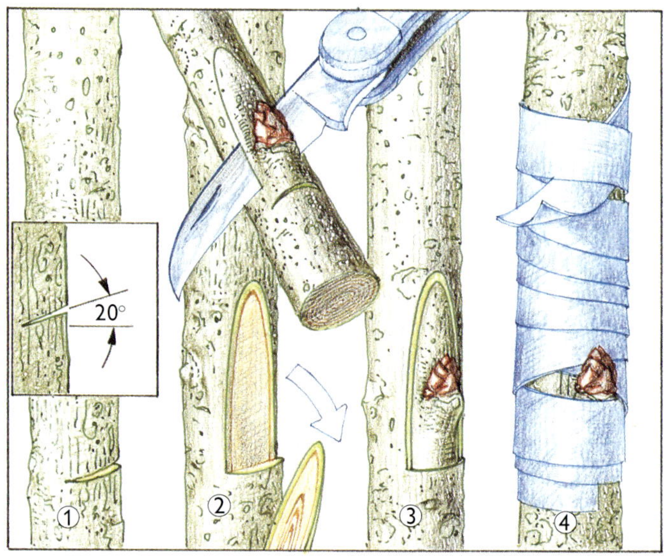

Chip-Veredlung

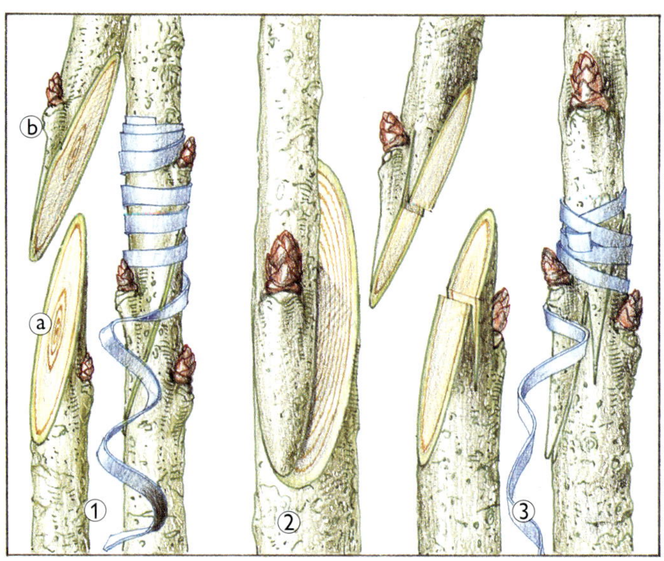

Kopulation

Geißfuß-
pfropfung

Verbessertes
Rindenpfropfen

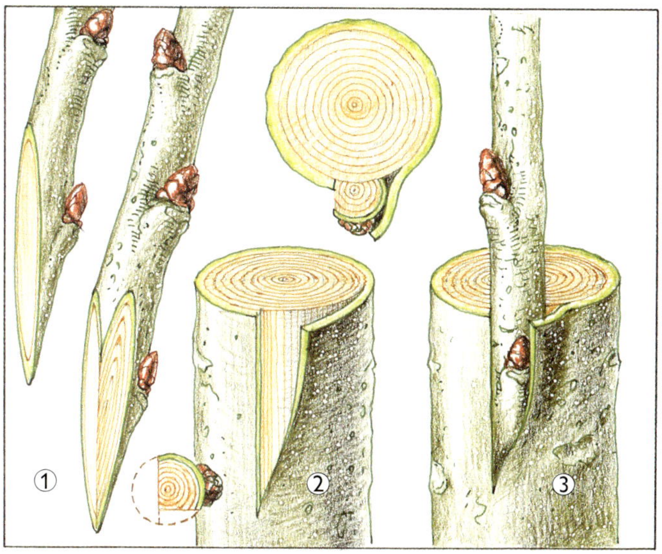

Wenckscher
Rindenpfropfen

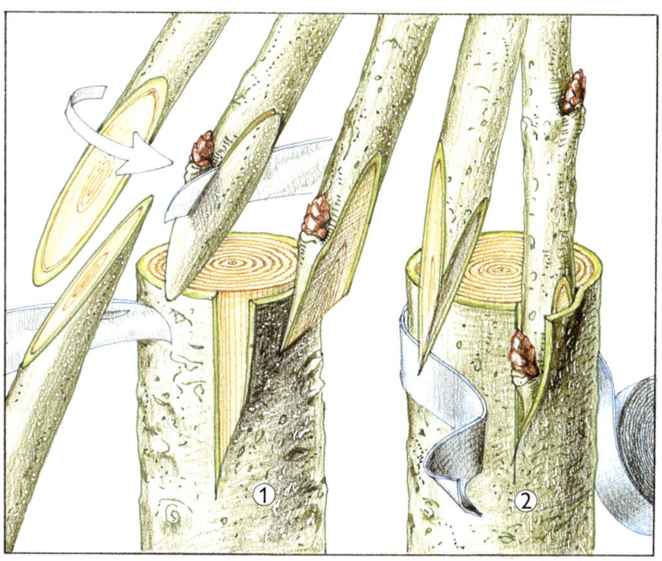

Okulation

1. Schneiden des Auges aus einem einjährigen Trieb der Edelsorte
2. T-Schnitt und Lösen der Rinde
3. Edelauge in Unterlage einsetzen
4. Veredlungsakt durch Verband (ohne Verstreichen) beenden

Chip-Veredlung

1. 3 mm tiefer Schnitt im Winkel von 20 ° zur Horizontalen
2. 3 cm über dem Schnitt den zweiten Schnitt ansetzen und in Richtung des ersten Schnittes abwärts führen
3. Der ausgeschnittene Span mit dem Edelauge muß in den U-förmigen Ausschnitt der Unterlage passen
4. Veredlungsverband wie bei der Okulation, bei Sommerveredlung im Juli/August kein Verstreichen notwendig

Kopulation

1. Kopulationsschnitt von ⓐ Unterlage und ⓑ Edelreis passend mit Verband
2. Präziser Schnitt – Kambien von Edelsorte und Unterlage müssen Kontakt haben
3. Kopulation mit Gegenzunge und Verband

Geißfußpfropfen

1. Schnitt des Edelreises in Keilform, gleicher Schnitt in die Unterlage
2. Einsetzen der Edelreiser in die Unterlage
3. Veredlungsverband und Wundverschluß mit Baumwachs

Verbessertes Rindenpfropfen

1. Zu der schrägen Schnittfläche erfolgt im rechten Winkel ein flacher Zusatzschnitt
2. Nur eine Seite am Pfropfkopf lösen
3. Edelreis ist eingesetzt. Die schwach angeschnittene Seite liegt am nichtgelösten Teil des Pfropfkopfes an. Veredlung muß noch verbunden und verstrichen werden.

Wencksches Rindenpfropfen

1. Gegenüberliegende Seiten des Edelreises gleich stark schneiden
2. Edelreis flach in die einseitig gelöste Unterlage einfügen. Verbinden und Verstreichen nicht vergessen

Spezieller Schnitt der Obstgehölze

Alle bei uns heimischen Obstarten haben die Eigenschaft, erst bei guter Pflege ihre optimalen Aroma-, Größen- und Geschmackseigenschaften zu entfalten. Das bedeutet aber auch, daß sie regelmäßigen Schnittmaßnahmen unterzogen werden müssen. Hier findet man nun nicht nur Unterschiede zwischen Baum- und Strauchobst, sondern auch innerhalb der einzelnen Baum- bzw. Straucharten.

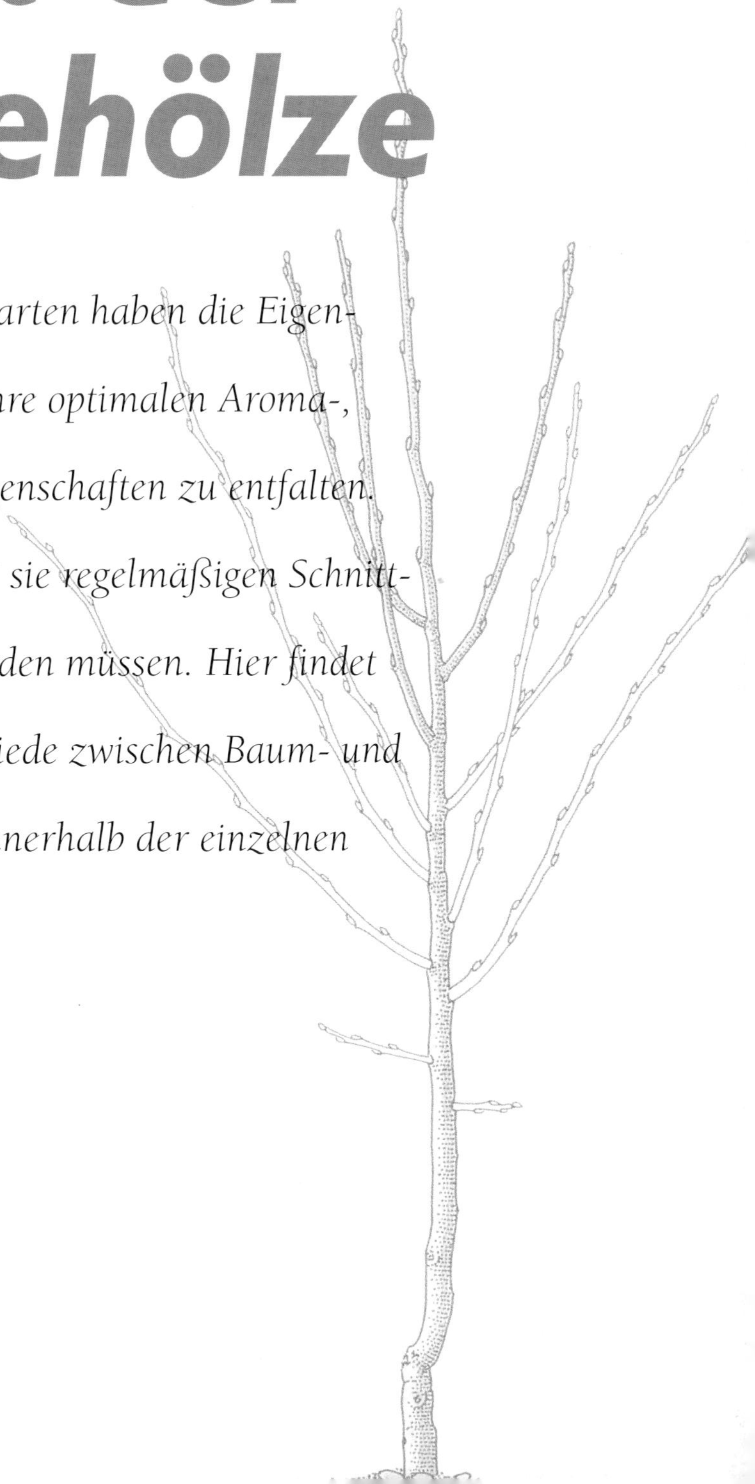

Kernobst

Zum Kernobst zählen Äpfel, Birnen, Quitten und die Nashi. Von diesen vier Arten verwöhnt uns der Apfel mit den meisten Sorten – für jeden Geschmack die Richtige.

Auf den nachfolgenden Seiten finden Sie die wichtigsten Kronenformen für die jeweilige Obstart.

Äpfel

Malus domestica
Familie: Rosengewächse

Wissenswertes

Apfelbäume lieben einen sonnigen, luftigen, aber etwas windgeschützten Standort und fühlen sich in unserem gemäßigten Klima sehr wohl. Der Boden sollte gut mit Feuchtigkeit versorgt sein, ohne jedoch stauende Nässe aufzuweisen. Für fast jeden Standort kann man die geeignete Apfelsorte finden.

Richtig Einkaufen

Beim Einkauf eines Apfelbaumes, siehe S. 12, ist ein Hauptaugenmerk auf die richtige Unterlage zu legen, denn diese beeinflußt in besonderem Maße die Größe eines Baumes. Außerdem muß klar sein, ob man einen Spindelbaum oder einen Baum mit einem Viertel-, Halb- oder Hochstamm pflanzen will. Ist man sich dann auch noch über den gewünschten Erntezeitpunkt und die Sorte einig, so kann man zur Tat schreiten und den Einkauf vornehmen. Besorgt man sich seinen Wunschbaum bei einer in der Umgebung befindlichen Baumschule, so besteht meist die Möglichkeit, sich das Gehölz selbst aussuchen zu können, der Baum bleibt in den gleichen klimatischen und umweltrelevanten Bedingungen, und man findet fachlichen Rat.

Pflanzung

Am vorgesehenen Platz hebt man bei Hochstämmen eine etwa einen Quadratmeter große Pflanzgrube aus. Befindet sie sich in einem Wiesen- oder Rasenstück, so werden die Rasensoden mit einer schweren Hacke flach abgehoben und am Rand aufgeschichtet, bevor man die Pflanzgrube aushebt. Dabei muß besonders darauf geachtet werden, daß sich der oben befindliche Humus nicht mit der Erde des Untergrundes vermischt.
Optimale Voraussetzungen erhält der Baum, wenn man den Boden bis in eine Tiefe von etwa 50 cm lockert. Die Tiefe der Grube richtet sich nach der Größe des Wurzelstockes, der gut im Boden Platz finden muß, ohne daß einzelne Wurzeln geknickt werden. Ist der Boden sehr schwer, hebt man die Grube tiefer aus, legt die ausgehobenen Rasensoden hinein und deckt diese mit etwas Boden ab, um dann zu pflanzen. Durch die Soden wird der Boden besser belüftet.

Wenn die reiche Ernte eingebracht ist, macht sich der Obstgärtner bereits Gedanken über den bevorstehenden Winterschnitt, mit dem er bereits wieder die Weichen für die nächste Ernte stellt.

Der Apfel lädt so richtig zum Anbeißen ein.

Der Baum wächst leichter an, wenn man den Wurzelballen vor der Pflanzung einige Stunden in Wasser stellt. Auf alle Fälle müssen alle vertrockneten, verletzten oder überlangen Wurzeln mit einem scharfen Messer, am besten mit einer Hippe, bis auf weißes, gesundes Gewebe glatt abgeschnitten werden. Faserwurzeln werden immer etwas eingekürzt.

Nach fester Verankerung des Baumpfahls im Boden, stellt man den Baum an die Nordseite des Pfahles und füllt mit Erde auf, wobei man den Baum ständig rüttelt, damit in die Wurzelzwischenräume auch Erde gelangt und keine Hohlräume entstehen. Zu beachten ist dabei, daß sich die Veredlungsstelle unbedingt über dem Boden befindet. Kommt die Veredlungsstelle in den Boden, macht sich der Baum „frei", das heißt er bildet sämlingsähnliche Bodentriebe und verliert die Eigenschaften der schwächerwachsenden Unterlage. Dies ist besonders bei Spindelbäumen beachtenswert. Ist die Erde eingefüllt, wobei die separat gelegte Humuserde die oberste Schicht bildet, wird der Boden festgetreten, damit die Wurzeln in engem Kontakt mit dem Erdreich liegen. Man befestigt den Baum am Pfahl und wässert gründlich ein, auch wenn der Boden genügend feucht erscheint.

Schöner landschaftsprägender Apfelhochstamm, dessen Krone zur Verbesserung der Vitalität einen Verjüngungsschnitt nötig hat.

Starkwachsende Sorten

Zu den starkwachsenden, triploiden Sorten gehören u. a. der altbekannte 'Gravensteiner', der einen geschützten Platz bevorzugt, da die Blüte spätfrostgefährdet ist; die verhältnismäßig frostharte, sehr gesunde und kaum schorfempfindliche alte Sorte 'Jakob Fischer' (auch 'Schöner vom Oberland' genannt); der nur für warmes Klima und nahrhafte Böden geeignete 'Jonagold', eine auch im Erwerbsobstbau heute stark verbreitete Neuzüchtung.

Schwächerwachsende Sorten

Die Mehrzahl der Apfelsorten gehört in die diploide und damit schwächer wachsende Gruppe. Hierzu zählen u. a. die Neuzüchtung 'Alkmene', die sich durch die willige Bildung vieler Kurztriebe auszeichnet; die alte Liebhabersorte 'Ananas Renette', die für sich allerdings warme Lagen und eine

Widerstandsfähige Apfelsorten

Sorte	Ansprüche/Besonderheiten	Geschmack	Verbreitung
'Brettacher'	Obstbaumklima, gesund und widerstandsfähig	süßsäuerlich, mäßiges Aroma	Süddeutschland
'Goldrenette von Blenheim'	windgeschützte, kräftige, feuchte Böden	feinsäuerlich, feines Aroma	weit verbreitet
'Jakob Fischer'	widerstandsfähig und anspruchslos, auch für Höhenlagen	süßsäuerlich, feines Aroma	Süddeutschland
'Kaiser Wilhelm'	breit anbaufähig	weinsäuerlich	weit verbreitet
'Rheinischer Bohnapfel'	ausreichend feuchte, nährstoffreiche Böden	bei Genußreife schwach süß bis säuerlichherb	große Anbaubreite
'Rheinischer Krummstiel'	etwas feuchte, nährstoffreiche Böden	feinsäuerlich, leicht würzig	Süddeutschland, Westdeutschland, Steiermark
'Rheinischer Winterrambour'	frischer, kräftiger Boden	mild, ohne besondere Würze	Südwestdeutschland Schweiz
'Schwaikheimer Rambour'	ausreichend feuchte, nährstoffreiche Böden	schwach säuerlich bis süßlich	große Anbaubreite, Höhenlagen bis 600 m NN
'Transparent aus Croncels'	breit anbaufähig, nicht für warmfeuchte Lagen	angenehm süßweinig	große Anbaubreite
'Welschisner'	anspruchslos	angenehm, mäßig aromatisch	bis in 800 m NN

Blühender Apfelbaum in einer intakten, ökologisch wertvollen Streuobstwiese, die auch noch landwirtschaftlich genutzt wird.

intensive Pflege beansprucht; der neu aus der Schweiz stammende 'Arlet' mit hohen Erträgen; die alte, nicht für rauhe Lagen geeignete Elsässer Tafelsorte 'Baumanns Renette'; der bis in Höhen von 1000 m NN gedeihende, robuste und sehr frostharte, aber schorfanfällige 'Berner Rosenapfel'; die auf warmen und kräftigen Böden gut gedeihende 'Champagner Renette'; der bekannte und beliebte, aber sehr intensive Pflege fordernde und an den Standort hohe Ansprüche stellende 'Cox Orange', u.v.a.

Neuere Züchtungen

Interessant sind die schorfresistenten Neuzüchtungen. Anfang bis Mitte September reift 'Prima', Mitte bis Ende September 'Priam' und Anfang bis Mitte Oktober 'Sir Prize'. Alle drei Sorten sind diploid und nicht sehr stark wachsend. Gegen Schorf und teilweise auch gegen Mehltau resistent sind die aus Dresden/Pillnitz stammenden, eher säurebetonten Re-Sorten 'Rewena', 'Reglindis', 'Remo', 'Retina', 'Reanda', 'Resi' usw. Die z. B. aus Tschechien stammenden Sorten 'Goldrush', 'Rubinola' und vor allem 'Topaz' liegen geschmacklich sehr nahe bei den jetzigen Tafelapfelsorten.

Wissenswertes zum Schnitt

Im Sommer und im Winter werden Apfelbäume geschnitten. Um eine Entscheidung über den richtigen Schnittzeitpunkt treffen zu können, muß man wissen, daß die Bäume auf den Sommerschnitt im nächsten Jahr mit einem verringerten Wachstum reagieren. Der Winterschnitt, besonders, wenn er in starkem Maße erfolgt, hat dagegen einen starken Trieb zur Folge, der allerdings meist auf Kosten der Bildung von Blütenknospen geht.

Triebspitze einer Spindel mit zwei kräftigen Seitentrieben im oberen Bereich des Baumes.

Die beiden starken Seitentriebe wurden entfernt, um einer drohenden Überbauung entgegenzuwirken.

So wird man einen Sommerschnitt dann ausführen, wenn der Baum sehr starkes Wachstum zeigt. Wenn man beim Schneiden noch nicht abgeschlossene Triebe entfernt, hauptsächlich Wasserschosse, die für ihr Wachstum noch Nährstoffe verbrauchen, bringt der Schnitt auch Vorteile für die am Baum verbleibenden Früchte. Im Winter wird man, falls dies überhaupt noch notwendig ist, nur leichte Korrekturen vornehmen.

Winterschnitt

Hat ein Baum wenig getragen und man stellt im Winter einen großen Blütenknospenansatz fest, so kann ruhig ein Winterschnitt durchgeführt werden, auch wenn ihm ein Teil der Blütenknospen zum Opfer fällt. Für eine reiche Ernte genügen die verbleibenden Blüten immer noch, bremsen etwas das Triebwachstum, und der Baum bleibt im physiologischen Gleichgewicht.
Wenn nun ein Baum in seinem Triebwachstum nachläßt, wird man folgerichtig ebenfalls dem Winterschnitt den Vorzug geben. Umgekehrt wird man bei einem zu triebigen Baum, der ja auch meist zu wenig Blütenknospen ansetzt, nur im Sommer schneiden.

Sommerschnitt

Beim Sommerschnitt kann durch die Wahl des Schnittzeitpunktes aber auch noch Einfluß auf das Wuchsverhalten eines Apfelbaumes genommen werden. So kann man praktisch bei Bedarf schon im Juni beim Juniriß mit dem Entfernen einzelner Wasserschosse beginnen und über den Sommer hinaus bis Ende August/Anfang September dann mit dem regulären Sommerschnitt diese Maßnahme beenden. Die Festlegung des Termins richtet sich danach, ob man das Triebwachstum eines Baumes einschränken oder belassen will, ob die Bildung von Blütenknospen in besonderem Maße gefördert werden soll usw.
Will man beim Sommerschnitt die Blütenknospenbildung fördern, ohne das Wachstum des Baumes einzuschränken, so führt man Ende Juni/Anfang Juli einen Frühsommerschnitt in Form eines Stummelschnittes durch. Dabei wird auf eine Blattrosette

Kräftiger Apfelhochstamm mit steil aufrecht wachsenden Leitästen und starken Langtrieben.

Die Leitäste wurden flacher gestellt und wegen des starken Wachstums nur noch mäßig angeschnitten.

zurückgeschnitten, deren Knospen dadurch gefördert werden. Fehlt die Blattrosette, so kürzt man auf zwei bis drei ausgewachsene Blätter ein. Zu beachten ist dabei aber auch der richtige Zeitpunkt, denn wird zu früh geschnitten, so bilden sich noch starke Triebe aus, die im Winter wieder eine Schnittkorrektur benötigen, während bei zu spätem Schnitt lediglich die Knospen gestärkt werden, was dann im kommenden Frühjahr zu einer starken Triebbildung führt, die wiederum zusätzliche Schnittarbeit nötig macht. Der richtige Zeitpunkt ist dann gekommen, wenn die Kurztriebe mit einer Terminalknospe abgeschlossen haben. Man verbindet diese Maßnahme mit dem Waagrechtbinden von zu steilen Trieben. Die Wurzeln erhalten noch genügend Nährstoffe, so daß das Wachstum nicht gebremst wird.
Anfang Juni schneidet man, wenn gleichzeitig mit der Förderung der Blütenknospenbildung eine Verminderung der Wuchskraft des Baumes erreicht werden soll. Dies funktioniert deshalb, weil das Triebwachstum bereits zu einem früheren Zeitpunkt und mit mehr Intensität einsetzt als das Wurzelwachstum, dafür aber in der Regel bereits Ende Juni/Anfang Juli abgeschlossen ist. Im Gegensatz dazu haben Wurzeln erst im Sommer ihre stärkste Wachstumsperiode. Vermindert man nun bereits im Juni die Blattmasse und damit die Assimilationsfläche eines Baumes, so erhalten die Wurzeln nicht mehr genügend Nährstoffe und müssen daher ihr Wachstum einschränken. Das zum vorübergehenden Stillstand gekommene Wurzelwachstum wirkt sich dann als Wachstumsbremse aus. Im Juni sind die etwa 20 bis 30 cm lang gewordenen Triebe noch weich und nicht verholzt, so daß man die an der Astoberseite befindlichen Triebe und Konkurrenztriebe einfach „ausreißen" kann und nicht schneiden muß. Man nennt diese Methode auch „Sommerriß".
Alle Konkurrenztriebe werden dabei auch entfernt, sobald sie eine Länge von etwa 25 cm erreicht haben. Selbstverständlich werden auch alle beschädigten Triebe sowie von Mehltau befallene Triebspitzen bei dieser Gelegenheit beseitigt.

Auslichtungsschnitt im Sommer

Der Auslichtungsschnitt wird im späten Sommer bis Ende August durchgeführt, bei dem junge, überzählige Triebe und Konkurrenztriebe, die sonst beim nächsten Winterschnitt entfernt werden müßten, ausgeschnitten werden. Zum Schnittzeitpunkt,

Spindel, deren Äpfel aufgrund eines regelmäßigen Erhaltungsschnittes optimal entwickelt sind.

der je nach Unterlage, Erziehungsform, Sorte, Witterung und Kleinklima sehr unterschiedlich sein kann, müssen alle Kurztriebe und ein Großteil der Langtriebe mit dem Wachstum abgeschlossen haben. Bei dieser Maßnahme werden zu dicht stehende, starke Holztriebe gänzlich entfernt, während man schwächere auf eine Blattrosette zurücksetzt, also auch hier einen Stummelschnitt ausführt. Aus den Knospen der Rosette erfolgt im nächsten Frühjahr ein starker Austrieb. Wird dieser Schnitt vor Triebabschluß zu früh vorgenommen, treiben die Knospen noch im Sommer durch. Die sich bildenden Triebe müssen dann im Winterschnitt entfernt, zumindest aber eingekürzt werden.
Bei jungen Bäumen werden beim Sommerschnitt nur die sich bildenden Konkurrenztriebe entfernt, während man die dichter oder astoberseits stehenden Triebe noch beläßt. Eine durch entfernte Blätter verkleinerte Assimilationsfläche würde die Versorgung des Baumes mit Nährstoffen zu sehr verringern. Hier wird man ein zu starkes Wachstum durch Herunterbinden von zu steil stehenden Ästen einzudämmen versuchen, was gleichzeitig die Blütenknospenbildung fördert. Hat man im Winter einen Verjüngungsschnitt vorgenommen, auf den der Baum in der folgenden Vegetationsperiode mit starkem Austrieb reagiert, kann wie beschrieben ein Sommerschnitt erfolgen.

Sommerschnitt bei Veredlungen

Aufgrund des notwendigen starken Rückschnittes zum Freistellen der Veredlungsstelle bilden sich in der Regel viele Neutriebe, die nun der Versorgung des Baumes dienen und noch belassen werden können. Stehen sie allerdings in Konkurrenz zum Edeltrieb und überragen diesen, werden sie ebenso wie Konkurrenztriebe entfernt, die sich an den Edelreisern gebildet haben. Nicht vergessen werden darf das Lösen des Bindematerials, das mittels eines sehr flach geführten, vorsichtigen Schnittes entfernt wird. Haben sich an den Edelreisern und deren Triebverlängerung Blütenknospen gebildet, werden diese vorsichtig ausgebrochen, denn sie würden das weitere Wachstum zu sehr behindern.
Auch werden während des Sommers laufend von Mehltau, Monilia oder einer anderen Krankheit befallene, verletzte oder sonst beschädigte Äste und Zweige entfernt. Auch empfiehlt sich immer, nach Unwettern, Stürmen oder Hagelschlag die Bäume genau auf Schäden zu kontrollieren.

Pyramidenkrone

Beim Apfel kann eine Pyramidenkrone auf Nieder-, Halb- oder Hochstamm erzogen werden. Man wird dabei immer auf stärker- oder starkwachsende Unterlagen zurückgreifen. Bei der Pflanzung werden der Mitteltrieb und die drei bis vier für Leitäste vorgesehenen Seitentriebe um die Hälfte bis maximal zu einem Drittel eingekürzt, wobei der Mitteltrieb die Leitäste um etwa 15 cm überragen sollte. In den Folgejahren baut man an den Leitästen in etwa 50 cm Abstand Fruchtäste auf. Wichtig ist das Entfernen von überflüssigen Konkurrenztrieben. Die Schnittstärke wird man dem Wachstum des Baumes anpassen, denn je stärker der Schnitt, desto stärker der Austrieb; je schwächer der Schnitt, desto schwächer der Austrieb. Steil aufrecht wachsende Triebe, die nicht benötigt werden, entfernt man. An jungen Bäumen kann durch Binden oder Sperren benötigte Triebe in die gewünschte Richtung gebracht werden. Der Kronenaufbau dauert mehrere Jahre. Danach erfolgt ein regelmäßiger Überwachungsschnitt, bei dem nach unten hängendes, sowie älter als dreijähriges Fruchtholz auf einen entsprechenden Trieb aufgeleitet oder entfernt wird. Zu dicht stehende und die Krone überbauende Triebe werden zurückgenommen. Alle in das Kroneninnere wachsende Triebe werden entfernt. An den Fruchtruten steil stehende Reiter schneidet man entweder auf ein bis zwei Knospen oder bis zur Basis zurück.

Sortenbedingt steil aufrecht wachsender Apfelhochstamm vor dem Schnitt.

Durch Ableiten der Leitäste auf flacher stehende Fruchtäste wurde die dichte Krone aufgeweitet.

Früher streng geschnittene Hochstämme, die mehrere Jahre keinen Schnitt erhalten haben und völlig verwildert sind.

Nach dem Schnitt sind die Leitäste wieder deutlich zu erkennen, zum Teil wurden neue Leitäste ausgewählt.

Hohl- und Tellerkrone

Diese beiden Kronenformen spielen eine eher untergeordnete Rolle. Ihre Erziehung wird S. 51 beschrieben.

Spindelkrone

Schwachwachsenden Unterlagen ist der Vorzug bei Spindelkronen zu geben, da sich diese mit weniger Schnittarbeiten leichter kleinhalten lassen, auch wenn man mit jeder Unterlage eine Spindel erziehen kann. Die Veredlungsstelle sollte sich mindestens 15 bis 20 cm über dem Boden befinden.

Will man eine Spindel, so beginnt man in 60–70 cm Stammhöhe mit dem Aufbau der Fruchtäste. Alle darunterliegenden Seitenverzweigungen werden an der Basis entfernt. Da die Spindel keine Leitäste hat, entfällt der Erziehungsschnitt. Wichtig ist bei dieser Kronenform ein konsequenter Aufbau von Fruchtholz. Alle zu steil stehenden Triebe werden in die Waagrechte gebunden, um die Bildung von Blütenknospen zu fördern und das Triebwachstum einzuschränken. Überzählige Triebe werden entfernt. Wenn man seitliche Triebe einkürzt, schneidet man immer auf eine an der Triebunterseite stehende Knospe zurück, damit der Zuwachs möglichst waagrecht und nicht zu steil wächst. Wenn einmal die gewünschte Baumgröße erreicht ist, so beschränkt sich der Schnitt auf das Entfernen abgetragener Triebe und das Auslichten. Äpfel entwickeln sich am zwei- und dreijährigen Holz am besten. Man wird daher für eine ständige Fruchtholzerneuerung sorgen, die auch einer Verkahlung des Kroneninneren vorbeugt. Dabei dürfen keine Leitäste aufgebaut werden. Ebenso sollte sich die Baumkrone nicht von oben her überbauen.

Hecke

Die Erziehung von Apfelbäumen in Form einer Hecke mit Zwei- oder Dreiastkronen an einem Drahtgerüst ist heute eher selten. Man erzieht dazu die Bäume mit einer Längskrone als Zweiast- oder Dreiastkrone. Bei der Zweiastkrone wird die Krone mit zwei Leitästen ohne Mitte erzogen. Die Dreiastkrone weist ebenfalls die beiden Leitäste auf, hat aber noch eine Stammverlängerung. Man pflanzt zweijährige Veredlungen auf mittelstark- bis starkwachsenden Unterlagen in einem Abstand von 3,00 bis 5,00 m. Bei der Pflanzung achtet man darauf, daß zwei gleich starke, sich am Mitteltrieb gegenüber liegende seitliche Verzweigungen, die für den Aufbau der Leitäste benötigt werden, parallel zum Gerüst stehen. Nach der Pflanzung schneidet man diese um die Hälfte auf ein außenstehendes Auge zurück. Bei der Zweiastkrone wird nur der Mitteltrieb herausgenommen. Bei der Dreiastkrone schneidet man ihn an, wobei man darauf achten muß, daß er die ersten Jahre immer etwas kürzer als die Leitäste sein muß, damit die Mitte nicht wie bei der Pyramidenkrone dominant wird. In den folgenden Jahren werden die Leitäste auf eine an der Unterseite des Astes befindliche Knospe zurückgenommen. Die sich daran entwickelnden Fruchtruten werden waagrecht gebunden. Nicht benötigte und zu steil wachsende Triebe werden entfernt. Die Breite des Baumes korrigiert man durch Rückschnitt von stark nach vorn bzw. hinten wachsenden Zweigen.

Das notwendige Drahtgerüst wird am besten schon vor der Pflanzung erstellt. Wichtig ist eine gute Verankerung der Eckpfähle. Die Höhe des ersten Spanndrahtes richtet sich nach der Stammhöhe der zu pflanzenden Bäume und sollte etwa 10 bis höchsten 20 cm über dem Ansatz der Leitäste liegen. Man bringt in Abständen von jeweils 50 cm noch zwei weitere Drähte an, so daß das Gerüst eine Höhe von ca. 200–220 cm erreicht.

Apfelblüten mit bereits geöffneten Königsblüten, die anderen Blüten sind noch im Ballonstadium.

Äpfel

'Berner Rosenapfel'

Eiförmiger bis rundlicher Apfel, dem flache Rippen ein unregelmäßiges Aussehen verleihen. Das gelbliche, saftige und mürbe Fruchtfleisch schmeckt angenehm süßsäuerlich und leicht gewürzt. Der mittelstark wachsende Baum bildet hochkugelige Kronen und braucht einen warmen, tiefgründigen, guten, nicht zu trockenen Boden, und kann dann bis 900 m NN gepflanzt werden. Genußreife: Dezember bis März.

'Brettacher'

Seit 1900 bekannter, großer bis sehr großer, bauchiger Apfel mit leichten Rippen, die um den Kelch Höcker bilden. Das weiße, sehr saftige Fruchtfleisch ist von süßlichem Geschmack. Gute Lagersorte. Der Baum weist einen lockeren Wuchs auf und bildet eine mittelgroße Krone. Die Sorte braucht Weinbauklima und warme, nährstoffreiche Böden. Holz und Blüte sind gegen Frost ziemlich unempfindlich. Genußreife: November bis März.

'Danziger Kantapfel'

Mittelgroßer, auffallend gerippter, saftiger Apfel, der bereits um 1760 erstmals beschrieben wurde. Das grünlichweiße Fruchtfleisch ist von rosenartig gewürztem, süßsäuerlichen Geschmack. Die Sorte ist besonders für rauhes Klima und Höhenlagen geeignet, da sie gegen Frost und Nässe unempfindlich ist und an Boden und Standort wenig Ansprüche stellt. Genußreife: Oktober bis Januar.

'Gewürzluiken'

Mittelgroßer, breiter bis rundlicher Apfel von strohgelber Grundfarbe. Das weiße, feste und saftige Fruchtfleisch schmeckt angenehm säuerlich und würzig. Der Baum wächst stark und bildet weit ausladende Kronen. Die Sorte braucht einen warmen, trockenen Standort. Die Frucht hängt nicht sehr fest am Baum und verliert bei langer Lagerung ihre Frische. Die Blüte ist wenig empfindlich, der Ertrag zwar regelmäßig, aber nur mittelmäßig. Genußreife: Dezember bis März.

'Goldparmäne'

Der seit dem 18. Jahrhundert bekannte, hochgebaute, stumpfe Apfel ist von goldgelber Grundfarbe. Das weiße, ins gelbliche gehende Fruchtfleisch ist sehr charakteristisch süß und nußartig gewürzt. Der Baum bildet hohe, schmale Kronen und verlangt einen warmen Standort mit gutem, nahrhaftem und nicht zu feuchtem Boden. Der früh einsetzende Ertrag ist sehr regelmäßig und stark. Die Blüte ist unempfindlich gegen

'Berner Rosenapfel'

'Brettacher'

'Danziger Kantapfel'

'Gewürzluiken'

'Goldparmäne'

Nässe und Frost. Genußreife: Oktober bis Januar.

'Welschisner'

'Jakob Lebel'

Großer bis sehr großer, bauchiger, durch Rippen wulstig aussehender Apfel. Im gelblichweißen Fruchtfleisch treten die Gefäßbündel durch ihre grüne Färbung stark in Erscheinung. Es ist feinkörnig, saftig und von angenehmer Säure. Der Baum wächst sehr stark, aber etwas krumm und bildet kräftige, sehr breitausladende Kronen. Die Blüte ist gegen Nässe unempfindlich, das Holz ist frostanfällig. Die Sorte stellt geringe Ansprüche an Boden und Standort und gedeiht bis 900 m NN. Genußreife: Oktober bis Dezember.

'Schöner aus Boskoop'

'Rheinischer Bohnapfel'

'Jakob Lebel'

'Rheinischer Bohnapfel'

Seit dem 18. Jahrhundert bekannter, mittelgroßer, walzenförmiger Apfel. Das grünlichweiße, dicht unter der Schale ausgesprochen grüne Fruchtfleisch ist mit zunehmender Lagerzeit saftig und schmeckt angenehm. Der mittelstark wachsende Baum bildet eine schöne, hochkugelige, aber sehr dichte Krone und liebt einen schweren, genügend feuchten Boden. Die Blüte ist unempfindlich. Genußreife: Januar bis Juni.

'Schöner aus Boskoop'

Seit 1850 bekannter, großer, oft übergroßer Apfel von gelber Grundfarbe, der sonnenseits karmesin- bis ziegelrote Streifen und Flecken aufweist. Der 'Rote Boskoop' wird von der Deckfarbe fast ganz überzogen. Das gelblichweiße bis grünlichgelbe saftige Fruchtfleisch ist von angenehm säuerlichem, frischem Geschmack. Der Baum wächst kräftig und bildet schöne, ausladende Kronen. Er braucht einen warmen, wind- und frostgeschützten Standort mit nahrhaftem, nicht zu trockenem Boden. Das Holz und die Blüte sind sehr frostempfindlich. Genußreife: November bis April.

'Welschisner'

Bereits 1659 beschriebener mittelgroßer bis großer Apfel mit breiten Kanten. Die mit zahlreichen feinen Punkten versehene zitronengelbe Schale ist sonnenseits mit einer leuchtenden, blutroten Deckfarbe überzogen. Das weißlichgelbe, nicht sehr saftige Fruchtfleisch ist von angenehmem Geschmack. Bemerkenswert ist der kräftige und angenehme Geruch des Apfels. Die starkwachsenden Bäume bilden große, überhängende Kronen. An Standort und Boden stellt die frostunempfindliche Sorte keine besonderen Ansprüche, sie kann bis 800 m NN angebaut werden. Genußreife: Januar bis Mai.

Zweijähriger Birnbaum mit kräftigen Seitentrieben und vorzeitigen Verzweigungen an der Mitte.

Konkurrenztrieb und steile vorzeitige Triebe wurden entfernt, Seitentriebe und Mitte wurden eingekürzt.

Birnen

Pyrus communis
Familie: Rosengewächse

Wissenswertes

Die Birne stellt gegenüber dem Apfel wesentlich höhere Ansprüche an Standort, Klima und Boden. Trotzdem hat sie ein größeres Verbreitungsgebiet, da sie auch noch in Gegenden, die für den Apfelanbau infolge zu hoher Temperaturen und zu geringer Luftfeuchtigkeit nur mehr schlecht oder gar nicht geeignet sind, noch sehr gut gedeiht. Das Holz ist frostempfindlicher, und durch die frühe Blütezeit besteht eine höhere Spätfrostgefährdung als beim Apfel. Schwere und kalkreiche Böden sind als Standorte genauso ungeeignet wie solche mit stauender Nässe. Bei luftfeuchten Standorten besteht die Gefahr des Befalls mit Birnenschorf. Für ein gutes Wachstum und zur Bildung von Früchten mit optimalen sortentypischen Eigenschaften braucht die Birne warme Standorte und humose, nährstoffreiche, tiefgründige Böden. Obwohl die Birne keinen sehr hohen Wasserbedarf hat, muß doch bei längeranhaltenden, niederschlagslosen Perioden während der Vegetationszeit für regelmäßigen Wassernachschub gesorgt werden, da sie bei langanhaltender Trockenheit Steinzellen (verhärtete Zellen, die kein Wasser mehr enthalten) um das Kernhaus ausbildet, was der Qualität der Früchte abträglich ist.

Blühende Birnenhochstämme setzen Akzente in der frühlingshaften Landschaft.

Richtig Einkaufen

Die gleichen Kriterien wie beim Apfel gelten für den Baumeinkauf und die Pflanzung von Birnbäumen. Auch der Kronenaufbau, die Baumerziehung und die Schnittmaßnahmen bei Birnen sind denen von Apfelbäumen ähnlich. Tafelbirnen kann man ebenso bei geringem Platzangebot im Garten als Spindelbaum erziehen. Für eine bessere Befruchtung und damit für gleichbleibende, jährliche Ernten empfiehlt es sich, zwei verschiedene Sorten zu pflanzen. Ist der Platz hierfür nicht vorhanden, so hilft sich der Hobbygärtner, indem er auf einem Baum zwei Sorten heranzieht. Dazu wird auf einen Baum eine zweite Sorte aufgepfropft.
Bei Birnen gilt eine Faustregel: Frühsorten sind anspruchsloser als Spätsorten, und edle Tafelbirnen stellen höhere Ansprüche an Boden und

Wie filigrane Kunstwerke stellen sich diese einzelnen Birnenblüten dem Betrachter dar.

Standort als Mostbirnen. In ungünstigeren Lagen kann man die Standortbedingungen unter Umständen auch dadurch verbessern, daß man den Birnbaum als Spalier an einer geschützten Wand hochzieht. Oft hilft auch schon die Erziehung mit einer Zwei- oder Dreiastkrone, die schmaler als eine Pyramidenkrone ist und dadurch mehr Licht und Sonneneinstrahlung in die Krone und damit auch an die Früchte gelangen läßt.

Unterlagen

Als arteigene Unterlagen werden bei Birnen nur Sämlingsunterlagen aus 'Kirchensaller Mostbirne' verwendet.

Ungepflegter Birnenhochstamm vor reizvollem Hintergrund. Deutlich zu erkennen ist der dominante Konkurrenztrieb, der entfernt werden müßte.

Wie die Apfelsämlinge verleihen sie der Sorten-Unterlagen-Kombination eine sehr gute Standfestigkeit, eine lange Lebensdauer, einen starken Wuchs und eine bessere Frosthärte. Älter als Apfelbäume werden hochstämmige Birnbäume auf Sämlingsunterlagen. Oft findet man in der freien Landschaft Exemplare mit einem Alter von über 100 Jahren. Fruchtfleisch und Geschmack der Früchte sind auf den schwächerwachsenden Quittenunterlagen allerdings besser.

Am weitesten verbreitet ist bei den schwachwachsenden vegetativ vermehrten Unterlagen die Quitte A. Noch schwächer als diese wächst Quitte C, deren Frostanfälligkeit allerdings auch viel höher als bei Quitte A ist. Mangelnder Standfestigkeit der schwachwachsenden Unterlagen muß auch bei Birnen mit einem Pfahl oder Gerüst abgeholfen werden. Aber die Vorteile bei den Quitten-Unterlagen wie z.B. die Möglichkeit der Erziehung kleinerer Baumformen und eine günstige Beeinflussung der Fruchtqualität überwiegen solche Nachteile wie die kürzere Lebensdauer des Baumes, die mangelnde Standfestigkeit und ein eventuelles Auftreten von Chloroseerscheinungen. Letztere treten bei zu kalkigem oder durch viele Niederschläge verdichtetem Boden auf. Man kann ihnen jedoch mit gezielten Düngegaben und Bodenverbesserung begegnen. Manche Sorten wachsen nicht auf Quittenunterlagen, dies kann umgangen werden, indem man eine verträgliche Sorte, meist 'Gellerts Butterbirne' als Zwischenveredlung verwendet. Dabei wird auf die Quittenunterlage zuerst 'Gellerts Butterbirne' und dann darauf z. B. 'Williams Christ' veredelt.

Starkwachsende Sorten

Zu den starkwachsenden Birnensorten zählen u. a. 'Alexander Lucas', eine bekannte Wintertafelsorte; 'Clapps Liebling', eine auch für etwas kühlere Standorte geeignete Frühbirne; 'Gellerts Butterbirne', eine weniger holzfrostempfindliche Sorte.

Schwachwachsende Sorten

Schwachwachsend sind u.a. die Sorten 'Bosc's Flaschenbirne', eine hohe Erträge liefernde wertvolle Tafelbirne; 'Conference', eine Tafelbirne, die regelmäßig und willig trägt und die Herbstsorte 'Köstliche von Charneu(x)'.

Wissenswertes zum Schnitt

Birnbäume können ebenfalls einem Sommer- und Winterschnitt unterzogen werden. Auch bei der Birne wird beim Winterschnitt das Wachstum angeregt, was man sich besonders bei schwachwüchsigen Bäumen zunutze macht. Auf zweijährigem Fruchtholz sowie an kurzem Holz bilden Birnbäume die meisten Blütenknospen aus. Darauf sollte man deshalb bei den Schnittarbeiten besonderes Augenmerk legen und durch regelmäßigen Umtrieb des Fruchtholzes für eine entsprechende Altersstruktur Sorge tragen.

TIP

Man sollte darauf achten, daß der Winterschnitt nicht bei Temperaturen unter –8°C erfolgt, da sonst mit Frostschäden an den Schnittstellen zu rechnen ist.

Widerstandsfähige Birnensorten

Sorte	Ansprüche/ Besonderheiten	Geschmack	Verbreitung
'Boscs Flaschenbirne'	robust, für warme Lagen	saftig, gutes Aroma	weit verbreitet
'Clapps Liebling'	anspruchslos	saftig, angenehm	Deutschland
'Condo'	unempfindlich	saftig süß, wenig Aroma	Niederlande, Deutschland
'Williams Christbirne'	Spaliererziehung, warme Lagen, bis Oktober haltbar	saftig, aromatisch	Südeuropa
'Madame Verté'	robust, anspruchslos für wärmere Lagen	feines Aroma	Selbstversorgeranbau
'Pastorenbirne'	wenig pflegebedürftig	schwach würzig	weit verbreitet
'Tongern'	robust, gute Befruchtersorte	süßsäuerlich, saftig	Deutschland, Belgien
'Vereinsdechantbirne'	anspruchsvoll	sehr saftig, edel	Westeuropa

Birnen brauchen meist länger als Äpfel, bis sie Früchte bringen, denn sie bilden erst nach einiger Zeit Fruchtholz. Birnbäume neigen in der Regel auch zu einem steileren Wuchs als Apfelbäume. Die Stammverlängerung von Birnbäumen ist bei der Versorgung mit Nährstoffen privilegiert und zeigt dadurch auch ein verstärktes Wuchsverhalten gegenüber den seitlichen Ästen und Trieben. Man muß daher durch Erziehungsmaßnahmen wie Schnitt, Waagrechtbinden usw. darauf bedacht sein, die Mittelachse nicht noch zusätzlich zu fördern. Prinzipiell wird man versuchen, den eher steiler nach oben strebenden Wuchs der Birnbäume etwas abzuflachen und eine mehr in die Breite gehende Pyramidenkrone zu erziehen.

Ein Platz wie geschaffen für die wärmeliebenden Birnen vor der schützenden Hauswand.

Kurzer Fruchtholzschnitt an einem waagrechten Birnenkordon, der eine Hauswand schmückt.

Klassischer Fruchtholzschnitt

Ziel des klassischen Fruchtholzschnittes ist die Umwandlung der unterhalb der Verlängerung entstandenen Triebe in Fruchtholz, wobei Fruchtruten, Fruchtspieße und Fruchtsprosse nach Möglichkeit ungeschnitten bleiben sollten. Dies ist mit einem Winterschnitt allein nicht zu erreichen. Man beginnt mit dem Schnitt, wenn die Triebe etwa 20–25 cm lang und noch krautartig weich sind, und wenn noch kein Triebabschluß erfolgt ist. Man schneidet stärkere Triebe auf drei, schwächere auf vier bis fünf vollkommen ausgebildete Blätter zurück ohne Beachtung von unvollkommenen Blättern oder der Blattrosette. Aus dem obersten Auge bildet sich ein Holztrieb, während aus dem mittleren Auge Fruchtholz gebildet wird. Sind stärkere Triebe bereits verholzt, werden sie vollkommen entfernt. Hat der neue Trieb wiederum eine Länge von 20–25 cm erreicht, wird er wieder, aber diesmal um ein Blatt mehr als das erste Mal zurückgenommen. Fruchttriebe bleiben ungeschnitten. Haben sich nach dem ersten Schnitt auf einem Fruchtholz mehrere Holztriebe gebildet, werden alle bis auf den untersten an der Basis abgeschnitten. Der verbleibende Holztrieb wird entspitzt. Nach diesem Prinzip wird den ganzen Sommer über vorgegangen; bei jedem neuen Schnitt wird um ein Blatt weniger eingekürzt. Beim Winterschnitt werden über Fruchtholz stehende Holztriebe entfernt. Ist das Fruchtholz zu lang geworden und verkahlt bereits vom Bauminneren her, so ist ein Verjüngungsschnitt angebracht. Man schneidet dabei im Winter auf eine Länge von etwa 10–15 cm zurück.

Langer Fruchtholzschnitt

Will man den langen Fruchtholzschnitt bei der Spaliererziehung anwenden, so müssen sich die Leitäste in einem genügend weiten Abstand befinden. Bei dieser Schnittform setzt der Ertrag früher als beim klassischen Fruchtholzschnitt ein und der Schnittaufwand verringert sich erheblich. Beim langen Fruchtholzschnitt werden die Triebe, kurz bevor sie ihre Terminalknospe ausbilden, waagrecht gebunden. Dies geschieht am zweckmäßigsten, bevor die Triebe zu verholzen beginnen, etwa Mitte Juli, spätestens Anfang August. Der Termin kann sich aber je nach Standort und Sorte schon auf Anfang Juli verschieben. Entfernt werden nur überflüssige, zu dicht stehende Triebe.

Pyramidenkrone

Die Erziehung einer Pyramidenkrone ist bei der Birne gleich wie beim Apfelbaum (siehe S. 82). Die Pyramidenkrone kann als Rundkrone im Prinzip an allen Baumformen erzogen werden, wobei man bei der Birne diese Form in erster Linie bei der starkwachsenden Sämlingsunterlage wählen wird. Zu beachten ist, daß die Leitäste nicht zu steil stehen. Man kann sie durch Sperren mit einem Holzkeil in den richtigen Winkel bringen.

Spindelkrone

Für die Erziehung zur Spindel werden bei Birnen normalerweise zweijährige

Veredlungen zur Pflanzung verwendet, wobei man als Unterlage Quitte wählt. Nach der Pflanzung wird die Mitte etwa 50 cm über den geplanten Fruchtästen angeschnitten. Diese werden um ein Drittel bis, bei entsprechend bereits vorhandener Länge, um die Hälfte eingekürzt. Falls nötig, muß man sie waagrecht binden. Der Mitteltrieb wird beim ersten Winterschnitt ebenfalls je nach erreichter Länge um die Hälfte bis zu einem Drittel eingekürzt. Sind die Fruchtäste gut mit Knospen garniert, werden sie nicht angeschnitten. Wenn es notwendig sein sollte, die Triebe zu einer vermehrten Knospenbildung anzuregen, kürzt man sie leicht ein. Die weitere Erziehung der Birnbaumspindel gleicht der Apfelspindel. Bei der Birne ist eine gute Belichtung und Sonneneinstrahlung in das Kroneninnere besonders wichtig. Dazu empfiehlt sich in erster Linie die regelmäßige alljährliche Durchführung eines Sommerschnittes in der gleichen Art wie bereits beim Apfel (siehe Seite 82) beschrieben. Ein Birnbaum sollte immer locker aufgebaut sein. Zu steil stehende Äste werden bis in die Waagrechte heruntergebunden. Überflüssige einjährige Triebe werden auf einen Stummel zurückgeschnitten.

Optimal ausgereifte 'Williams Christbirnen' für die Herstellung eines edlen Birnendestillates.

Birnennaturkrone, die sich durch Ertrag, Astbruch und Reiterbildung selbst geformt hat.

Hecke

Die Erziehung als Hecke mit einer Dreiastkrone hat sich für die wärmebedürftigen Birnen bei größeren Bäumen aufgrund der besseren Belichtung bewährt. Man erstellt das Drahtgerüst wie beim Apfel schon vor der Pflanzung mit vier Spanndrähten und pflanzt zweijährige Veredlungen auf Quitte, vorzugsweise mit einer Stammhöhe von 60–70 cm und erzieht den Baum mit einem Mitteltrieb und seitlichen Leittrieben, die in einem Winkel von etwa 60° an das Drahtgerüst geheftet werden. Nach der Pflanzung werden zwei als Leitäste vorgesehene und sich am Mitteltrieb gegenüberliegende Triebe bis auf 50 cm zurückgeschnitten. Der Mitteltrieb bleibt länger, wird aber auch um etwa die Hälfte bis zwei Drittel zurückgenommen. Die übrigen Äste werden bis zur Basis entfernt. Beim ersten Winterschnitt nimmt man die Leitäste nochmals um die Hälfte zurück und kürzt auch die Mitte etwas ein, damit sich in einer Höhe von etwa 100–120 cm zwei Fruchtäste bilden können, die in den folgenden Jahren parallel zu den unteren Leitästen erzogen werden. Bilden sich an den Leitästen starke Triebe, so werden diese entweder ganz entfernt oder, falls die Garnierung unzureichend ist, auf ein oder zwei Knospen zurückgeschnitten. Schwache Triebe läßt man stehen. Beim zweiten Winterschnitt der Bäume werden im Schema des Vorjahres die beiden obersten Fruchtäste in einer Höhe von 150–170 cm erzogen. Man hält die Bäume schmal und sorgt für eine laufende und ausreichende Fruchtholzerneuerung.

Spalier

Erzieht man Birnen am Spalier oder mit schwachwachsenden Unterlagen, so wird man meist nach dem klassischen Fruchtholzschnitt vorgehen, der zwar während der Vegetationszeit im Sommer wiederholtes Schneiden notwendig macht, aber beim Birnenspalier den besten Erfolg verspricht. Besonders günstige Ergebnisse erzielt man dabei auf guten, warmen, nicht zu nassen Standorten.

Birnen

'Alexander Lucas'

'Alexander Lucas'
1870 gefundene Sorte mit großen, kegelförmigen Früchten von leuchtend gelber Farbe, sonnenseits schwach rötlich getönt; einzelne grüne Flecken bleiben auch bei Vollreife sichtbar. Das weiße, sehr saftige und süße Fruchtfleisch ist schmelzend, jedoch ohne besondere Würze. Ihre lange Lagerzeit macht diese Sorte wertvoll. Der Baum bildet eine hochgebaute, aufrecht strebende Krone. Der Standort sollte etwas windgeschützt sein, sonst verträgt die Sorte auch etwas rauheres Klima und gedeiht noch in Lagen von 600 m NN. Die Sorte eignet sich für Spaliererziehung. Genußreife: Oktober bis Dezember.

'Conference'

'Conference'
Seit 1894 gehandelte, mittelgroße bis große, langgezogene, leicht gebogene Frucht, die starke Berostungen aufweist. Das an der Schale grüngelblichweiße Fruchtfleisch ist im Fruchtinneren rosa, sehr saftig und schmelzend und von leicht würzigem Geschmack. Der Baum bildet eine schöne, hochpyramidale Krone und braucht fruchtbaren, frischen Boden mit gleichbleibender Feuchtigkeit, der Standort sollte etwas windgeschützt sein. Blüte und Holz sind wenig frostempfindlich, so daß die Sorte auch noch in Höhenlagen befriedigt. Genußreife: Mitte Oktober bis November.

'Gellerts Butterbirne'

'Gellerts Butterbirne'
Seit 1838 im Handel befindliche mittelgroße bis große, dem Stiel zu einseitig eingeschnürte Birne. Die ockergelbe Schale ist sonnenseits braunrot. Das gelblichweiße, völlig schmelzende Fruchtfleisch ist von erfrischend würzigem Geschmack. Der sehr starkwachsende Baum bildet steil aufrechte Kronen auf kräftigen, geraden Stämmen. An Standort und Boden stellt er keine Ansprüche und gedeiht noch in 600 m NN. Aufgrund seiner Wüchsigkeit braucht er als Spalier gezogen sehr viel Platz. Blüte und Holz sind wenig empfindlich. Genußreife: Ende September bis Ende Oktober.

'Gräfin von Paris'

'Gute Louise von Avranches'

'Williams Christbirne'

'Gräfin von Paris'

Bekannt seit Ende des 19. Jahrhunderts. Die Frucht ist ziemlich groß, länglich und schlank. Das gelbe Fruchtfleisch ist feinwürzig, saftig und schmelzend süß. Der mittelstark wachsende Baum bildet eine pyramidale Krone. Gute Qualität bringt die Sorte nur in Weinbaulagen, sowie an geschützten Wänden als Spalier. Die Blüte ist etwas frostempfindlich. Genußreife: November bis Januar.

'Stuttgarter Gaishirtle'

'Schweizer Wasserbirne'

'Köstliche von Charneu(x)'

'Gute Louise von Avranches'

Seit 1788 bekannte Sorte mit großen, spindel- oder birnförmigen Früchten. Das gelblichweiße Fruchtfleisch ist sehr saftig und aromatisch mit melonenartigem Geschmack. Der mittelstarkwachsende Baum bildet auf geradem Stamm eine aufrechte Krone. Der Boden sollte gut durchlüftet und ausreichend feucht sein. Die Blüte ist wenig frostempfindlich im Gegensatz zum sehr frostgefährdeten Holz, nach kalten Wintern findet man oft erfrorene Triebspitzen. Genußreife: September bis Anfang November.

'Köstliche von Charneu(x)'

In Form und Größe sehr unterschiedliche Birne mit einer dünnen Schale von zitronengelber Farbe und sonnenseits roten Strähnen. Das gelblichweiße Fruchtfleisch ist von zuckersüßem, aromatischem Geschmack. Der Baum wächst kräftig, fast säulenartig aufrecht und stellt an Standort und Boden wenig Ansprüche, wenn genügend Feuchtigkeit vorhanden ist. Die Sorte eignet sich gut für Spaliererziehung. Genußreife: Anfang Oktober bis Mitte November.

'Schweizer Wasserbirne'

Mittelgroße bis kleine, kugelig runde Birne. Das gelblich- bis grünlichweiße Fruchtfleisch ist sehr saftig. Wenn auch nicht zum Rohgenuß geeignet, ist die sehr robuste Sorte doch eine vorzügliche Most- und Dörrbirne. Der sehr starkwachsende, langlebige Baum bildet eine hochkugelige Krone mit kräftigen, aufrecht wachsenden Ästen und gedeiht noch gut bis in Höhen von 800 m NN, allerdings sollten die Böden nicht zu karg sein. Blüte und Holz sind frosthart. Reifezeit: Ende September bis Ende Oktober.

'Stuttgarter Gaishirtle'

Diese Birne soll von einem Ziegenhirten bei Stuttgart gefunden worden sein. Kleine bis mittelgroße, kugelförmige Birne von regelmäßiger glockenförmiger Gestalt. Das Fruchtfleisch ist grünlichweiß, saftig und von feinem Geschmack. Der schlank in die Höhe wachsende, schwachwüchsige Baum ist widerstandsfähig, die Blüte unempfindlich. Genußreife: Ende August bis Mitte September.

'Williams Christbirne'

Eine schon seit 1770 bekannte, mittelgroße bis große, meist birnen- bis glockenförmige Frucht von hellgelber Farbe. Das gelblichweiße, sehr saftige und feine Fruchtfleisch ist von äußerst würzigem Geschmack. Der anfänglich starkwachsende Baum bildet eine hochpyramidale Krone und stellt an Standort und Boden keine großen Ansprüche, in Höhenlagen sollte er etwas geschützt stehen. Die Blüte ist widerstandsfähig, das Holz frostempfindlich. Genußreife: September.

Quitten

Cydonia ablonga
Familie: Rosengewächse

Leuchtend gelbe Früchte geben diesem Quittenstrauch auch einen hohen Zierwert.

Wissenswertes

Die aus Kleinasien stammende Quitte zählt ebenso wie Apfel und Birne zum Kernobst. Trotzdem muß ihr Platz nicht unbedingt in einem Obstgarten sein, denn ihr Erscheinungsbild braucht keinen Vergleich mit Ziergehölzen zu scheuen. Sind es im späten Frühjahr ihre großen, zartrosa Blüten, die den Betrachter in ihren Bann ziehen, so schmücken im Spätsommer und Herbst herrlich leuchtendgelbe Früchte das Gehölz. Und nicht nur für das Auge ist die Quitte eine Freude, sondern die Früchte verströmen im Herbst auch gepflückt noch einen angenehm frischen Duft. Das dunkel glänzende Laub rundet die schöne Optik ab. Man sieht also, daß ein Quittenbaum auch durchaus eine Bereicherung für einen Ziergarten darstellen kann. Daß die in rohem Zustand ungenießbaren Früchte in der Küche vielseitig verwendbar sind, ist für die Hausfrau kein Geheimnis. Quitten werden auch gerne in Wäscheschränke gelegt, um ihren Duft zu verbreiten.

Obwohl die Quitte bereits im Altertum von Hippokrates für vielerlei medizinische Zwecke genutzt wurde, tat sie sich in den nachfolgenden Jahrhunderten in unseren Gegenden schwer. Karl der Große, der dem Apfel viel Aufmerksamkeit schenkte und diesen förderte, wo er konnte, maß der Quitte keinerlei Aufmerksamkeit bei. Diese über lange Zeit währende Nichtachtung spiegelt sich auch heute noch in der Sortenauswahl wider. Wo es bei Apfel und Birne zahlreiche alte und neue Sorten gibt, bringt es die Quitte gerade auf etwas über 30 Sorten, die meist auch nur als Zufallssämlinge und durch Auslese entstanden sind.

Quitten werden ihrem Aussehen entsprechend in zwei Gruppen eingeteilt und zwar in Apfelquitten und Birnenquitten. In der Regel haben Apfelquitten ein sehr aromatisches, aber hartes und trockenes Fruchtfleisch, während Birnenquitten etwas weicher sind und sich daher leichter verarbeiten lassen. Allerdings bleibt der Geschmack meist hinter dem der Apfelquitten zurück. Quitten benötigen ebenso wie Birnen einen warmen, geschützten Standort, wenn man regelmäßige und hohe Erträge mit qualitativ wertvollen Früchten erzielen will. Wer gelegentliche Ausfälle in Kauf nimmt und mit etwas kleineren und etwas weniger Früchten zufrieden ist, kann eine Quitte praktisch überall dort, wo Obst wächst, anpflanzen. Allerdings sollte die Pflanzung dann erst im Frühjahr vorgenommen werden, da junge, frisch gepflanzte Quittenbäume sehr frostempfindlich sind und sie sich so bis zum nächsten Frost über die Vegetationsperiode gut entwickeln können. Der Boden sollte nicht zu schwer, aber nährstoffhaltig sein und vor allem keine stauende Nässe aufweisen. In kalkhaltigen Böden können Chlorosen auftreten. Apfelquitten sind gegenüber den Birnenquitten etwas robuster und weniger winterfrostgefährdet.

Unterlagen

Die von Natur aus als Strauch wachsenden Quitten werden auf Unterlagen aufveredelt und können so als Baum gezogen werden. Die hierfür am häufigsten verwendete Quittenunterlage ist die Unterlage Quitte A. Frisch gepflanzte Quittenbäume sind noch nicht standfest, denn diese Obstart bildet nur flache Wurzeln und so dauert es einige Jahre, bis sie ohne Unterstützung den Widrigkeiten des Wetters trotzen kann. Daher benötigt sie in der ersten Zeit unbedingt einen Pfahl, der aber nach einigen Jahren wieder entfernt werden kann. Quitten werden kaum von Schädlingen oder Krankheiten befallen; es sind sehr robuste Gehölze, die wenig Arbeit machen.

Wissenswertes zum Schnitt

Spätfröste können der Quittenblüte kaum etwas anhaben, diese Obstart ist eine der letzten, die ihre Blüten öffnet. Allerdings können sehr strenge, über einen längeren Zeitraum anhaltende Winterfröste die Blütenknospen schädigen. Holzschäden durch Frost können in der Regel bei Temperaturen von unter minus 18–20° auftreten. Als Pflanzmaterial verwendet man die in den Baumschulen angebotenen zweijährigen Veredlungen. Aus diesen erzieht man auf einer Stammhöhe von 50–60 cm einen Buschbaum mit einer Hohlkrone oder mit einer breiten Py-

Die Quitte findet auch in der Küche mancherlei Verwendung.

Die in der Form den Birnen sehr ähnlichen Birnenquitten sind roh ungenießbar.

ramidenkrone mit jeweils drei bis vier Leitästen. Dazu wird nach der Pflanzung der sogenannte Pflanzschnitt ausgeführt, bei dem wie beim Apfel die Stammverlängerung so angeschnitten wird, daß sie die Leitäste etwa 10 cm überragt. Als Leitäste werden drei bis vier gut um die Mitte verteilte, aber in unterschiedlicher Höhe stehende Verzweigungen ausgewählt, die in einem Winkel von 45–90° zum Stamm stehen. Eine Quirlbildung der Leitäste ist dabei unbedingt zu vermeiden. Eine quirlförmige Anordnung – alle Leitäste gruppieren sich in etwa gleicher Höhe um den Stamm – würde zu einer Bevorzugung derselben bei der Saftzirkulation und damit Nährstoffversorgung führen, und die Stammverlängerung benachteiligen. Dies würde wiederum einen harmonischen Kronenaufbau mit Fruchtästen und -trieben sehr erschweren. Die als Leitäste ausgewählten Verzweigungen werden nach der Pflanzung um etwa ein Drittel auf ein an der Unterseite des Leitastes befindliches Auge eingekürzt. Damit wird die Wuchsrichtung der Verlängerung vorgegeben, der Trieb wird nicht steil nach oben, sondern flach weiterwachsen, was Bindearbeiten bzw. Sperren mit einem Holzkeil erspart.

Ein Aufbauschnitt mit einem Rückschnitt der Leitäste sowie der Mittelachse, entsprechend dem Schnitt beim Apfel, erfolgt dann drei bis vier Jahre lang. Entfernt werden auch alle in das Kroneninnere wachsenden sowie senkrecht nach oben gerichteten Triebe, um einen lockeren Kronenaufbau zu gewährleisten. Wenn die gewünschte Krone gebildet ist, reicht als Instandhaltung ein gelegentliches Auslichten und etwa alle fünf Jahre ein Verjüngungsschnitt, bei dem durch einen Rückschnitt ins mehrjährige Holz der Baum zu neuem und etwas verstärktem Austrieb angeregt wird.

Selbstverständlich werden dürre, kranke oder angebrochene Äste regelmäßig entfernt. Die Quitte verträgt einen starken Rückschnitt gut, da sie nur in den ersten Jahren ein stärkeres Wachstum aufweist und mit beginnendem Ertrag sehr schnell selbst zur Ruhe kommt.

Die Quitte als Zierstrauch

Wer nun unbedingt nur einen Zierstrauch im Garten pflanzen möchte oder nur ganz wenig Platz zur Verfügung hat, kann im Falle der Quitte auch auf die zu den Ziersträuchern zählende Zierquitte *Chaenomeles,* deren bekannteste Form *Chaenomeles japonica* ist, ausweichen. Die schönen, leuchtend roten Blüten erfreuen uns schon im Frühjahr, die gelben Früchte leuchten im Herbst und der nur kleine Strauch mit seinen langen Dornen ist äußerst genügsam und mit jedem Plätzchen zufrieden. Er nimmt keinen Formschnitt oder Rückschnitt übel und treibt immer wieder willig aus. Und trotzdem liefert er verwertbare Früchte, deren Vitamin-C-Gehalt sogar dem der Zitrone weit überlegen ist. Außerdem sind sie reich an Pektin und organischen Säuren. Die Verarbeitung erfolgt wie bei der „normalen" Quitte.

Junger Quittenbaum mit vielen starken Langtrieben, die die Krone zu dicht werden lassen.

Der gleiche Baum nach Herausnahme der für den Kronenaufbau nicht benötigten Langtriebe.

Quitten

'Champion'

Seit 1870 bekannte, große bis mittelgroße Quitte mit unterschiedlicher Form. Die Quitte weist Rippen und Kanten auf, die Schale wirkt durch einen starken Flaum grau und schmutziggelb. Das gelbliche Fruchtfleisch ist hart, trocken, von säuerlichem Geschmack und kann stellenweise unter der Schale verbräunt sein. Der Baum wächst nur schwach bis höchstens mittelstark und stellt an den Boden keine besonderen Ansprüche. Für eine gute Ernte braucht die Sorte aber einen geschützten und warmen Standort. Die späte Blüte kann schon im Knospenzustand Frostschäden erleiden. Ernte von Anfang bis Ende Oktober.

'Champion'

'Konstantinopeler'

Große, apfelförmige Früchte mit Höckern und Falten. Die Fruchtschale ist hell- bis strohgelb, in den Furchen grün. Ein Flaum läßt die Farbe graugrün werden. Das weißlichgelbe Fruchtfleisch ist sehr fest, trocken und zäh und bekommt beim Kochen einen feinsäuerlichen, aromatischen Geschmack und einen ausgeprägten Apfelduft. Die mittelstarkwachsenden Bäume bilden breite, strauchartige Kronen. An Standort und Boden stellt die Sorte nur geringe Ansprüche, sie gedeiht auch noch in rauheren Gegenden und Höhenlagen, wenn sie dort einen geschützten Standort erhält. Ernte von Anfang bis Ende Oktober.

'Konstantinopeler'

'Riesenquitte von Lescovac'

Sehr große, flache, apfelförmige Frucht mit meist fünf Wülsten, die in den Furchen berostet sind. Das gelbe Fruchtfleisch ist trocken, zäh und hart, wird aber gekocht locker und zart und nimmt dann eine reinweiße Farbe an. Es ist feinsäuerlich und aromatisch. Der robuste Baum wächst stark, das Holz ist gesund und sehr frosthart. Die Sorte verlangt einen warmen Standort und vor allem einen gut durchlässigen Boden. Eine Befruchtersorte ist unbedingt nötig. Ernte von Anfang bis Ende Oktober.

'Vranja'

Seit 1898 bekannt, große, birnenförmige Quitte mit ausgeprägten Rosthauben und unregelmäßig beuliger Form. Die stroh- bis goldgelbe Schale weist einen leichten Flaum auf, der die Grundfarbe etwas matter erscheinen läßt. Das gelbe Fleisch mit fleischfarbenen Stellen ist sehr fest und trocken und von feinsäuerlichem Aroma. Der mittelstarkwachsende Baum weist einen eher strauchartigen Habitus auf und benötigt einen warmen Standort mit gut durchlüftetem Boden. Ernte Anfang bis Mitte Oktober.

'Riesenquitte von Lescovac'

'Vranja'

An warmen Standorten wächst auch die saftige Nashi in ihren verschiedenen Sorten.

Ein junger Nashi-Baum in Blüte.

Nashi

Pyrus pyrifolia
Familie: Rosengewächse

Wissenswertes

In gut sortierten Obsttheken findet man seit ein paar Jahren die aus China stammende Nashi, die auch unter der Bezeichnung „Asienbirne" bekannt ist. Allerdings hat diese Frucht mit unserer Birne nichts gemein. Genausowenig handelt es sich bei Nashi auch um eine Kreuzung von Apfel x Birne, wie man manchmal hört.

Wer einen Nashibaum im Garten pflanzen möchte, sollte ihm einen bevorzugten Platz geben, denn ähnlich wie die Quitte bietet auch der Nashibaum einen hohen Zierwert mit seinen großen, schneeweißen Blüten und reichem Fruchtbehang. Nashi sind selbstunfruchtbar, das heißt, sie benötigen eine zweite Sorte als Befruchter. Allerdings können auch unsere Birnensorten der Nashi als Befruchter dienen, wobei sie allerdings zur selben Zeit blühen und sich in der Nähe befinden müssen.

An Standort und Klima stellen Nashi etwa die gleichen Ansprüche wie unsere heimischen Birnen. Die Böden sollten leicht und nahrhaft sein und keine stauende Nässe aufweisen. In schweren, nassen und sehr kalkhaltigen Böden besteht eine verstärkte Neigung zu Chlorosen, die dann nur schwer zu bekämpfen sind. Für windgeschützte Lagen ist die Obstart dankbar. Gegenden, in welchen Spätfröste zu befürchten sind, sind für den Anbau ungeeignet, da Nashi noch vor den Birnen ihre Blüten öffnen und dementsprechend frostempfindlich sind.

An Sorten sind bei uns erhältlich 'Chojuro' von dunkelbronzefarbener, berosteter Schale und gutem Geschmack, mittelstarkem Wuchs und gegen Schorf widerstandsfähig; 'Hosui', starkwachsend mit gutem, aromatischem Geschmack und berosteter, dunkelbronzener Farbe; 'Kosui', sehr stark wachsend, berostet, mittelbronzefarben und von sehr gutem, süßem Geschmack; 'Nijisseiki', eine glattschalige, grüngelbe Frucht ohne ausgeprägtes Aroma und von mittelstarkem Wuchs; 'Okusankichi', spät reifende, berostete, mittelbronze gefärbte, saftige Frucht mit nur mäßigem Geschmack, sehr starker Wuchs; 'Shinko', nur schwach wachsend, mit berosteten, mittelbronzefarbenen Früchten von leicht süßlichem, zartem Geschmack und die am frühesten zu erntende 'Shinsui', stark wachsend, mit berosteten, mittelbronzefarbenen, saftigen Früchten von gutem Geschmack.

Unterlagen

Als Unterlage wird bei uns der Baum 'Kirchensaller Sämlinge' verwandt. Die schwachwachsenden Quitten-Unterlagen sind ungeeignet. Werden als Unterlage Nashi-Sämlinge verwandt, so erhält man Bäume mit einem außergewöhnlich schwachen Wuchs, allerdings mit sehr früh einsetzendem Ertrag.

Wissenswertes zum Schnitt

Die Pflanzung erfolgt wie bei unseren Birnen; der frisch gepflanzte Baum benötigt eine Stütze, die bei schwachwachsenden bleibt, bei starkwachsenden nach einigen Jahren entfernt werden kann. Der Schnitt- und Aufbauschnitt des Baumes entspricht auch dem der Birne. Allerdings müssen sie stärker zurückgeschnitten werden, da der Wuchs eher schwach ist und mit zunehmendem Alter noch nachläßt. Nashi neigen zu einem sehr starken Fruchtansatz, ohne jedoch Früchte abzuwerfen. Man sollte also ausdünnen und pro Blütenbüschel nicht mehr als eine Frucht belassen. Der ideale Abstand der Früchte beträgt mindestens 15 cm am Baum. Beläßt man alle Früchte, fängt der Baum an, zu alternieren, bringt das nächste Jahr keinen Ertrag, um dann im folgenden Jahr mit einer überreichen, aber kaum verwertbaren Ernte aufzuwarten.

Steinobst

Zu Steinobst zählen alle Obstarten, die einen von Fruchtfleisch umgebenen Stein besitzen.

Auf den nachfolgenden Seiten finden Sie die wichtigsten Kronenformen der jeweiligen Obstarten.

Süßkirschen

Prunus avium
Rosengewächse

Wissenswertes

Süßkirschen sind sehr wärmebedürftig, man pflanzt sie daher an einer sonnigen Stelle. Da Süßkirschen früh blühen, besteht die Gefahr von Blütenschäden durch Spätfröste und man sollte von vornherein Lagen mit Spätfrostgefährdung ausschließen. Der Boden sollte nicht zu schwer und feucht sein. Ausreichende Feuchtigkeitszufuhr und Versorgung mit Nährstoffen ist bei leichteren Böden ganz wichtig. Da fast alle Süßkirschen selbstunfruchtbar und somit auf den Blütenstaub anderer Sorten angewiesen sind, sollte bei Pflanzung mehrerer Bäume darauf geachtet werden, daß man verschiedene Sorten verwendet. Fehlt der Platz im Garten für einen zweiten Baum mit einer Befruchtersorte, so kann man sich so behelfen, daß man auf den vorhandenen Baum eine zweite entsprechende Befruchtersorte aufveredelt. Süßkirschensorten werden nach Reifewochen = Kirschwochen (KW) eingeteilt.

Unterlagen

Ein Süßkirschenbaum konnte bis vor kurzem nur in einem großen Garten gepflanzt werden, da er auf den starkwüchsigen Sämlingsunterlage oder den vegetativ vermehrten F12/1 aufveredelt war. Als Sämlingsunterlage für Süßkirschen haben sich weiter auch 'Harzer Vogelkirsche' und 'Limburger Vogelkirsche' bewährt. Trotz ihrer Anfälligkeit für Gummifluß und der Frostempfindlichkeit des Holzes hat sich die vegetativ vermehrte, aus der Vogelkirsche gezüchtete Unterlage F12/1 für Süßkirschen durchgesetzt, da sie den etwas schwächeren Wuchs aufwies. In der letzten Zeit werden aber in den Baumschulen auch Süßkirschenbäume auf schwachwachsenden Unterlagen wie Colt, GM 61/1, Gisela, Weiroot u. a. angeboten. Diese Bäume bleiben kleiner, erreichen nur die Größe eines Sauerkirschenbaumes und finden deshalb auch einen Standort in den immer kleiner werdenden Gärten. Ein weiterer Vorteil der schwachwüchsigen Bäume besteht darin, daß man die Kronen leichter mit einer Folie abdecken kann und die Früchte so vor Regen schützen

Süßkirschenbaum nach kräftigem Schnitt, der allerdings im unteren Bereich völlig verkahlt ist.

Zu dicht gewordene Süßkirschenpyramidenkrone mit vielen nach innen zeigenden starken Ästen.

Süßkirsche, die zwar etwas lichter ist, aber noch zu viele Triebe aufweist.

Stark geschnittene Süßkirschenpyramidenkrone, die willig Neutriebe bildet und große Früchte bringt.

Prachtvoll blühende Kirschbäume in einer Erwerbsobstanlage mit lichten Kronen.

kann, der meist ein Aufplatzen der reifen Früchte zur Folge hat.
Die Eignung einer Unterlage zeigt sich oft erst nach Jahren. Es gibt auch noch keine gesicherten Untersuchungen darüber, welches Alter Bäume mit schwachwachsenden Unterlagen erreichen und wie sich mit zunehmendem Alter Wuchsverhalten, Ertragshöhe usw. entwickeln.

Wissenswertes zum Schnitt

Nach der Ernte im August oder September werden Süßkirschen im belaubten Zustand geschnitten, was gleichzeitig das Wachstum bremst.

Pyramidenkrone

Der Kronenaufbau entspricht den Regeln des Kernobstes und wird wie beim Apfel (siehe S. 80) durchgeführt. An Bukett-Trieben bilden sich die Blütenknospen bei der Süßkirsche hauptsächlich am zwei- bis dreijährigen Holz. An einjährigen Trieben befinden sich dagegen meist nur Blattknospen, lediglich an der Basis sind je nach Sorte bereits einige Blütenknospen. Einjährige Triebe bilden hier so gut wie keine Verzweigungen. Lediglich an den Vorjahrestrieben entstehen aus den an der Trieboberseite sitzenden Knospen neue Triebe, die zum Erhalt einer lockeren, gut belichteten Krone ausgeschnitten werden müssen. Ist die Belichtung im Kroneninneren unzureichend, so tritt eine Verkahlung ein und die Äste vergreisen. Durch regelmäßigen, nicht zu schwachen Schnitt wird dem vorgebeugt. Auch ein notwendig gewordener Verjüngungsschnitt erfolgt nach der Ernte Ende August. Dabei ist allerdings auf eine sorgfältige Behandlung aller größeren, ein 5 DM-Stück übertreffenden Wundstellen zu achten. Zu starke Endverzweigungen an den Leitästen sowie verkahlte, nach unten wachsende Fruchtzweige müssen jährlich entfernt werden. Die Fruchtholzbildung wird wie beim Kernobst über die Förderung des Neutriebes erreicht. Bei Süßkirschen auf schwachwachsenden Unterlagen muß man auf eine genügende Ausbildung neuer Triebe bedacht sein. Stammverlängerung und Leitäste werden leicht angeschnitten und die Leitäste waagrecht gebunden. Hier wird der Schnitt solange im Winter durchgeführt, bis die gewünschte Größe des Baumes erreicht ist; danach wird ebenfalls nach der Ernte geschnitten. Einjährige Triebe, die entfernt werden müssen, schneidet man bis auf wenige Blattknospen zurück, da von diesen bei Bedarf seitliche Triebe erzogen werden können. Haben sich an der Basis der einjährigen Triebe bereits Blütenknospen gebildet, so beläßt man diese, wobei man dann erst ein bis zwei Blattknospen über den Blütenknospen schneidet. Die am zwei- und dreijährigen Holz stehenden Bukett-Triebe bilden bei guter Belichtung über mehrere Jahre Blütenknospen aus.

Diese Kirschen schmecken süß, auch wenn sie nicht in Nachbars Garten stehen.

Süßkirschen

'Burlat'
Sehr große Kirsche mit flachkugeliger Form und unebener Oberfläche. Die glänzende Haut ist von dunkelroter, leuchtender Farbe und leicht punktiert. Die Kirsche hat einen färbenden Saft, hell- bis braunrotes, mittelfestes sehr saftiges Fleisch und einen süßen, aromatischen Geschmack. Sie löst leicht von ihrem großen, wulstigen Stein. Das starke Wachstum des Baumes der ersten Jahre läßt durch einen früh einsetzenden, regelmäßigen und reichlichen Ertrag nach. Reifezeit: 1. und 2. Kirschwoche.

'Büttners Rote Knorpelkirsche'
Große bis sehr große, unregelmäßige Frucht. Die zähe Haut hat eine hellgelbe Grundfarbe mit leuchtend roter Deckfarbe. Das hellgelbe, mit feinen roten Adern durchzogene Fleisch ist fest und von sehr angenehmem Geschmack. Der kleine Stein löst nicht gut vom Fleisch. Der starkwachsende Baum bildet schöne gedrungene, breitkugelige Kronen und trägt gut. Reifezeit: 5. Kirschwoche.

'Dönissens Gelbe Knorpelkirsche'
Mittelgroße, herzförmige Kirsche, die nach beiden Seiten plattgedrückt ist. Die dünne, zähe, stark glänzende Haut ist einfarbig gelb. Das hellgelbe Fruchtfleisch ist nicht sehr fest und schlecht vom Stiel lösend. Der Geschmack ist süß mit einem leicht bitteren Beigeschmack. Der Baum wächst kräftig und bildet eine reich verzweigte, breitkugelige Krone. Die Sorte ist für schwere Böden ungeeignet. Der Ertrag ist regelmäßig und hoch. Die Blüte ist gegen Fröste recht widerstandsfähig. Reifezeit: 5. Kirschwoche.

'Große Prinzessinkirsche'
Die sehr große Frucht hat eine ausgeprägte Herzform mit schöner roter Färbung, die zum Teil streifig ist. Das hellfarbige, mit hellerer Aderung durchzogene Fruchtfleisch hat einen ausgezeichneten Geschmack, der Saft ist farblos. Der anfangs starkwachsende Baum bildet kräftige, später mehr breite, manchmal sogar etwas hängende Kronen und bringt gute, regelmäßige Erträge. An den Standort stellt die Sorte wenig Ansprüche, der Boden muß nährstoffreich und durchlässig sein. Die Blüte ist in windstillen Lagen spätfrostgefährdet. Reifezeit: 4. Kirschwoche.

'Große Schwarze Knorpelkirsche'
Große bis mittelgroße herzförmige, Frucht von dunkelbraunroter, fast

'Burlat'

'Büttners Rote Knorpelkirsche'

'Dönissens Gelbe Knorpelkirsche'

'Große Prinzessinkirsche'

'Große Schwarze Knorpelkirsche'

schwarzer Haut. Das feste, von hellen Adern durchzogene dunkelrote Fruchtfleisch ist von sehr süßem, aber feinsäuerlichem Geschmack. Der starkwachsende Baum bildet eine knorrige, große Krone und braucht einen warmen, frostfreien Standort mit fruchtbarem, durchlässigem Boden. Die Blüte ist widerstandsfähig, der regelmäßige Ertrag ist hoch. Reifezeit: 4. bis 5. Kirschwoche.

'Valeska'

'Teickners Schwarze Herzkirsche'

'Schneiders Späte Knorpelkirsche'

'Kassins Frühe'

'Kassins Frühe'

Große, stumpfherzförmige, dunkelbraune bis schwarzrote, gleichmäßig gebaute Frucht mit flachgedrückter Bauchseite. Das weiche, saftige Fleisch löst gut vom Stein und ist von sehr angenehmem Geschmack. Der starkwachsende Baum bildet eine lichte, breitkugelige Krone. Der Boden sollte nährstoffreich und nicht zu schwer sein, der Standort etwas geschützt. Der Ertrag ist hoch und setzt früh ein. Reifezeit: 1. bis 2. Kirschwoche.

'Schneiders Späte Knorpelkirsche'

Sehr große, herzförmige, plattgedrückte Frucht mit stark hervortretender Bauchnaht und von hell und dunkel schattierter dunkelbraunroter Farbe mit feinen Punkten. Der Stiel steht in einer breitmuldenförmigen Grube. Das auffallend helle, rostbraune Fleisch löst schlecht vom Stein, ist saftig und von sehr feinem Geschmack. Der kräftig wachsende Baum bildet eine stark verzweigte pyramidenförmige Krone und braucht einen warmen, geschützten Standort mit durchlüftetem, nährstoffreichem und ausreichend feuchtem Boden. Das Holz ist frostgefährdet. Reifezeit: 4. bis 5. Kirschwoche.

'Teickners Schwarze Herzkirsche'

Mittelgroße bis große, etwas platte herzförmige, braunviolette bis schwarzbraune Kirsche, die auf der Bauchseite in der oberen Hälfte stark gewölbt ist. Der Stiel steht in einer flachen Grube. Das braunviolette, von hellen Adern durchzogene Fleisch ist weich, sehr saftig und löst schlecht vom Stein. Der Geschmack ist aromatisch süß mit wenig Säure. Der mittelstark- bis starkwachsende Baum bildet eine aufwärts strebende, hochkugelige Krone und verlangt einen frischen, nährstoffreichen Boden. An den Standort stellt die Sorte keine Ansprüche. Die Blüte ist unempfindlich. Reifezeit: 3. bis 4. Kirschwoche.

'Valeska'

Große, länglichrunde bis herzförmige, dunkelbraunrote, fast schwarze Kirsche mit gewölbter Rück- und flacher Bauchseite. Der Stiel steht in einer flachen Grube. Das dunkelrote, sehr stark saftende Fruchtfleisch ist süßaromatisch und hat einen ausgeprägten Kirschgeschmack. Die Früchte platzen bei Regen wenig auf. Der mittelstarkwachsende Baum bildet eine fast pyramidenförmige, lockere Krone. Die sehr frühe Blüte ist nicht sehr spätfrostgefährdet. An den Standort stellt die Sorte keine besonderen Ansprüche, der Boden sollte kräftig, gut durchlüftet und ausreichend mit Nährstoffen und Feuchtigkeit versorgt sein. Die robuste Sorte bringt auch in ungeschützten Lagen noch gute Erträge. Reifezeit: 4. Kirschwoche.

Sauerkirschenhohlkrone mit vielen kleinen Früchten an langen Peitschentrieben.

Für einen Vollertrag genügt es, wenn nur 20% dieser weißen Pracht zu Früchten werden.

Sauerkirschen

Prunus cerasus
Familie: Rosengewächse

Wissenswertes

Die Sauerkirsche ist eine robuste Obstart mit einem sehr frostharten Holz, auch die Blüten sind weniger frostanfällig als bei der Süßkirsche. Die meisten Sauerkirschensorten sind selbstfruchtbar, d. h. man benötigt keine Befruchtersorte, um eine reichliche Ernte zu bekommen. Im Laufe der Zeit haben sich auch Kreuzungen zwischen Süß- und Sauerkirschen herausgebildet und sind zu Kultursorten geworden, die man unter der Spezies Sauerkirschen findet. Sie gleichen im Holz und ihrem Habitus den Sauerkirschen, bilden dabei aber stärkere Triebe mit einem aufrechteren Wuchs. Sorten dieser Art mit einem nichtfärbenden Saft findet man unter der Bezeichnung Glaskirschen oder Amarellen, wozu z. B. 'Ludwigs Frühe' und 'Diemitzer Amarellenkirsche' zählen. Sorten mit einem färbenden Saft heißen Süßweichseln, wie z. B. 'Morellenfeuer' oder 'Karneol'. Die echten Sauerkirschen, auch Weichseln, zu denen die wohl bekannteste Sorte 'Schattenmorelle' gehört, sind weichfleischig und haben einen rotfärbenden Saft.
Für optimales Wachstum und zur Ausbildung sortentypischer, wohlschmeckender Früchte brauchen Sauerkirschen einen möglichst sonnigen, freien und luftigen Platz mit einem gut belüfteten, lockeren Boden, der ausreichende Feuchtigkeit aufweist. Sie gedeihen aber durchaus auch noch auf einem etwas halbschattigen Standort. Für ein Spalier sind Südwände mit voller Sonneneinstrahlung jedoch nicht als Standort geeignet, da sich dort im Sommer zu sehr die Hitze staut, und der Boden auch zu trocken ist. Ein windiger Standort ist für die Sauerkirsche eher förderlich als völlig windstille Lagen. Ebenso wie die Süßkirsche ist auch die Sauerkirsche gegen schwere lehmige Böden und stauende Nässe sehr empfindlich und reagiert darauf mit Wachstumsstörungen, vorzeitigem Altern und Chlorosen.

Unterlagen

Überwiegend wird man Sauerkirschen auf der Unterlage Vogelkirsche oder der daraus selektierten F12/1 finden. Diese Unterlagen sind sowohl für Sauerkirschen als auch für Süßkirschen geeignet. Besonders auf trockenen Standorten ist jedoch die Steinweichsel-Unterlage *Prunus mahaleb* den Vogelkirschen-Unterlagen überlegen.

Sortentypischer Wuchs

Bei der ersten Gruppe erfolgt die Ver-

Sauerkirschenhohlkrone mit vielen, durch die Last der letzten Ernte nach unten gebeugten Trieben.

Hängendes Fruchtholz wurde entfernt, einjährige Triebe wurden soweit wie möglich geschont.

Zu dicht gewordene, zwei Jahre nicht mehr geschnittene Sauerkirschenhohlkrone.

Stärkere Eingriffe in die Krone waren nötig, damit wieder Neuaustrieb entsteht.

längerung des sehr stark zur Verkahlung neigenden abgetragenen Triebes fast ausschließlich über die Terminalknospe. Nachdem die folgende Ernte wiederum an der Triebverlängerung, also dem Neuzuwachs (einjährigem Trieb) zu finden ist, bildet sich mit der Zeit ein hängender Wuchs ähnlich einer Trauerweide, da das Fruchtgewicht den Trieb nach unten zieht. Ein mehr aufrechter Wuchs ohne Tendenz zu einer Verkahlung bildet sich bei der zweitgenannten Gruppe.

Wissenswertes zum Schnitt

Die Sauerkirschen lassen sich grundsätzlich in zwei Schnittgruppen einteilen, und zwar einerseits in Sorten, die hauptsächlich am einjährigen, und andererseits in solche, die am zwei- und dreijährigen Holz tragen.
Sauerkirschenbäume sollten eine Stammhöhe von 60–70 cm keinesfalls überschreiten. Man kann Sauerkirschenbäume als Pyramiden- oder Hohlkrone, aber auch als Fächerspalier erziehen.

Pyramidenkrone

Beim Aufbau einer Pyramidenkrone wählt man nach der Pflanzung drei bis vier Leitäste aus. Dabei ist zu beachten, daß diese nicht zu steil stehen, da sich sonst zu dichte, schlecht belichtete und belüftete Kronen bilden. Notfalls muß man die Leitäste flacher binden oder mittels eines Sperrholzes spreizen. Pflanzt man eine einjährige Veredlung, so kürzt man die ausgewählten Leittriebe um die Hälfte auf eine nach außen zeigende Knospe ein und schneidet die Stammverlängerung soweit an, daß sie mit den Leitästen eine Pyramide bildet. Alle anderen vorzeitigen Verzweigungen werden an der Basis entfernt. Die Stammhöhe wird durch die Auswahl der Leitäste festgelegt. In den Folgejahren werden die Leitäste sowie die Stammverlängerung jedes Jahr leicht angeschnitten, um so die Bildung neuer Triebe zu fördern. Einjährige Fruchttriebe werden nicht angeschnitten, zu dicht stehende Triebe werden ausgelichtet, damit der Kronenaufbau locker bleibt und eine gute Belichtung gegeben ist. Wenn die Krone nach fünf bis sechs Jahren aufgebaut ist, beschränkt sich das weitere Schneiden auf den Auslichtungs- und Erhaltungsschnitt, den man nach der Ernte durchführt. Bei einem Sommerschnitt ist die Gefahr von Gummifluß erheblich reduziert. Entfernt werden bei dieser Maßnahme vor allem in das Kroneninnere wachsende Triebe. Die oft nur sehr dünnen Fruchttriebe sollten je nach Sorte nach spätestens zwei bis drei Jahren an der Basis entfernt werden, da sie sonst verkahlen und anfangen, nach unten zu wachsen. Die stark überhängenden, besonders bei der Schattenmorelle sehr häufig anzutreffenden Peitschentriebe leitet man dabei auf einjährige Triebe auf. Sind keine vorhanden, schneidet man meist blattlose Triebe auf eine sich möglichst in Basisnähe befindende Blattknospe zurück, um diese zum Austrieb anzuregen. Durch den Sommerschnitt fördert man die Knospenbildung, man muß allerdings darauf achten, nicht zu stark zu schneiden, um die Ernte des nächsten Jahres nicht zu stark zu dezimieren. Bei älteren Bäumen kann während der Winterruhe ein stärkerer Rückschnitt

erfolgen, um den Baum zum Durchtrieb anzuregen. Verkahlte Äste können dabei bis zu einem Drittel ihrer Länge eingekürzt werden. Entfernt werden auch stark hängende Triebe bis zu einer geeigneten Verzweigung oder, falls keine vorhanden ist, bis zur Basis.

Hohlkrone

Wenn man vorhat, den Baum nach dem Prinzip der Hohlkrone zu erziehen, ist es ratsam, bei steiler wachsenden Sorten die ersten fünf bis sechs Jahre, bei Sorten mit einem hängenden Habitus sieben bis acht Jahre eine Pyramidenkrone zu erziehen, um dann beim Winterschnitt durch Heraussägen der Stammverlängerung in der Höhe des obersten Leitastes eine Hohlkrone zu formen, die dann bei den Schnittmaßnahmen der nächsten Jahre beibehalten wird. Damit wird der Lichteinfall in die dadurch entstehende Hohlkrone verbessert und die Pflege- und Erntearbeiten werden wesentlich erleichtert. Diese Maßnahme bewirkt auch eine starke Neutriebbildung.

Die bei Schattenmorellen häufigen Peitschentriebe müssen auf einjährige Triebe aufgeleitet werden.

Sauerkirschen

'Diemitzer Amarelle'

Rundliche, kleine Frucht, mit einer deutlichen Linie an der Rückseite. Die leuchtend gelbrote, durchsichtige und glasig erscheinende Haut ist fast einfarbig und sehr dünn. Das sehr saftige, angenehm säuerliche Fleisch ist von gelblicher Farbe, mit helleren Fasern durchzogen und färbt nicht. Der anfangs starke Wuchs des Baumes nimmt mit zunehmendem Ertrag ab. Die lichte Krone weist nur eine dünne Verästelung mit weidenartig abwärts gebogenen Zweigen auf. An den Standort stellt die Sorte keine Ansprüche, der Boden sollte nährstoffreich, aber nicht schwer sein. Reifezeit: 2. bis 3. Kirschwoche.

'Diemitzer Amarelle'

'Königin Hortense'

Sehr große, unregelmäßige Frucht mit stark abgerundeter Bauch- und gerader Rückseite. Das saftige, gelbliche Fruchtfleisch ist von angenehm erfrischendem, süßsäuerlichem Geschmack. Der Saft ist farblos. Die Früchte sind empfindlich gegen Wind, Regen und Druck. Der mittelstarkwachsende Baum bildet eine aufrechte, lichte Krone. Die Blüte ist frostempfindlich. Der regelmäßige Ertrag ist nicht sehr hoch. Die Sorte braucht einen geschützten Standort und einen leichten, gut durchlüfteten Boden. Reifezeit: 3. Kirschwoche.

'Königin Hortense'

'Morellenfeuer'

Mittelgroße bis große, rund bis breitovale dunkelrote, hell punktierte Frucht. Das von dunklen Fäden durchzogene dunkelrote, sehr saftige Fruchtfleisch ist von süßsaurem Geschmack ohne besonderes Aroma. Der Fruchtsaft ist von dunkelroter Farbe. Der mittelstarkwachsende Baum bildet eine breitpyramidale Krone. An den Standort stellt er keine Ansprüche, der Boden sollte nahrhaft, durchlässig, aber genügend feucht sein. Reifezeit: 5. bis 6. Kirschwoche.

'Schattenmorelle'

Große bis mittelgroße, rundliche, dunkelbraunrote, Frucht. Das Fleisch ist sehr saftig mit färbendem Saft, allerdings sehr sauer. Der nur mittelstarke Wuchs läßt mit zunehmenden Erträgen noch nach. Der Baum bildet breitrunde Kronen mit dünnen, mit zunehmendem Alter stark hängenden Trieben. An den Standort stellt die Sorte keine besonderen Ansprüche und gedeiht auch noch in Höhenlagen, wenn der Boden nährstoffreich und nicht zu trocken ist. Reifezeit: 5. bis 6. Kirschwoche.

'Morellenfeuer'

'Schattenmorelle'

Zwetschenbäume mit ihren frühen Blüten sind mit die ersten Farbtupfer in der freien Landschaft.

Pflaumen (Zwetschen, Mirabellen, Renekloden)

Prunus domestica
Familie: Rosengewächse

Wissenswertes

Eine sonnige Lage mit mildem, jedoch nicht zu luftfeuchtem Klima ist Voraussetzung, um sortentypische, wohlschmeckende Früchte ernten zu können. Der Standort sollte warm, sonnig und geschützt sein, wobei auch in sonnigen Höhenlagen an Südhängen noch gute Erfolge erzielt werden können. Empfehlenswert sind nicht zu trockene und schwere, sondern humose, nährstoffreiche, feuchte Böden. Da die Blüte sehr früh einsetzt, sind spätfrostgefährdete Lagen zu vermeiden. Wichtig zu wissen bei der Auswahl des Standortes ist auch, daß die Frosthärte des Holzes durch zu viel Feuchtigkeit beeinträchtigt wird. Im Prinzip unterscheiden sich aber die Ansprüche an Standort, Boden und Klima von Sorte zu Sorte.
Auch mittels Unterlagen der unterschiedlichen Unterlagentypen kann ein gewisser Einfluß genommen werden. So empfiehlt sich die Unterlage GF 8/1 für extreme Verhältnisse wie sehr leichte oder sehr schwere, nasse Böden, während St.Julien INRA 2 gute, nährstoffreiche, nicht zu nasse Böden verlangt. St. Julien INRA 655/2 benötigt ebenfalls gute Böden. 'Myrobalana-Sämlinge' eignen sich für trockene, sandige Böden. Unter dem Begriff „Pflaumen" verbergen sich eine Reihe von unterschiedlichen Obstformen. Grundsätzlich sind Zwetschen eher länglich und festfleischig, während man den Pflaumen alle runden, weichfleischigen Formen zuordnet, wobei der Übergang von Zwetschen zu Pflaumen durchaus fließend ist. Bei beiden Formen findet man gut und schlecht vom Stein lösende Sorten.

Wissenswertes zum Schnitt

Für einen optimalen Schnitt bei Pflaumen muß man wissen, daß sich die Blütenknospen bei dieser Obstart in erster Linie an kurzen Trieben am zwei- und dreijährigen Holz entwickeln. Bei allen Sorten werden diese Kurztriebe sehr willig und zahlreich gebildet. Sie schließen mit einer Blattknospe ab, während die sogenannten Langtriebe hingegen fast ausschließlich nur mit Blattknospen besetzt sind.

Pyramidenkrone

Man schneidet die Leitäste und Kronenmitte die ersten drei bis vier Jahre an, bevor man zum Pflegeschnitt bzw. Erhaltungsschnitt übergeht. Dieser entspricht dem Schnitt von Kernobst (siehe S. 42) und wird in derselben Art und Weise durchgeführt. Beim Aufbau von Pflaumen ist insbesondere darauf

Pflanzschnitt eines schönen Zwetschenjungbaumes zur Erziehung einer Pyramidenkrone.

Nach guter Entwicklung des Jungbaumes muß die Erziehung der Krone unbedingt weitergeführt werden.

In verschwenderischer Fülle locken die Zwetschenblüten Insekten zur notwendigen Bestäubung.

zu achten, daß sich keinesfalls Schlitzäste entwickeln können, da das Holz dieser Bäume sehr leicht bricht. Schlitzäste können so schwere Schäden am Stamm verursachen, daß oftmals nur mehr die Rodung des Baumes bleibt. Daher wird man sowohl beim Aufbau- als auch beim nachfolgenden Pflegeschnitt ein besonderes Augenmerk auf die Entfernung von Konkurrenztrieben legen, aus denen sich ja die unliebsamen Schlitzäste entwickeln.
Bei dieser Obstart kann es zu einer plötzlichen starken Neutriebbildung aus Stamm und bzw. oder Leitästen kommen. Beim Sommerschnitt entfernt man bereits die dabei entstehenden Wasserschosse, spätestens jedoch im darauffolgenden Winter. Die Baumrinde um diese Triebe herum sollte man dabei aber unbedingt auf Frostplatten oder Frostrisse untersuchen, denn solche können die Ursache für die Wasserschoßbildung sein. Stellt man solche Rindenschäden fest, müssen diese beseitigt werden. Bei Frostplatten wird die geschädigte Rinde sorgsam gelöst und entfernt, wobei auf einen glatten Wundrand zu achten ist. Anschließend wird die Wundstelle mit einem Wundverschlußmittel behandelt. Sind dann doch Frostrisse aufgetreten, so werden sie zuerst mit Bast oder einer Schnur zusammengebunden und anschließend ebenfalls mit einem Wundverschlußmittel verstrichen. Nach ca. einem Jahr wird das Bindematerial vorsichtig mit einem scharfen Messer abgelöst, damit das weitere Dickenwachstum nicht behindert wird. Dabei sollten natürlich keine neuen Rindenschäden entstehen.
Eine Verjüngung von Pflaumenbäumen kann anhand von starkem Rückschnitt erfolgen und die gesamte Krone umfassen. Ziel ist dabei eine Fruchtholzerneuerung durch einen kräftigen Durchtrieb. Der Verjüngungsschnitt wird nach den gleichen Regeln wie beim Kernobst ausgeführt. Im Rahmen des Verjüngungsschnittes ist es auch möglich, zu hoch gewachsene Kronen durch Ableiten auf tieferstehende Äste in der Höhe wieder etwas einzuschränken.

Zu dicht gewordene Tellerkrone, die dringend einen Rückschnitt braucht.

Zu starke, nach innen wachsende Langtriebe auf den Leitästen wurden entfernt.

Hohlkrone

Die Kronenform ohne Mitteltrieb spielt bei dieser Obstart keine Rolle.

Tellerkrone

Wenn man einjährige Veredlungen auf mittel- und starkwachsenden Unterlagen pflanzt, so wird man vorzugsweise eine Tellerkrone heranziehen. Beachtenswert ist bei dieser Kronenform allerdings, daß sie sich am leichtesten bei von Natur aus flach wachsenden Sorten anwenden läßt. Bei Sorten, die von sich aus steiler wachsen, wird der Schnittaufwand größer. Die Stammhöhe sollte unter einem Meter liegen, die Baumhöhe höchstens 3 m erreichen. Nach der Pflanzung wird der Mitteltrieb entsprechend der Garnierung, also der seitlichen Verzweigungen, auf etwa 1,20 m angeschnitten. Triebe, die sich vom Boden bis zu einer Höhe von 70-80 cm befinden, werden an der Basis entfernt. Werden gut entwickelte zweijährige Veredlungen gepflanzt, so wird lediglich die Mittelachse angeschnitten. Drei bis vier für Leitäste vorgesehene Triebe, die gut verteilt rund um den Stamm angeordnet sein sollen, ohne jedoch einen Quirl zu bilden, bindet man flach, ohne sie anzuschneiden. Wenn man zu tief bindet, so verhindert man den gewünschten weiteren Zuwachs aus der Terminalknospe. In den folgenden Jahren wird der Mitteltrieb jeweils auf ca. 30-40 cm zurückgenommen, bis die erforderliche Anzahl an Fruchtästen erreicht ist. Man leitet dazu die Stammverlängerung vorzugsweise auf einen nur mittelstarken Trieb ab und schränkt damit das Wachstum der Mitte ein. Jedes Jahr beläßt man der Stammverlängerung etwa drei gut verteilte Triebe, die praktisch im nächsten Stockwerk die Funktion von Leitästen übernehmen. Dabei sollte man den Rückschnitt überflüssiger Triebe nicht bis zur Basis durchführen, sondern kleine Zapfen mit ein oder zwei Blattknopsen stehenlassen. Durch diese Maßnahme kann man den seitlichen Austrieb unterstützen. Ab dem sechsten Jahr sollte die Kronenerziehung mit zehn bis zwölf am Stamm gleichmäßig und

Zarter Duft umgibt die reifen, grünen Renekloden.

in der Höhe gut verteilten Leitästen abgeschlossen sein.
Je nach Sorte tragen die untersten, nicht angeschnittenen Leitäste ab dem zweiten Jahr Blüten. Man schneidet sie auch jetzt nicht an, sondern entfernt lediglich überflüssige einjährige Triebe, die nicht zum Kronenaufbau benötigt werden. Wenn der Baum seine endgültige Höhe erreicht hat, so wird der Aufbau der Mittelachse mit fruchttragenden, seitlichen Verzweigungen beendet. Bei Jungbäumen kann sich ein Sommerschnitt als notwendig erweisen, bei dem in erster Linie sogenannte Wasserschosse entfernt werden. Der laufend notwendige Schnitt wird in der Regel während der Vegetationsruhe ausgeführt.
Bei der Tellerkrone ist ein jährlicher Winterschnitt unerläßlich. Überflüssige, einjährige Triebe an der Stammverlängerung werden dabei entfernt, da es sonst zu einer Überbauung der Krone und damit zu einer gänzlich anderen Kronenform kommt. Senkrecht hochgewachsene Triebe an den sich seitlich ausladenden Ästen werden ebenso entfernt wie abgetragenes, altes Fruchtholz, das meist nach unten wächst. Auch alle Äste und Zweige fallen dem Schnitt zum Opfer, die eine gute Belichtung der Krone verhindern. Stellt man eine zunehmende Verkahlung fest, so muß stärker, vor allem im zweijährigen Holz, zurückgeschnitten werden, um einen neuen Austrieb zu fördern.

Spindelkrone

In kleineren Gärten wird natürlich in erster Linie die Spindel von Interesse sein, da diese Baumform den geringsten Platzanspruch aufweist. Für die Pflanzung besorgt man sich in der Baumschule kräftige, einjährige Veredlungen mit guter Garnierung, d. h. mit ausgebildeten, seitlich stehenden vorzeitigen Trieben. Nach der Pflanzung schneidet man den Mitteltrieb etwa 35 cm über dem obersten Seitentrieb ab. Die Seitentriebe schneidet man nicht zurück, sondern bindet sie herunter, denn je steiler sie stehen, desto stärker ist ihr Längenwachstum, und dieses ist bei dieser Baumform nicht das Ziel. Zu steile und bereits zu starke Seitentriebe werden auf Astring entfernt. Der Baum muß sich immer von unten nach oben verjüngen, d. h. die Länge der Äste muß von unten nach oben kontinuierlich abnehmen. Bis zu einer Stammhöhe von etwa 60–70 cm werden alle seitlichen Verzweigungen entfernt. Die verbleibenden vorzeitigen Verzweigungen und die sich später entwickelnden flachen Seitentriebe bilden die Fruchtäste. Das Fruchtholz erfährt hier die gleiche Behandlung wie beim Apfel; es wird fortlaufend verjüngt.
Die Stammverlängerung schneidet man zum Kronenaufbau in den ersten drei bis vier Jahren in wechselnder Richtung auf einen nicht zu steilen Seitentrieb zurück, der bei Bedarf leicht hochgebunden wird. Dadurch wird ein schwächeres Wachstum des Mitteltriebes erreicht, während sich die Seitentriebe gut mit Fruchtholz garnieren. Hat der Baum eine Höhe von knapp zwei Metern erreicht, wird nicht mehr angeschnitten. Man achtet darauf, daß sich an den Seitenästen und bis zur Baumspitze zwar ausreichend kurze Triebe bilden, diese jedoch die unteren Fruchtäste nicht überbauen und das Kroneninnere zu stark beschatten. Es sei aber nochmals darauf hingewiesen, daß die Entstehung von Wasserschossen begünstigt wird, wenn Triebe zu weit, d. h. weiter als in die Waagrechte, herabgebunden werden.
Bei der Spindelkrone ist ein jährlicher Erhaltungsschnitt unumgänglich, da es sonst zu einem Überbauen des Baumes kommen kann, das nur sehr schwer und nicht ohne Ertragsverlust zu bremsen ist. Entfernt werden müssen abgetragene, mehrjährige Triebe sowie solche, die für die Fruchtholzverjüngung nicht benötigt werden. Ist eine Förderung von Neutrieben wünschenswert, kann man auf Zapfen mit ein oder zwei Knospen schneiden. Zu steil stehende Triebe sollten immer heruntergebunden werden, um die Bildung von Blütenknospen zu fördern.

TIP

Ende Mai können bereits überflüssige Triebe mit der Hand ausgerissen werden; sie sind noch nicht verholzt und daher leicht zu entfernen. Man verbessert dadurch den Lichteinfall in das Kroneninnere und kann auf den Sommerschnitt verzichten.

Hecke und Spalier

Selbstverständlich kann man Pflaumenbäume auch mit einer Längskrone an einem Drahtgerüst mit zwei oder drei Leitästen erziehen bzw. als Spalier mit einer Fächerkrone. Beide Formen entsprechen in Aufbau und Schnitt der Erziehung beim Kernobst (siehe Seite 45).

Pflaumen

'Auerbacher'
Mittelgroße bis große, eiförmige rotviolette bis blaue, stark beduftete Frucht. Das gelbe bis gelborange Fruchtfleisch ist saftig, etwas säuerlich mit einer milden Würze und löst gut vom Stein. Der anfangs starke Wuchs läßt mit zunehmender Ertragsfähigkeit nach. Der Baum bildet eine breitrunde Krone. Die Erträge setzen früh ein, sind regelmäßig und hoch. Reifezeit: Anfang bis Mitte September.

'Bühler Frühzwetsche'
Mittelgroße, ovalrunde, etwas abgeplattete Frucht mit fester Haut von braunvioletter, bei Reife intensiv blauer Färbung. Das grünlichgelbe bis gelbe Fleisch ist saftig, etwas knorpelig und nicht immer steinlösend, von angenehm süßsäuerlichem Geschmack. Der starkwachsende Baum bildet eine große, hohe Krone. Blüte und Holz sind wenig frostgefährdet. Die Sorte verlangt einen warmen Standort mit ausreichend feuchtem und nährstoffreichem Boden. Reifezeit: Je nach Lage von Anfang August bis Mitte September.

'Graf Althanns Reneklode'
Große, runde Frucht, von hellgelblicher, grünlich- oder bläulichroter Farbe. Das goldgelbe Fleisch ist fest, sehr saftig, süßaromatisch und gut steinlösend. Der starkwachsende Baum bildet eine breitkugelige, etwas sparrige Krone und braucht einen warmen, windgeschützten Standort mit nährstoffreichem, feuchtem Boden. Holz und Blüte sind etwas frostempfindlich. Reifezeit: Ende August bis Mitte September.

'Hauszwetsche'
Es haben sich viele unterschiedliche Typen herausgebildet, die sich in Reifezeit, Form und Farbe unterscheiden. Das grünlichgelbe bis goldgelbe Fleisch ist fest, knorpelig und von süßsäuerlichem, fein würzigem Geschmack. Der nach der Pflanzung starke Wuchs läßt bald nach. Die Sorte braucht einen warmen, feuchten Standort mit nährstoffreichem Boden. Ist dies gegeben, ist sie auch für Höhenlagen geeignet. Das Holz ist frostgefährdet. Reifezeit: Je nach Typ von Anfang September bis Ende Oktober.

'Lützelsachser Frühzwetsche'
Die mittelgroße bis große, länglichovale Frucht hat eine zähe, bräunlich bis rötlichblaue, bei Vollreife zwetschenblaue Haut mit schönem Duft. Das hellgrüne bis intensiv gelbe

'Auerbacher'

'Bühler Frühzwetsche'

'Graf Althanns Reneklode'

'Hauszwetsche'

'Lützelsachser Frühzwetsche'

'Zimmers Frühzwetsche'

Fruchtfleisch ist weich, sehr saftig und löst bei Vollreife gut vom Stein. Der Geschmack ist süßsäuerlich und nur von warmen Standorten würzig. Der mittelstarkwachsende Baum bildet eine breitausladende, mittelgroße Krone. Die Sorte verlangt einen warmen, geschützten Standort und nährstoffreichen, feuchten Boden. Die Blüte ist frostgefährdet. Reifezeit: Mitte Juli bis Anfang August.

'The Czar'

'Ontariopflaume'

'Mirabelle von Nancy'

'Mirabelle von Nancy'

Kleine bis mittelgroße, fast kugelige Frucht von tiefgelber Farbe mit roten Flecken und größeren bräunlichroten Punkten. Sie löst gut vom Stein. Das Fruchtfleisch ist etwas dunkler als die Schale, wenig saftig und von sehr süßem, aromatischem, mirabellenartigem Geschmack. Der mittelstark- bis starkwüchsige Baum bildet eine lockere, unregelmäßig breitkugelige Krone. Der Ertrag setzt früh ein und ist hoch. Der Standort sollte warm und geschützt sein mit nährstoffreichem, durchlässigem und genügend feuchtem Boden. Holz und Blüte sind etwas frostempfindlich. Reifezeit: Mitte bis Ende August.

'Ontariopflaume'

Große, rundliche bis ovale, oben und unten abgeflachte Frucht. Die dünne, grünlichgelbe, bei Vollreife tiefgelbe Haut ist leicht bereift und von vielen weißen und rostartigen Punkten und Flecken überzogen. Das in der Farbe der Haut gleiche Fruchtfleisch ist ziemlich fest und löst erst bei Vollreife gut vom Stein. Der Geschmack ist süß, aber nur wenig würzig. Der kräftig wachsende Baum stellt keine hohen Ansprüche an Standort und Klima. Reifezeit: Anfang bis Mitte August.

'The Czar'

Die mittelgroße, kugelige bis ovale Frucht von dunkler, violettblauer Farbe ist von einem weißlichhellblauen Duft überzogen. Es können vereinzelt Rostflecken auftreten. Die Haut läßt sich leicht abziehen. Das helle, glasiggelbliche Fruchtfleisch ist saftig, sehr süß und würzig erfrischend. Der starkwachsende Baum bildet eine schlank in die Höhe wachsende Krone. Die Sorte ist robust und gedeiht auch noch in Höhenlagen, wenn sie einen geschützten Platz hat. Der Boden muß nährstoffreich und genügend feucht sein. Holz und Blüte sind wenig frostgefährdet. Reifezeit: Anfang August bis Anfang September.

'Zimmers Frühzwetsche'

Mittelgroße, ovalrunde Frucht. Die zähe Haut ist von rotblauer bis dunkelblauer, bei Vollreife an günstigen Standorten von schwarzblauer Farbe. Das grünlichgelbe bis orangefarbene Fruchtfleisch ist fest, saftig und von süßsäuerlichem, sehr angenehmem Aroma. Der Stein löst gut, die Haut ist abziehbar. Der mittelstarkwachsende Baum bildet eine breite, kugelige Krone und braucht einen warmen Standort mit nährstoffreichem, feuchtem, aber durchlässigem Boden. Sind diese Voraussetzungen gegeben, kann er im Hausgarten auch noch in Höhenlagen gepflanzt werden. Das Holz ist sehr frosthart. Reifezeit: Ende Juli bis erste Augusthälfte.

Pfirsiche, Nektarinen

Prunus persica, Prunus nectarina
Familie: Rosengewächse

Wissenswertes

Beide Obstsorten lieben warme, sonnige Lagen. Man sollte sie deshalb nur in Weinbauklima frei anbauen. In rauhen Gegenden wird man diese Obstarten vorzugsweise an einer Südwand als Fächerspalier erziehen. Aufgrund ihrer frühen Blütezeit sind Pfirsich und Nektarine auch stark spätfrostgefährdet. Der Boden sollte durchlässig und humus- und nährstoffreich sein.

Pfirsichtriebarten, von links nach rechts: Wahrer Fruchttrieb, falscher Fruchttrieb, Bukett-Trieb.

Reif geerntete Pfirsiche schmecken um einiges besser als zu früh geerntete Verkaufsfrüchte.

Unterlagen

Als Unterlage findet die arteigene Sämlingsunterlage der Sorte 'Kernechter vom Vorgebirge' häufige Verwendung. Da keine vegetativ vermehrten arteigenen Unterlagen vorhanden sind, nimmt man auch die vegetativ vermehrte St. Julien INRA 655/2 sowie die noch schwächer wachsende Zwetschenunterlage Ishtara her.

Wissenswertes zum Schnitt

Mit Ausnahme der Bukett-Triebe tragen Pfirsich- und Nektarinenbäume ihre Früchte ausschließlich am einjährigen Holz, wobei die Blütenknospen die Hälfte bis zwei Drittel eines Triebes besetzen. Nur mit Blattknospen garniert sind Basis und Ende der Triebe. Dieser Eigenart ist beim Einkürzen von Trieben Rechnung zu tragen, in der Regel wird man sie um ein Drittel bis zur Hälfte zurücknehmen. Es entwickeln sich an den Bäumen vier verschiedene Triebarten, und zwar der wahre Fruchttrieb, der falsche Fruchttrieb, der Bukett-Trieb und der Holztrieb. Den wahren Fruchttrieb erkennt man daran, daß sich an ihm sowohl Blatt- als auch Blütenknospen befinden, wobei meist zwischen zwei Blattknospen eine Blütenknospe eingebettet ist. Dadurch wird die Ernährung der Früchte optimal gewährleistet. Bei den falschen Fruchttrieben findet man fast ausschließlich Blütenknospen, nur an der Triebspitze und an der Basis befindet sich meist je eine Blattknospe. Die Triebe sind fast immer schwach und können mangels ausreichender Versorgung die sich daran entwickelnden Früchte nicht ernähren. Falsche Fruchttriebe werden daher immer entfernt, wobei man beim Rückschnitt auch auf Zapfen schneiden und die an der Basis stehende Blattknospe belassen kann, wenn man sie zur Neutriebbildung benötigt. Dies sollte jedoch nur im Notfall geschehen. Wenn sich an einem Baum hauptsächlich falsche Fruchttriebe gebildet haben, kann man einen Teil stehen lassen, muß deren Fruchtansatz jedoch sehr stark ausdünnen und durch einen starken Rückschnitt für ausreichende Neutriebbildung sorgen. Die mit Blattknospen versehenen Holztriebe finden

Nach Festlegen der Stammhöhe werden die ausgewählten Leitäste und die Mitte stark angeschnitten.

Pfirsichhohlkrone nach starkem Schnitt, die meisten einjährigen Triebe wurden eingekürzt.

Die zahlreichen, meist senkrecht nach oben wachsenden Triebe müssen entfernt werden.

Nur die für den weiteren Aufbau notwendigen Leittriebe und wahren Fruchttriebe bleiben stehen.

beim Kronenaufbau Verwendung. Insgesamt gesehen verträgt diese Obstart einen starken Rückschnitt.
Pfirsiche und Nektarinen sind sehr frostempfindlich und sollten daher auch erst kurz vor der Blüte im zeitigen Frühjahr geschnitten werden. Wer sich nicht ganz sicher in der Zuordnung der Knospen ist, wartet die Blüte ab und schneidet erst dann.

Pyramidenkrone

Wenn man einen Baum mit breitpyramidaler Krone aufbauen will, so schneidet man nach der Pflanzung die Stammverlängerung nur so weit zurück, daß sie die drei bis vier Leitäste etwa 10 cm überragt. Zu steil nach oben wachsende Triebe bindet man etwas herunter, um das Längenwachstum zu bremsen. Der weitere Erhaltungsschnitt ist dem der Hohlkrone gleich.

Hohlkrone

Die bevorzugte Erziehungsform ist beim Pfirsich- oder Nektarinenbaum die Hohlkrone, da bei dieser Krone die größtmögliche Licht- und Sonneneinstrahlung gewährleistet ist und diese Obstart, wie bereits beschrieben, für gutes Gedeihen sehr viel Wärme braucht. Man besorgt sich in der Baumschule ein- oder zweijährige Veredlungen mit guter Seitengarnierung. Nach der Pflanzung werden Seitentriebe bis zur gewünschten Stammhöhe, die ca. 50 cm betragen sollte, entfernt. Von den darüberliegenden Trieben sucht man sich die kräftigsten vier bis fünf Seitentriebe zur Bildung der Leitäste aus, die gut um die Stammitte verteilt und in der Höhe nicht zu weit voneinander entfernt sein sollen, ohne jedoch auf einer Höhe einem Quirl gleich zu stehen.
Der Mitteltrieb wird bis zum obersten Trieb, der als Leitast vorgesehen ist, zurückgeschnitten. Diese Triebe nimmt man um die Hälfte bis maximal zu einem Drittel auf eine astunterseits stehende Knospe zurück.
Die Verlängerungen der Leitäste werden in den folgenden Jahren jeweils um etwa die Hälfte eingekürzt. Abgetragene Triebe müssen regelmäßig entfernt werden, ebenso wie starke, sich an der Astoberseite gebildete Holztriebe, die keine Blütenknospen aufweisen. Dies beugt einer Verkahlung vor. Seitliche Holztriebe schneidet man auf zwei Augen zurück. Auf diese

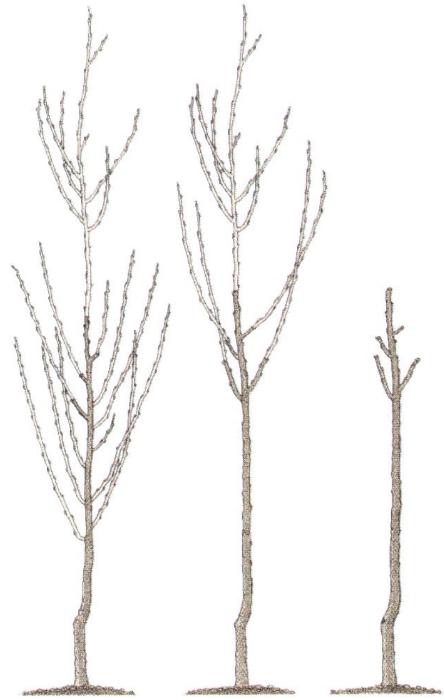

Der Pflanzschnitt beim Pfirsich: Starker Rückschnitt der vier Leitäste und der Mitte, alle anderen vorzeitigen Verzweigungen werden entfernt.

Art wird eine jährliche Holzerneuerung und damit die Basis für einen regelmäßigen Ertrag erreicht. Hat der Baum nach fünf Jahren die gewünschte Größenausdehnung erreicht, entfernt man alljährlich die sich an der Spitze des Leitastes gebildeten Triebansammlungen mit einem

Rosarote Pfirsichblüte. Die Gefahr der Verkahlung an den Bäumen ist deutlich zu erkennen.

Schnitt. Die Leitäste sollten die gleiche Höhe erreichen. Nach der Ernte im Sommer kann man bereits abgetragenes Fruchtholz auf einen kräftigen Jungtrieb in Astnähe zurücknehmen, ebenso schwache und überflüssige Triebe. Dies ist vor allem bei frühreifenden Sorten vorteilhaft. Bei spätreifenden Sorten wird man diese Maßnahme erst im Frühjahr kurz vor der Blüte durchführen.

Nur in klimatisch bevorzugten Gebieten lassen sich Aprikosen in größerem Stil anbauen.

Spalier

Zur Formierung strenger Spaliere eignen sich Pfirsiche und Nektarinen nicht. Sie sind aber als Fächerspalier gut zu erziehen. Am besten ist eine Südwand mit viel Sonneneinstrahlung. Grundlage bildet die einjährige Veredlung. Beim Kauf sollte man auf eine gute Garnierung mit seitlichen Trieben achten. Will man niedere Wände bekleiden, wird man sich für die Erziehung ohne Mitteltrieb entscheiden, während man dagegen bei hohen Wänden das Fächerspalier mit einem Mitteltrieb aufbaut. Sind zwei Drittel Spalierhöhe erreicht, wird der Mitteltrieb entfernt, und die weitere Formierung erfolgt analog dem Aufbau ohne Mitteltrieb siehe S. 49.
Die Stammhöhe für das Fächerspalier sollte zwischen 40 und 50 cm liegen. Beim Anschneiden der Triebe achtet man auf die Lage der Augen, die seitlich günstig stehen sollen. Beim Binden der Triebe sollten zu steile Leitäste vermieden werden. Ein starker Rückschnitt der Triebverlängerung (ein bis zwei Drittel) beim Aufbau des Spaliers ist nötig, um die Fruchtholzbildung zu fördern. An der Oberseite der Äste sich bildende oder schwache Triebe müssen laufend entfernt werden, um die Ausbildung wahrer Fruchttriebe zu fördern. Um das empfindliche Holz vor Sonnenbrand zu schützen, sorgt man durch den Schnitt für eine leichte Beschattung stärkerer Äste.

Wen die pelzige Pfirsichhaut beim Essen stört, wird gerne auf die süßen Nektarinen ausweichen.

Aprikosen

Prunus armeniaca
Familie: Rosengewächse

Wissenswertes

Die Aprikose ist eine weitere sehr wärmeliebende Obstart und stellt hohe Ansprüche an ihren Standort, der luftig sein sollte, um ein rasches Abtrocknen zu gewährleisten. Warmer, tiefgründiger und humusreicher Boden wird bevorzugt. Da die Blüte oft schon Ende März erscheint, sind auch hier spätfrostgefährdete Lagen ungeeignet. Am besten geeignet ist mildes Weinbauklima.

Pyramidenkrone

Für eine Pyramidenkrone pflanzt man vorzugsweise eine zweijährige Veredlung, die einen Mitteltrieb sowie etwa fünf Seitentriebe aufweisen sollte. Die gewählte Pyramidenkrone wird mit drei bis vier Leitästen aufgebaut, die gleichmäßig, aber in unterschiedlicher Höhe um den Stamm angeordnet sein sollten. Die Stammhöhe sollte 80 cm nicht über- und 60 cm nicht unterschreiten. Der Aufbau entspricht der breitpyramidalen Krone bei Pflaumen. In den ersten Jahren werden bei der Aprikose jedoch zusätzlich alle benötigten einjährigen Triebe kräftig zurückgeschnitten. Man fördert so die seitliche Fruchttriebbildung. An diesen, etwa 10–30 cm langen einjährigen Trieben bilden sich bevorzugt Blütenknospen. Stellt sich eine Verkahlung ein, so verjüngt man den Baum durch starken Rückschnitt der Leit- und Fruchtäste, wobei man nicht vergessen darf, die Wunden mit Wundverschlußmittel gut zu versorgen.

Spalier

Der Aprikosenbaum eignet sich als Fächerspalier an warmen Südwänden. Die Erziehung erfolgt wie beim Pfirsichspalier.

Pfirsich, Nektarinen und Aprikosen

'Früher Roter Ingelheimer'
Die grünlichgelbe, mittelgroße, ovalrunde Frucht wird sonnenseits von kräftigen roten bis dunkelroten Streifen und Flecken überdeckt. Das weißlichgelbe Fruchtfleisch ist fest, saftig und von aromatischer Würze. Der Baum wächst mittelstark und trägt regelmäßig und hoch. Holz und Blüte sind wenig frostgefährdet. Reifezeit: Mitte Juli bis Anfang August.

'Rekord aus Alfter'
Die gelbe, große bis sehr große Frucht ist sonnenseits mit einer verwaschenen roten Deckfarbe überzogen, die Haut ist gut abziehbar. Das grünlich- bis weißlichgelbe, saftige Fruchtfleisch ist von angenehmem Geschmack und gut steinlösend. Der Baum wächst stark und trägt regelmäßig und hoch. Reifezeit: Ende August bis Anfang September.

'Ungarische Beste'
Mittelgroße, rundliche, etwas unregelmäßige Frucht mit festem, saftigem, gut steinlösendem Fleisch. Der Baum bildet kleine Kronen. Das Holz ist frosthart, die Blüte wenig frostempfindlich. Braucht Weinbauklima oder als Spalier eine warme Wand. Reifezeit: Mitte Juli bis Anfang August.

'Große Wahre Frühaprikose'
Die große, ovale, intensivgelbe Frucht hat ein festes, saftiges Fruchtfleisch. Der Baum wächst stark und bildet große Kronen. Die Sorte braucht warme, geschützte Lagen im Weinbauklima. Die frühe Blüte ist sehr spätfrostgefährdet. Reifezeit: Ende Juli bis Anfang August.

Nektarine
Nektarinen sind Mutationen des Pfirsichs. Statt der samtartigen Haut des Pfirsichs haben Nektarinen eine glatte, meistens prächtig rot gefärbte Fruchthaut. Ihr Aroma ist würzig und das Fruchtfleisch saftig. Der Standort sollte warm, geschützt, sonnig und nicht spätfrostgefährdet sein.

'Wahre Große Frühaprikose'

'Ungarische Beste'

Nektarine

'Rekord aus Alfter'

'Früher Roter Ingelheimer'

Veredelte Walnußbäume tragen früher und bleiben kleiner.

NAHRHAFTE NÜSSE

Schalenobst

Die verschiedenen Nuß-Sorten sind bei jedermann sehr beliebt.

Walnüsse

Juglans regia
Familie: Walnußbaumgewächse

Wissenswertes

Nur veredelte Walnußbäume kommen für den Hausgarten in Betracht. Sie bleiben etwas kleiner als die sich aus den Samen bildenden Bäume. Trotzdem wird der Walnußbaum noch viel Platz in Anspruch nehmen. Allerdings unterscheiden sich die einzelnen Sorten in ihrem Wuchsverhalten erheblich. Ihre volle Wuchskraft erlangen Walnußbäume erst im zweiten und dritten Standjahr. Im Jahr der Pflanzung erfolgt meist nur ein schwacher Austrieb. Schwarznuß *(Juglans nigra)* ist die übliche Unterlage für Walnußbäume. Walnußsorten sind nur bedingt selbstfruchtbar, eine andere in der Nähe stehende Sorte vergrößert den Ertrag. Prinzipiell gilt: Voraussetzungen für gesundes Wachstum und sicheren Ertrag sind mildes Klima und geringe Spätfrostgefahr.

Wissenswertes zum Schnitt

Vorzugsweise wird man sich aus der Baumschule mehrjährige, veredelte Pflanzen besorgen. Während der Winterruhe geschnittene Walnußbäume bluten sehr stark, d. h. sie haben einen starken Saftaustritt an den Schnittstellen. Der günstigste und für den Baum verträglichste Schnittzeitpunkt ist daher Ende August bis spätestens Ende September. Wer sich jedoch scheut, die zu diesem Zeitpunkt noch am Baum befindlichen Nüsse wegzuschneiden, kann die notwendigen Schnittmaßnahmen im Frühjahr, etwa vier bis fünf Wochen vor dem Austrieb nachholen. Man wählt dazu einen kühlen, feuchten und nebligen Tag. Eine sorgfältige Behandlung der Schnittstellen mit einem Wundverschlußmittel ist dann allerdings unerläßlich. Walnußbäume werden mit

Bei Schnittmaßnahmen im Winter bluten Walnußbäume sehr stark.

drei Leitästen aufgebaut, die gleichmäßig um den Stamm verteilt sein sollen und nicht angeschnitten werden, es sei denn, ein Trieb überragt mit seiner Länge die anderen wesentlich. Meist ist kein weiterer Pflanzschnitt notwendig, sondern es werden nur verletzte oder abgebrochene Triebe weggeschnitten. Lediglich Schlitzäste sollten sofort bei der Pflanzung, spätestens jedoch im August des Pflanzjahres, entfernt werden. Bei dieser Maßnahme muß die Wunde unbedingt mit Baumwachs behandelt und laufend kontrolliert werden.
Die Walnußkrone wird als Naturkrone erzogen, es werden lediglich zu dicht und zu steil stehende Äste entfernt, wobei selbstverständlich auf ein Gleichgewicht der Krone zu achten ist.

Große Früchte mit dünnen Schalen als Erfolg der Walnußzüchtung.

Haselnüsse

Edelsorten von *Corylus avellana*
Familie: Birkengewächse

Wissenswertes

Haselnußsträucher besitzen eine sehr hohe Widerstandsfähigkeit gegen Holzfrost, auch ihre Wärmeansprüche sind nur gering. Für ein gutes Gedeihen benötigen sie allerdings genügend Bodenfeuchtigkeit, wobei sich aber stauende Nässe schädlich auswirkt. Bei den Haselnüssen unterscheidet man vier Gruppen und zwar die Lambertsnüsse, die ursprünglich aus dem östlichen Mittelmeergebiet stammen, die Zellernüsse, die Lambertshybriden und die Zellerhybriden. Man kann diese Gruppen deutlich an den Hüllen der Nüsse unterscheiden; die Lambertsnüsse haben röhrenförmige Hüllen, die länger als die Frucht sind, während die Zellernüsse zweiblättrige, kürzere Hüllen haben. Alle Haselnußsorten sind nur bedingt selbstfruchtbar. Wenn man reichliche Erträge will, so sollte man wenigstens zwei Sorten pflanzen wie beispielsweise die schwachwachsende, rotlaubige 'Rotblättrige Lambertnuß' mit allerdings nur ziemlich kleinen Kernen; 'Webbs Preisnuß' mit mittelstarkem, breitem Wuchs und reichen, regelmäßigen Erträgen; 'Wunder von Bollweiler' mit schweren großen Kernen und starkem, breitaufrechtem Wuchs u. a. m.

Herbstliches Allerlei.

Haselnußblüten gehören zu den frühesten im Jahr, sehr auffällig sind die männlichen Kätzchen.

Wissenswertes zum Schnitt

Meist wird man die Haselnuß als Strauch finden. Es ist aber auch möglich, diese robuste Nuß zu einem kleinen Stämmchen zu erziehen, was die Bodenpflege sehr vereinfacht. Vegetativ durch Absenker oder Abrisse gewonnene, reichbewurzelte Heister oder Sträucher verwendet man als Pflanzmaterial. Veredelungen auf artfremde Unterlagen wie die Türkische Baumhasel haben den Vorteil, früher und reichlicher zu tragen als wurzelechte Sträucher und es bilden sich keine Bodentriebe. Die Nüsse entwickeln sich vorzugsweise am einjährigen Holz, so daß ein regelmäßiger Schnitt zur Förderung der Neutriebbildung für einen regelmäßigen guten Ertrag Voraussetzung ist. Dabei kürzt man die Triebe in der Regel auf ein bis zwei Blätter nach der letzten Blüte ein. Die leuchtendrote Blüte erscheint schon im März, so daß man mit dem Schnitt warten kann, denn in geschlossenem Zustand sind Blatt- und Blütenknospen kaum zu unterscheiden. Die sich zahlreich bildenden Wurzelstockausschläge schneidet man, sofern man sie bei Sträuchern nicht zur Verjüngung benötigt, an der Basis ab. Die Haselnuß nimmt auch einen starken Rückschnitt nicht übel, sondern treibt immer wieder willig aus.

Wenn man ein platzsparendes Bäumchen heranziehen will, läßt man nur den stärksten Trieb stehen, an dem bis zu einer Stammhöhe von 50–60 cm alle Verzweigungen entfernt werden. Drei bis vier starke Seitentriebe schneidet man an und verwendet sie als Leitäste. Die Mitte wird bis zum obersten Leitast herausgenommen und eine Hohlkrone erzogen. Durch alljährliches Auslichten, wobei besonders die an den Leitästen oberseits wachsenden Triebe entfernt werden, baut man eine lichte, sehr lockere Krone auf.

Die robusten, unempfindlichen Haselnüsse wachsen überall und vertragen jeglichen Rückschnitt. Vögel und Nagetiere genießen die Früchte im Herbst und bevorraten sich damit für den Winter.

Nicht nur die Blüten, sondern auch die wehrhaften Früchte der Eßkastanie sind sehr dekorativ.

Edelkastanien

(Eßkastanie, Marone)

Castanea sativa
Familie:Buchengewächse

Wissenswertes

Die Hauptanbaugebiete der Edelkastanie sind sicherlich die Länder südlich der Alpen.
Im Prinzip entspricht ihre Holzfrosthärte der des Apfels, durch ihren späten Austrieb und die sehr späte Blüte im Juni ist sie aber nicht so spätfrostgefährdet. Wie die Walnuß oder Haselnuß hat auch die Edelkastanie männliche und weibliche Blüten, wobei die männlichen Kätzchen eine Länge von bis zu 30 cm erreichen können. Die männlichen und weiblichen Blüten befinden sich auf einer Rispe, wobei die männlichen Blütenorgane an der Spitze, die weiblichen an der Basis stehen. Männliche und weibliche Blüten öffnen sich mit bis zu zwei Wochen Unterschied.
An Boden und Standort stellt die Edelkastanie wenig Ansprüche. Obwohl sie saure Böden bevorzugt, wächst sie auch noch in kalkhaltigen Böden ebenso wie in nährstoffarmer, karger Erde befriedigend. Optimale Standorte sind Urgesteins- und Schieferböden bis 800 m NN in sonniger, luftiger Lage ohne Kaltluftstau.
Unveredelte Edelkastanienbäume werden wie bei der Walnuß sehr groß und können eine Höhe bis 30 m erreichen. Auch der Ertragsbeginn setzt erst nach 12 bis 15 Jahren ein, so daß man unbedingt auf veredelte, kleiner bleibende und früher fruchtende Bäume zurückgreifen sollte. Veredelte Bäume erreichen nur eine Höhe von 6–8 m und haben auch die größeren und besseren Früchte. Nicht alle Sorten sind selbstfruchtbar, sondern sie benötigen für einen ausreichenden Ertrag eine Befruchtersorte. Empfehlenswerte Sorten sind 'Bojar' und 'Mistral', 'Quatember', 'Doré de Lyon' u. a. Geschickt ist es, in der Baumschule nach selbstfruchtbaren Sorten zu fragen. Da der Kastanienkrebs ein sehr großes Problem darstellt und es auch keine Möglichkeit der Bekämpfung gibt, wurden Kreuzungen mit japanischen Sorten vorgenommen. Die so neu gewonnenen Sorten sind gegen diese Krankheit tolerant. Es handelt sich dabei um die Hybridsorten 'Bournette', 'Marigoule', 'Marsol' und 'Precoce Migoule'.

Wissenswertes zum Schnitt

Man pflanzt vorzugsweise im Herbst. Bei der Pflanzung werden nur beschädigte oder abgebrochene Triebe entfernt, ein Pflanzschnitt wird nicht vorgenommen. Erst im folgenden zeitigen Frühjahr nach der Pflanzung wird man vier kräftige, gut verteilte Leitäste bestimmen und alle überzähligen Triebe entfernen. Ende des nächstfolgenden Winters werden diese Leitäste um ein Drittel eingekürzt. Nicht zwingend notwendig ist ein Aufbauschnitt, aber man achtet auf einen lockeren Kronenaufbau und entfernt sehr dicht stehende Triebe. Ist der Kronenaufbau nach fünf bis sechs Jahren abgeschlossen, werden nur mehr zu dicht stehende, beschädigte, zu tief hängende oder dürre Äste entfernt. Diese Arbeit wird am besten im Spätsommer Ende August ausgeführt.

Nüsse

'Hallesche Riesennuß'
Die Nuß zeichnet sich durch einen sehr feinen, angenehmen Geschmack aus. Der kräftig wachsende Strauch wird mit zunehmendem Alter sehr breit und braucht einen durchlässigen, frischen, nicht zu kalten Boden. Die Sorte braucht für gute Erträge einen Befruchter und ist etwas frostempfindlich. Ernte: Mitte bis Ende September.

'Rotblättrige Lambertnuß'
Mittelgroße, dunkelbraune, sehr angenehm und intensiv schmeckende Sorte. Der Strauch wächst schwach bis höchstens mittelstark, hat aber große, dekorative Blätter. Ernte: Anfang bis Mitte September.

'Webbs Preisnuß'
Große Nuß von süßem, angenehm typisch nussigem Geschmack. Die robuste Sorte wächst mittelstark und bildet breite, gedrungene Sträucher. Sie braucht nährstoff- und humusreiche, genügend feuchte Böden. An windgeschützten Standorten gedeiht sie auch noch in Höhenlagen. Ernte: Mitte bis Ende September.

Eßkastanie (Edelkastanie)
Eßkastanien haben nur geringe Ansprüche an Boden und Standort. Unveredelt bilden sie große, bis 30 m hohe Bäume, die ein hohes Alter erreichen können, Edelsorten auf Unterlagen werden dagegen nur 6 bis 8 m hoch. Die männlichen und weiblichen Blüten befinden sich auf einem Baum, blühen aber nicht zur selben Zeit. Sie brauchen eine Befruchtersorte.

'Esterházy II'
Die mittelgroße Nuß besitzt eine dünne Schale. Der strohgelbe Kern füllt die Schale gut aus, trocknet nicht ein, welkt nicht und zeichnet sich durch einen wirklich hervorragenden Geschmack aus. Der mittelstarkwachsende Baum bildet eine schöne, kugelförmige, sehr große und breite Krone und liefert regelmäßige, mittelstarke Ernten. Da die männlichen und weiblichen Blüten verläßlich gemeinsam blühen, ist ein Befruchter nicht notwendig. Das Holz ist widerstandsfähig gegen Frost.

Eßkastanie

'Webbs Preisnuß'

'Rotblättrige Lambertnuß'

'Esterházy II'

'Hallesche Riesennuß'

Stehen Johannisbeeren als Hecke am Spalier, erleichtert dies die Ernte- und Pflegearbeiten.

BUNTE VIELFALT

Beerenobst

Es ist kaum zu glauben, daß die kleinen Beeren so reich an Vitaminen und so erfrischend sind.

Johannisbeeren

Ribes in Arten
Familie: Steinbrechgewächse

Wissenswertes

Johannisbeeren brauchen einen windgeschützten, vorwiegend sonnigen Platz im Garten. Sie können auch noch in höheren Lagen gepflanzt werden, lediglich spätfrostgefährdete Standorte sollte man vermeiden. An den Boden stellen sie keine besonderen Ansprüche, doch sollte es an Nährstoffen und Humus nicht fehlen und die Bodenfeuchtigkeit muß ausreichend sein. Zur Vorbeugung von Krankheiten sollte man bei einer Neupflanzung einen Platz wählen, auf dem vorher noch keine Johannisbeeren standen. Die beste Pflanzzeit ist hier der Herbst. Entscheidet man sich für Sträucher, so hat man den Vorteil eines größeren Ertrages sowie das Erreichen eines höheren Alters gegenüber den Stämmchen, die zeitlebens mit einem Pfahl versehen werden müssen. Stämmchen erleichtern jedoch das Schneiden und Ernten und nehmen weniger Platz in Anspruch. Man kann Johannisbeeren aber auch an einem Drahtgerüst mit drei bis vier Trieben ziehen, die fächerförmig angeordnet festgebunden werden.

Wissenswertes zum Schnitt

Bei der Pflanzung beachtet man, daß bei schwarzen Johannisbeeren alle benötigten Triebe mit ihrem Ansatz in der Erde stehen, also etwa 5–10 cm tiefer gesetzt werden als der Stand in der Baumschule war. So können auch aus den Adventivknospen Triebe entstehen. Auch rote Johannisbeeren werden etwas tiefer gesetzt, etwa die Hälfte der zu belassenden Triebe sollte in der Erde stehen. Beim Pflanzschnitt werden nur die vier bis fünf stärksten Triebe belassen, alle anderen entfernt man an der Basis. Diese zum Aufbau des Strauches benötigten Triebe werden auf etwa 30 cm zurückgeschnitten, wobei der in der Mitte des Strauches befindliche Trieb dominieren und die anderen etwas überragen soll.

Schnitt von roten und weißen Johannisbeeren

Das erstrebenswerte Ziel ist bei roten und weißen Johannisbeeren ein Strauch mit sechs bis acht Leittrieben, wovon jeweils ein Drittel einjährig, zweijährig und dreijährig ist. Um dies zu erreichen, werden jährlich aus den Bodentrieben ein bis zwei neue Leittriebe gezogen. Man wählt sie so aus, daß sich eventuelle Lücken im Strauch schließen bzw. daß alle Leittriebe sich gleichmäßig um die Mitte plazieren. Etwa ab dem vierten Standjahr bei schwachwachsenden Sorten, ab dem fünften Jahr bei mittel- bis starkwachsenden Sorten beginnt man, die ältesten Leittriebe entweder auf junge, kräftige Triebe abzuleiten oder durch neue Bodentriebe zu ersetzen, die nach dem gleichen Schema wie die

Johannisbeersträucher, die fünftriebig am Drahtrahmen erzogen werden sollen.

ersten Leittriebe erzogen werden. Ästchen, die ins Strauchinnere wachsen und zu einer Verdichtung und damit zu einer schlechten Belichtung führen, werden ganz entfernt. Abgetragenes Holz entfernt man besser bereits nach der Ernte, um die Knospenentwicklung anzuregen. Im März, wenn keine starken Fröste mehr zu erwarten sind, führt man die Schnittarbeiten durch. Steht der Strauch im Vollertrag, ist zu erkennen, ob ausreichend geschnitten wurde. Bildet der Strauch nach sehr

Vitaler Johannisbeerstrauch vor dem Schnitt. Ein Teil der Fruchtäste ist durch die Last der Ernte zu flach geneigt.

Abgetragene Fruchtäste sind entfernt, ebenso zu altes Holz. Am Strauch bleibt nur ein-, zwei- und dreijähriges Holz.

hohen Ernten nur mehr ungenügend neue Triebe und bleiben die Beeren an zu kleinen Trauben in ihrer Größe unbefriedigend, so muß ein stärkerer Fruchtholzschnitt als bisher durchgeführt werden. Bei zu geringem Strauchertrag ist dies ein Zeichen, daß das Fruchtholz länger angeschnitten und schwächer ausgelichtet werden muß. Hat man jedoch das richtige Schnittmaß gefunden, so werden bei schwachwachsenden Sorten auch weiterhin die Jahrestriebe um die Hälfte eingekürzt, um eine ausreichende Garnierung mit seitlichen Verzweigungen zu erreichen und man kürzt die Fruchttriebe ein. Bei mittelstark- und starkwachsenden Sorten werden die Leitäste nicht mehr angeschnitten, das Fruchtholz wird jedoch auch auf sieben bis acht Knospen zurückgeschnitten.

Im Prinzip sollen Johannisbeerstämmchen eine kleine Pyramidenkrone bilden. Man beläßt etwa vier Leittriebe, die gleichmäßig um die Stammverlängerung angeordnet sein sollen. Überflüssige Triebe werden an der Basis entfernt. Man schneidet die Leittriebe und seitlichen Verzweigungen an, um eine gute Garnierung zu erreichen und kürzt jedes Jahr den Jahreszuwachs um mindestens die Hälfte ein, da auch stärkerwachsende Sorten auf Stämmchen durch die Veredlung einen schwächeren Wuchs aufweisen. Konkurrenztriebe werden ebenso wie nach innen wachsende und zu dicht stehende Triebe entfernt. Man schneidet immer auf ein außenstehendes Auge.

Schnitt von schwarze Johannisbeeren

Schwarze Johannisbeeren weisen innerhalb der Sorten keine gravierenden Wuchsunterschiede auf, wie dies bei den roten und weißen Sorten der Fall ist.

Auch bei schwarzen Johannisbeeren wird der Strauch mit fünf bis sechs Leittrieben aufgebaut. Nach dem Pflanzschnitt, der dem von roten und weißen Johannisbeeren gleicht, genügt in der Regel noch ein ein- bis zweimaliges Anschneiden der Leittriebe, da die schwarze Johannisbeere willig Kurztriebe als Seitenverzweigung bildet. Man sorgt für eine ausreichende Verjüngung, indem man jedes Jahr einen neuen Leittrieb aufbaut und dafür einen abgetragenen und ausgedienten Trieb entfernt.

Schwarze Johannisbeeren tragen am besten am ein- und zweijährigen Holz, ältere Seitenverzweigungen werden entfernt. Der Schnitt kann nach der Ernte erfolgen oder im Laufe des Winters vorgenommen werden.

Jostabeeren sind, wie der Name sagt, eine Kreuzung aus Johannisbeeren (schwarz) und Stachelbeeren.

Jostabeeren

Ribes nidigrolaria
Familie Steinbrechgewächse

Wissenswertes

Bei der Jostabeere handelt es sich um eine Kreuzung zwischen Johannis- und Stachelbeere. Sie stellt keine besonderen Ansprüche an den Standort, benötigt jedoch viel Platz und viel Sonne.

Wissenswertes zum Schnitt

Sträucher mit drei bis vier Trieben werden gepflanzt, die man etwas einkürzt. Da die Triebe sehr willig Seitenverzweigungen ausbilden, benötigt der Strauch keinen Erziehungsschnitt. Man muß lediglich darauf achten, daß er nicht zu dicht wird, und entfernt gegebenenfalls einige schwache Seitentriebe. Nach etwa fünf Jahren sind die Leittriebe abgetragen; sie werden entfernt und durch neue Bodentriebe ersetzt, wobei man nicht zu starke Triebe auswählt, da mittelstarke Triebe die beste Fruchtbarkeit aufweisen. Mäßiges Auslichten sorgt für gute Sonneneinstrahlung im Strauchinneren. Überhängende Triebe können bis zur Hälfte eingekürzt werden.

Johannisbeeren

Jostabeere
Die Jostabeere ist eine Kreuzung von schwarzer Johannisbeere x Stachelbeere. Die in ihrer Größe zwischen schwarzer Johannisbeere und Stachelbeere liegende Frucht ist schwarz, glattschalig und sitzt mit einem kurzen Stiel sehr fest am Holz. Auch mit ihrem süßsäuerlichen, spezifischen Geschmack hat sie Anteile von beiden Elternteilen. Da die Beeren nachfolgend reifen, stehen über einen längeren Zeitraum frische Früchte zur Verfügung. Der Strauch ist sehr starkwüchsig und braucht schon einen Platz von 2,50 m x 1,50 m. Er kann problemlos ausgelichtet werden. Der Standort sollte nicht spätfrostgefährdet sein und tiefgründigen, nahrhaften Boden aufweisen. Die mittelfrühe Blüte ist spätfrostgefährdet. Reifezeit: Mitte Juli.

'Jonkheer van Tets'
Die Beeren sitzen an langen Trauben und sind sehr saftig, weich und von säuerlichem Geschmack ohne besonderes Aroma. Der Strauch wächst kräftig und liebt geschützte, frostfreie und sonnige Lagen mit tiefgründigen, humosen Böden mit ausreichender Feuchtigkeit. Die Blüte erscheint früh, die Erträge sind hoch und regelmäßig. Reifezeit: Sehr früh, Ende Juni bis Anfang Juli.

'Lissil'
An mittellangen Trauben sitzen große, feste schwarze Beeren mit süßsäuerlichem Geschmack und feinem Aroma. Der kräftig wachsende Strauch ist auch noch für Höhenlagen und rauhere Standorte geeignet, sofern ein ausreichend nährstoffhaltiger, durchlässiger Boden mit ausreichender Feuchtigkeit zur Verfügung steht. Reifezeit: Anfang Juli.

'Red Lake'
Die locker an langen bis sehr langen Trauben sitzenden, roten Beeren sind von angenehm süßsaurem Geschmack. Die Sorte verrieselt kaum. Sie wächst mittelstark, bildet aber sehr breite Sträucher. Das Holz und die mittelfrühe Blüte sind widerstandsfähig gegen Winter- und Spätfröste. Die Sorte stellt an Standort und Boden keine besonderen Ansprüche, sofern für ausreichend Feuchtigkeit gesorgt ist. In kalkreichen Böden tritt gerne Chlorose auf. Reifezeit: Anfang bis Mitte Juli.

'Rosenthals Langtraubige Schwarze'
An langen Trauben sitzen die großen, tiefschwarzen und dünnschaligen Bee-

'Jonkheer van Tets'

'Jostabeere'

'Lissil'

'Red Lake'

'Rosenthals L

'Werdavia'

ren einzeln. Ein hoher Vitamin-C-Gehalt sowie ein säuerlicher, stark aromatischer Geschmack zeichnen sie aus. Die Beeren lassen sich gut pflücken, werden aber rasch überreif. Der ausgesprochen starkwachsende Strauch bildet breitausladende Büsche. Der Standort sollte windgeschützt und spätfrostsicher sein, der Boden ausreichend Feuchtigkeit und Nährstoffe aufweisen. Sowohl Holz als auch Blüte sind frostempfindlich, was in manchen Jahren zu erheblichem Verrieseln führt. Reifezeit: Anfang Juli.

'Weiße Versailler'

'Rote Vierländer'

'Rote Holländische'

hwarze'

'Rote Holländische'

Bei den mittelgroßen, hellroten Beeren, die an langen Fruchttrauben sitzen, scheinen die zahlreichen Samen, bis zu zehn je Beere, durch. Wegen des etwas säuerlichen Geschmacks sind sie zum Rohgenuß nicht sehr begehrt, liefern aber gute Säfte und Weine. Der starkwachsende Strauch bildet gedrungene, breite Büsche und braucht einen leicht feuchten, nahrhaften Boden und gedeiht dann auch noch in Höhenlagen. Die späte Blüte und das Holz sind unempfindlich gegen Winter- und Spätfröste. Die sehr robusten Sträucher erlangen ein außergewöhnlich hohes Alter. Reifezeit: Mitte bis Ende Juli.

'Rote Vierländer'

An langen Trauben sitzen viele kleine, dunkelrote Beeren. Sie sind fest und haben ein säuerliches, kräftiges Johannisbeeraroma. Die starkwachsende, robuste Sorte bildet kräftige, aufrechte Triebe. Der Standort sollte einen nährstoffreichen, humosen und genügend feuchten Boden aufweisen. Reifezeit: Anfang bis Mitte Juli.

'Weiße Versailler'

Die mittelgroßen, grünweißen Beeren mit durchscheinenden Samen sitzen an langen Trauben und sind von angenehm mildem, süßsäuerlichem und aromatischem Geschmack. Der mittelstarkwachsende Strauch bildet breitrunde Büsche. Die nicht frostfeste Sorte braucht einen windgeschützten, warmen und sonnigen Standort mit nährstoffreichem, humosem und feuchtem Boden. Reifezeit: Mitte Juli.

'Werdavia'

Die mittelgroßen bis großen, weißlichgelben Beeren sitzen an mittellangen bis langen Trauben und sind von angenehm mildem Geschmack. Der starkwachsende Strauch bildet runde Büsche. An den Standort stellt die Sorte keine Ansprüche, solange der Boden ausreichend nährstoffreich und feucht ist. Das Holz ist sehr frostfest, die Blüte braucht eine spätfrostsichere Lage. Reifezeit: Mitte Juli.

Stachelbeeren

Ribes grossularia
Familie: Steinbrechgewächse

Wissenswertes

Die Stachelbeere bevorzugt Halbschatten und stellt keine besonderen Ansprüche an Wärme. Der Boden sollte lehmig sein und nicht zu schnell abtrocknen. Leichteren Böden setzt man Humus zu und sorgt für genügend Bewässerung.

TIP

Bei einem zu sonnigen Standort besteht die Gefahr des Sonnenbrandes an den Früchten; man sollte dann etwas schattieren, z. B. mit Strohmatten.

Wissenswertes zum Schnitt

Beim Kauf hat man die Auswahl zwischen Büschen mit bis zu sieben Trieben, Hochstämmchen bis 90 cm und Kniestämmchen bis 40 cm Stammhöhe. Büsche werden meist mit drei bis fünf Leittrieben aufgebaut, wobei man die stärksten übrig läßt. Diese werden in 20–30 cm Höhe auf eine außenstehende Knospe angeschnitten, nur bei Sorten mit einem hängenden Wuchs schneidet man auf eine obenstehende zurück. Ein in der Strauchmitte liegender Trieb wird etwas länger belassen und soll die anderen um zwei bis drei Knospen überragen.

Beim ausgelichteten Stachelbeerstrauch werden noch die Triebe eingekürzt, um dem Mehltaubefall vorzubeugen. Schnittmaterial entfernen.

Auslichtungsschnitt eines älteren Stachelbeerstrauches. In mehreren Schritten wird der Strauch von unten her ausgelichtet, so daß sich im Sommer die Früchte auch ernten lassen.

Schnitt von Stachelbeersträuchern

Man beläßt in den folgenden zwei bis drei Jahren wie bei den Johannisbeeren jeweils einen Trieb, bis der Strauch mit sechs bis acht Leittrieben fertig aufgebaut ist. Die nicht benötigten Bodentriebe werden bodeneben abgeschnitten. Der jährliche Zuwachs der Leittriebe wird um ein Drittel zurückgenommen, um eine ausreichende Garnierung anzuregen. Treibt der Strauch kräftig, schneidet man etwas länger an. Zu dicht stehende Seitentriebe kürzt man auf zwei Knospen ein; aus diesen soll sich neues Fruchtholz entwickeln. Während man bei mehltauanfälligen Sorten die Seitentriebe auf sechs bis acht Knospen zurückschneiden und die sich aus diesen Knospen entwickelnden Seitentriebe wieder auf zwei Knospen einkürzen muß, brauchen die neuen resistenten Sorten nur ausgelichtet zu werden. Nicht mehr als acht kräftige Leittriebe sollte der fertig erzogene Strauch aufweisen, die sich jedoch nicht aus dem Boden, sondern aus dem unteren Teil der Pflanzen knapp oberhalb der Erde entwickeln. Die Blütenknospen findet man an jungen Kurztrieben, die sich aus den Seitenknospen vorjähriger und älterer Langtriebe gebildet haben. Man beginnt den Schnitt mit dem Entfernen von am Boden liegenden oder überhängenden Trieben. Es folgt das Entfernen abgängiger Leitäste und überflüssiger Bodentriebe. Bei mehltauanfälligen Sorten empfiehlt sich ein Rückschnitt aller einjährigen Triebe. Die an den Leittrieben befindlichen, seitlichen Verzweigungen nimmt man bis auf drei Knospen zurück, es sei denn, man hat im Inneren des Strauches genügend Platz, dann kann ein kräftiger Trieb auch einmal mit bis zu acht Knospen stehenbleiben. Kurztriebe mit Bukettknospen läßt man stehen. Der Aufbau des Strauches sollte so locker sein, daß man in das Innere greifen kann, ohne sich zu verletzen. Ab etwa dem fünften Standjahr wird begonnen, jährlich die zwei ältesten Leittriebe auf jeweils einen jungen, in Bodennähe stehenden Seitentrieb abzuleiten. Sind keine geeigneten Seitentriebe vorhanden, zieht man aus einem Bodentrieb einen neuen Leittrieb heran. Dieser wird nur wenig angeschnitten, um möglichst hoch die Seitentriebbildung zu fördern.

Schnitt von Stachelbeerstämmchen

Bei Stämmchen, die auf einen Pfahl angewiesen sind, baut man die Krone nach dem Prinzip der Pyramidenkrone mit drei bis vier gleichmäßig um die Stammverlängerung verteilten Leittrieben auf. Die Stammverlängerung soll die Leittriebe immer als dominante Mitte etwas überragen. Die Leittriebe und die Stammverlängerung werden um etwa ein Drittel bis maximal zur Hälfte zurückgeschnitten und zwar bei Sorten mit hängendem

Die Arbeit im Stachelbeeranbau wird durch die Erziehung am Drahtrahmen im Vergleich zur „Straucherziehung" sehr erleichtert. Die Stachelbeeren werden mit drei senkrechten Trieben am Draht erzogen. Alle abgetragenen Seitentriebe und alle Seitentriebe in Reihenrichtung werden entfernt.

Wuchs auf eine trieboberseits stehende Knospe, bei aufrecht wachsenden Sorten auf eine triebunterseits befindliche Knospe. Die Stämmchen müssen jährlich kräftig ausgelichtet werden, um die Neutriebbildung zu fördern und eine frühzeitige Vergreisung zu verhindern. Dabei wird zu dicht stehendes Fruchtholz auf ein bis zwei Knospen zurückgenommen. Konkurrenztriebe werden, ebenso wie sehr steil nach oben oder nach unten wachsende Triebe ganz entfernt. Wie beim Strauch gilt auch hier, daß bei Mehltaubefall alle Triebspitzen und Befallstellen entfernt werden müssen, und das Schnittgut zu entsorgen ist. Bei regelmäßigem Schnitt ist ein Verjüngungsschnitt bei Stämmchen nicht nötig. Ist ein Stämmchen länger nicht geschnitten worden und vergreist, so versucht man, die Kronen zu verjüngen, indem man die Leittriebe auf jüngere Seitentriebe ableitet. Stehen zu wenige geeignete Seitentriebe zur Verfügung, muß man diese Maßnahme über zwei oder drei Jahre ausführen. Durch starken Rückschnitt und Düngergaben kann sich eine vergreiste Krone wieder erholen.

Eine Heckenerziehung an einem Drahtgerüst erfolgt mit zwei bis drei Leittrieben pro Pflanze, wobei mindestens ein Abstand von 30 cm von Trieb zu Trieb bestehen sollte. Bei der Pflanzung beläßt man die drei kräftigsten Triebe und heftet sie an das Gerüst an. Es erfolgt kein Rückschnitt, es sei denn, daß von Mehltau befallene Spitzen entfernt werden müssen. Der jährliche Zuwachs wird senkrecht über die fächerförmig angeordneten Triebe hochgezogen, so daß der Abstand konstant bleibt. Erfolgt eine ausreichende Garnierung mit Seitentrieben, so bleiben die Leittriebe ungeschnitten, andernfalls wird leicht zurückgeschnitten, ebenso bei Mehltaubefall. Sehr starke Seitentriebe nimmt man auf ein bis zwei Knospen zurück. Alle Seitentriebe, die in Reihenrichtung stehen, werden entfernt. Im Idealfall stehen auf jedem Leitast sechs bis acht mittelstarke, etwa 30–40 cm lange Seitentriebe quer zur Reihenrichtung. Abgetragenes Holz wird auf eine Knospe zurückgeschnitten. Bodentriebe werden ständig entfernt, es sei denn, daß ein Leitast ausgefallen ist und ersetzt werden muß. Die Stachelbeere wird am besten im Winter von Ende November bis Anfang März geschnitten. Zu beachten ist, daß bei mehltauempfindlichen Sorten alle Triebe angeschnitten werden müssen, um dem Befall des Amerikanischen Stachelbeermehltaus entgegenzuwirken.

Dreitriebige Stachelbeerhecke am Drahtrahmen mit abgetragenem Fruchtholz.

Konkurrenztriebe, abgetragenes Fruchtholz und Seitentriebe in Reihenrichtung sind entfernt.

Romantische, idyllische Ecke im Garten als Blickfang und zum Naschen.

Stachelbeere

'Gelbe Triumphbeere'
Seit 1899 in Deutschland im Handel befindliche Sorte. Die länglichovalen, mittelgroßen Früchte sind von gelbgrüner Farbe, auf der Sonnenseite bilden sich braunrote Pünktchen. Die Schale ist fest, ohne Stachelborsten, nur gering behaart und mit einem leichten Duft überzogen. Der süßliche Geschmack ist wenig aromatisch, die Haut schmeckt säuerlich. Daher empfiehlt sich die Sorte weniger für den Frischverzehr, günstiger ist die Ernte in nicht ganz reifem Zustand zur Verwertung. Bei starkem Behang bleiben die Beeren klein. Der mittelstarkwachsende Strauch bildet breite, überhängende, niedere bis mittelhohe Büsche. Die Blüte ist mittelfrüh, der Ertrag regelmäßig und sehr hoch. Allerdings reifen die Früchte nachfolgend. Reifezeit: Mittelfrüh.

'Grüne Kugel'
Die großen, breitovalen, manchmal sogar etwas kantigen Früchte sind von hellgrüner Farbe, auf der sich deutliche Adern abzeichnen. Die Haut ist dick und fest, der Geschmack aromatisch süßsäuerlich. Die Früchte halten sich gut am Strauch und sind leicht zu pflücken. Der Wuchs ist stark bis sehr stark. Der Ertrag ist sehr hoch. Reifezeit: Mittelfrüh.

'Hönings Früheste'
Die Sorte wurde 1902 in Deutschland in den Handel gebracht. Auf der mittelgroßen, fast runden gelben Frucht bilden sich sonnenseits rotbraune Pünktchen. Die dünne und weiche Fruchthaut ist stark mit Borsten besetzt. Der Geschmack ist süß und angenehm aromatisch. Vollreife Früchte sind sehr druckempfindlich. Der starkwüchsige Strauch bildet sehr dichte Büsche mit aufrechten, sehr stacheligen Trieben. Die frühe Blüte ist spätfrostgefährdet, auch beim Holz treten nach strengen Wintern Frostschäden auf. Reifezeit: Sehr früh, Ende Juni.

'Maiherzog'
Die mittelgroßen Beeren sind rund bis breitoval, die Fruchthaut ist glatt, braunrot, oft schwarzrot gefärbt und mit deutlichen Adern überzogen. Der Geschmack ist süßsäuerlich und fein aromatisch. Schwache Triebe wachsen aufrecht, hängen aber bald über, so daß ein breiter Strauch entsteht. Die Bestachelung ist nicht sehr stark. Die Blüte erscheint früh, der mittelhohe Ertrag ist regelmäßig. An den Standort stellt die Sorte nur sehr geringe Ansprüche. Reifezeit: Früh, Anfang Juli.

'Gelbe Triumphbeere'

'Grüne Kugel'

'Hönings Früheste'

'Maiherzog'

'Reflamba'

'Reflamba'

Neue, erst seit 1976 im Handel befindliche Sorte. Die großen, langen, eiförmigen Früchte sind von grasgrüner Farbe. Auf der glatten Fruchthaut sind deutliche Adern zu erkennen. Der Geschmack ist süßsäuerlich mit kräftigem Aroma. Sie sind am Strauch nicht empfindlich, platzen fast nicht und müssen daher bei Reife nicht sofort geerntet werden. Die Sorte wächst sehr stark und bildet einen lockeren, großen Strauch. Besonders erfreulich ist die Mehltauresistenz. Die Blüte ist mittelfrüh, der Ertrag sehr hoch und regelmäßig. Reifezeit: Mittelspät.

'Weiße Triumphbeere'

'Weiße Neckartaler'

'Rote Triumphbeere'

'Rote Triumphbeere'

1835 in Schottland gezüchtet, ist die Sorte seit 1880 in Deutschland im Handel. Die großen, rundlichen Früchte sind von dunkelroter Farbe, die in der Sonne bis schwarzrot getönt ist, während im Strauchinneren Schattenfrüchte heller bleiben. Auf der festen und dicken, fein behaarten Fruchthaut zeichnen sich deutlich Adern ab. Der Geschmack ist süßsäuerlich und aromatisch, die Fruchthaut schmeckt säuerlich. Die Beeren reifen nachfolgend und müssen überpflückt werden da sie leicht platzen. Der Strauch wächst kräftig und bildet einen lockeren Busch. Die Sorte blüht mittelfrüh, der Ertrag ist mittelhoch bis hoch und ziemlich regelmäßig. Sie ist besonders für den Anbau in rauheren und halbschattigen Lagen geeignet. Reifezeit: Mittelfrüh bis spät.

'Weiße Triumphbeere'

Seit 1800 bekannte Sorte. Große rundliche Frucht mit dünner, fester, fein behaarter Schale. Auf der weißgrünen, leicht rotpunktierten Haut sind die Adern deutlich erkennbar. Die Früchte schmecken angenehm süßsäuerlich und sind saftig. Sie reifen ungleich, sind am Strauch aber gut haltbar und vielseitig zu verwenden. Der wüchsige Strauch bildet stark mit Stacheln besetzte kräftige und aufrecht wachsende Triebe. Jährlich sollte ausgelichtet werden. Die Blüte erscheint mittelfrüh, die Erträge sind hoch und regelmäßig. Eine dankbare und robuste Sorte. Reifezeit: Mitte Juli.

'Weiße Neckartaler'

Die mittelgroßen, runden Früchte sind mit vielen kleinen Stachelborsten besetzt. Die dünne Schale ist weiß- bis gelblichgrün und bereift. Ein sehr aromatischer, angenehm süßsäuerlicher Geschmack zeichnet die Sorte aus. Vollreife Früchte platzen am Strauch leicht auf. Der Strauch ist ziemlich starkwüchsig. Die Stacheln gehen bis in die Triebspitzen, stehen aber nicht sehr dicht. Die Blüte ist früh bis mittelfrüh, der Ertrag gut und regelmäßig. Reifezeit: Früh.

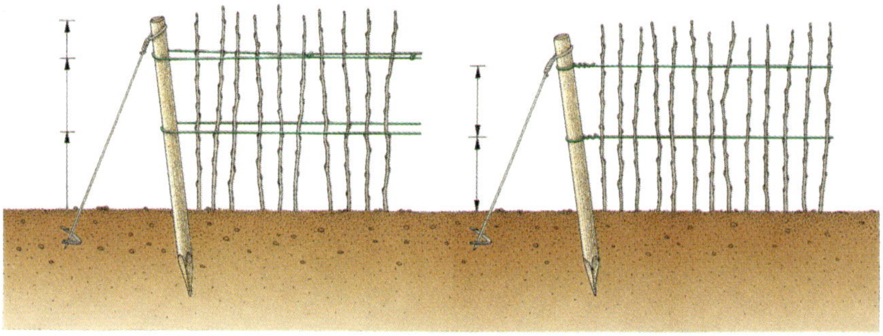

Zwei verschiedene Gerüsttypen: Die Variante links mit doppeltem Draht bietet den Vorteil, daß die Ruten nicht am Draht befestigt werden müssen. Der Draht wird an verschiedenen Stellen zusammengezogen und hält so die Ruten fest. Bei der Variante rechts müssen die Ruten einzeln angebunden werden. Dies kann mit speziellen Klammern, aber auch mit Bast oder Bindfaden geschehen.

Himbeeren

Rubus idaeus
Familie: Rosengewächse

Wissenswertes

Helle, sonnige Lagen mit einem humusreichen, feuchten, tiefgründigen und nährstoffreichen Boden liebt die Himbeere. Man pflanzt einjährige Ruten mit guter Bewurzelung und mindestens zwei starken Adventivknospen (Wurzelknospen), die 4–5 cm mit Erde bedeckt sein sollen, im Abstand von 40–70 cm je nach Ausläuferbildung der einzelnen Sorten. Himbeeren zieht man am Gerüst mit etwa 8–10 Trieben je laufenden Meter bei senkrechter Erziehung und entsprechend 16–20 Trieben je laufenden Meter im V-System.
Beim senkrechten Gerüst bringt man am Randpfosten, der schräg verankert wird, in Höhe von 0,8 m und 1,5 m Spanndrähte an. Nun gibt es zwei Möglichkeiten. Hat man die Absicht, die Himbeerruten anzubinden, so zieht man jeweils einen Draht. Spannt man den Draht jeweils doppelt, so können die Himbeerruten durchgezogen werden. Für einen festen Halt zieht man die nebeneinander gespannten Drähte mittels einer Klammer oder ähnlichem zusammen.
Zieht man Himbeeren am V-Gerüst, werden in zwei Reihen im Abstand von 50 cm jeweils drei Pflanzen pro laufendem Meter gepflanzt. Das V-Gerüst weist am Boden eine Entfernung von 50 cm, in einer Höhe von 1,60–1,70 m eine Spannweite von 1,00–1,20 m auf. In Höhe von 1,00 m und 1,60–1,70 m werden Spanndrähte angebracht. Für die das Gerüst tragenden Pfähle ist eine gute Verankerung besonders wichtig. Die tragenden Ruten werden angebunden, die Jungruten können sich ungestört in der Mitte entwickeln und stören nicht bei der Ernte.

Wissenswertes zum Schnitt

Die Himbeerruten schneidet man nach der Pflanzung auf etwa 50 cm über dem Boden zurück, wobei man nicht auf Knospen oder Blätter achten muß, denn dieser Trieb dient nur zur Ernährung während der Neutriebbildung der jungen Wurzelschosse. Im darauffolgenden Frühjahr wird die angeschnittene Rute bodeneben abgeschnitten. Ist es zu keinem Austrieb gekommen, so kann die Verzögerung in einer ungenügend entwickelten Adventivknospe liegen. Der Austrieb erfolgt dann erst im Frühjahr. Pflanzen aus Containern werden nicht angeschnitten.
Beim jährlich durchzuführenden Schnitt unterscheidet man zwischen den einmaltragenden und den zweimaltragenden Himbeersorten.

Schnitt von einmaltragenden Himbeeren

Diese Himbeeren entwickeln die Blütenknospen an den vorjährigen Ruten, das heißt, sie tragen erst im Sommer des zweiten Jahres ihrer Entwicklung. Nach der Ernte sterben die zweijährigen Ruten ab. Sie werden direkt über dem Boden abgeschnitten, vom Spanndraht gelöst und aus der Anlage entfernt. Es dürfen dabei keine Rutenreste stehen bleiben. Dies ist wichtig, um der Gefahr von Infektionen mit der gefährlichen Rutenkrankheit vorzubeugen. Anschließend beginnt man mit dem Auslichten der nachgewachsenen einjährigen Ruten. Zuerst wer-

Himbeeren liefern uns köstliche und vielseitig verwendbare Früchte, die allseits beliebt sind.

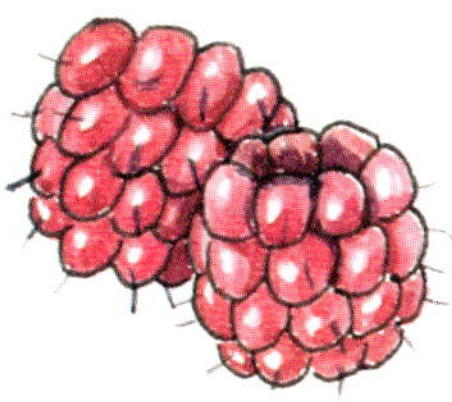

den schwache, beschädigte und kranke Ruten entfernt, bevor man die benötigten auswählt. Man läßt bei starkwachsenden Sorten sechs bis acht, bei schwachwachsenden acht bis zwölf Jungtriebe pro laufendem Meter stehen. Dabei beläßt man nicht unbedingt die stärksten Ruten, da diese oftmals Rindenrisse aufweisen, sondern wählt gut gewachsene, gleichmäßig mittelstark entwickelte und gesunde Ruten aus. Alle überflüssigen und neben der Reihe stehenden Ruten werden bodeneben entfernt. Die verbleibenden Ruten werden gleichmäßig verteilt und befestigt. Man kann aber auch bereits im Frühjahr die neutreibenden Sprosse vereinzeln und von vornherein nur die gewünschte Anzahl von Jungtrieben wachsen lassen. Dies hat den Vorteil, daß die fruchttragenden Ruten gefördert werden. Oft genügt es, die überflüssigen, noch grünen Triebe einfach auszureißen. Beginnen sie zu verholzen, schneidet man sie ab. Wenn man diese Methode wählt, sollte man aber je Pflanze zur Sicherheit immer drei bis vier Ersatztriebe belassen, die dann wie oben geschildert, nach der Ernte entfernt werden. Das gleiche Vorgehen ist auch bei zweimaltragenden Himbeersorten möglich.

Schnitt von zweimaltragenden Himbeeren

Sie bringen die ersten Früchte an den Spitzen der im gleichen Vegetationsjahr gewachsenen Ruten. Der Spitzenteil der Rute mit Früchten im Spätsommer bis Herbst des Vorjahres stirbt nach der Ernte ab und wird dann bis zum grünen Teil zurückgeschnitten. Die sich darunter an den Ruten befindenden Knospen entwickeln ihre Blüten wie bei den einmaltragenden Sorten. Dort tragen sie im folgenden Sommer ein zweites Mal an den gleichen Ruten, nur etwas tieferstehend. Auswahl und Schnitt der Jungtriebe erfolgt wie oben beschrieben nach den gleichen Kriterien wie bei den einmaltragenden Himbeersorten.

Will man sich bei den sogenannten zweimaltragenden Sorten mit nur einer Ernte im Herbst begnügen, so werden alle Ruten Ende Februar bis Anfang März bodeneben abgeschnitten. In der Folge reagiert die Pflanze mit dem Austrieb zahlreicher Neutriebe. Diese werden nicht vereinzelt, da die Fruchtbildung ja nur im Spitzenbereich der Ruten erfolgt.

Bei verschiedenen Sorten bringen es die Ruten in einem guten Vegetationsjahr auf eine Länge bis zu 2,00 m und überragen damit das Gerüst beträchtlich. Man kann diese Ruten im Frühjahr, wenn nicht mehr mit stärkeren Frösten gerechnet werden muß, auf die gewünschte Länge – meist 160–180 cm – zurückschneiden. Wer eine frühe Ernte haben will, wird jedoch diese überlangen Triebe bogenförmig am Gerüst befestigen. Die Früchte bleiben zwar etwas kleiner, der Reifezeitpunkt setzt dafür aber früher ein.

Eine Schädigung von Rinde und Mark der jungen Ruten im Frühjahr durch Spätfröste zeigt sich oft nicht gleich. Ja, es kann sogar vorkommen, daß sich die Ruten im ersten Vegetationsjahr ganz normal entwickeln und erst im nächsten Frühjahr oder sogar erst kurz vor der Ernte plötzlich absterben. Man denkt dann oft gar nicht mehr an den schon lange zurückliegenden Frost. Es empfiehlt sich deshalb, nach einem Spätfrost einige Triebe durchzuschneiden und auf Frostschäden zu untersuchen. Sind nur die Spitzen der Ruten erfroren, so bilden die Pflanzen aus den Blattachseln Sprosse, sie werden mehrtriebig und wachsen zu einem undurchdringlichen Dickicht. Es ist daher besser, nach einem starken Frost alle jungen Triebe an der Bodenoberfläche abzuschneiden; die sich neu bildenden Jungtriebe sind gesund und weisen keinerlei Schäden auf.

Himbeerruten nach dem Schnitt, die überzähligen Ruten müssen im Frühjahr noch entfernt werden.

Die abgeernteten Ruten werden unmittelbar nach der Ernte dicht am Boden abgeschnitten.

Himbeeren

'Glen Clova'

Die leuchtend hellrote bis orangerote Frucht ist langkegelförmig, selten rundlich, mittelfest und von säuerlichem, aber aromatischem Geschmack. Sie löst sich bei der Ernte gut vom Zapfen, ohne daß die Beeren zerfallen. Durch eine stark folgernde Reife stehen über einen längeren Zeitraum hinweg frische Beeren zur Verfügung. In günstigen Jahren fruchtet die Sorte im Herbst ein zweites Mal. Glen Clova ist für alle Zwecke verwendbar. Je nach Standort und Bodenqualität wächst sie mittelstark bis sehr stark. Sie bildet aufrechte, bis 3 m lang werdende Ruten, deren oberster Teil sich zur Seite biegt. Die Pflanze bildet in den ersten Jahren zahlreiche Triebe, die Triebbildung läßt aber mit zunehmendem Alter nach. Die Sorte ist anspruchslos und nur wenig anfällig für Rutenkrankheit. Die Erträge sind hoch bis sehr hoch. Reifezeit: Früh, Ende Juni bis Anfang Juli.

'Glen Clova'

'Golden Bliss'

Die im Sommer/Herbst bis Anfang Oktober erscheinenden, schönen, leuchtendgelben Früchte haben ein gutes Aroma. Die Sorte ist sehr robust und bringt hohe Erträge. Sie läßt sich auch in Töpfen auf dem Balkon ziehen.

'Golden Bliss'

'Himbostar'

Die großen, runden bis kegelförmigen mittelroten Früchte besitzen ein sehr festes Fleisch und ein ausgeprägtes, typisches Himbeeraroma. Sie lassen sich sehr gut pflücken und eignen sich für jede Art der Verwertung. Die Pflanze bildet mittelstarke aufrechte Ruten, die nur wenig bewehrt sind. Die sich bildenden Seitentriebe brechen sehr leicht, so daß der Standort unbedingt einen Windschutz aufweisen sollte. Ist dies gegeben und der Boden gut geeignet, so bringt die Sorte sehr hohe Erträge. Reifezeit: Mittelfrüh.

'Malling Promise'

Die großen, kegelförmig langen Früchte sind mittel- bis dunkelrot kräftig gefärbt, wobei die Spitze etwas heller bleibt. Die Beeren sind mittelfest bis weich, süß, mit gutem Geschmack und angenehm aromatisch. Sie lassen sich leicht pflücken und sind vielseitig verwendbar. Durch die sehr folgernde Fruchtreife können bis zu vier Wochen lang immer wieder reife Früchte geerntet werden, wobei Früchte, die in voller Sonne stehen, schnell überreif werden. Die starkwachsende und stark bewehrte Pflanze bildet kräftige, überhängende Ruten mit langen, dünnen Seitentrieben sowie viele Wurzelausschläge. Durch die sehr frühe Blüte ist die Sorte spätfrostgefährdet und sollte auf einem warmen, geschützten Standort mit lockerem, tiefgründigem und ausreichend feuchtem Boden ohne stauende Nässe stehen. Reifezeit: Sehr früh.

'Malling Promise'

'Preußen'

Die hellroten Früchte von unterschiedlicher Größe sind mittelfest und leicht zu ernten. Eine geschmacklich

'Schönemann'

hervorragende Sorte, sehr süß und aromatisch und für alle Zwecke verwendbar. Die mittelstarkwachsende Pflanze bildet kompakte, straff aufrechte, nur wenig bewehrte Ruten. Es entwickeln sich nur wenige Jungruten. Auch der Ertrag ist als gering anzusehen. Die Sorte braucht für ihre Entwicklung gute, sich rasch erwärmende humose Böden. Reifezeit: Mittelfrüh.

'Schönemann'

Die mittelgroßen bis sehr großen festen Früchte sind kegelförmig, lang, leicht bereift und von dunkelroter Farbe. Die angenehm säuerlichen, saftigen Beeren haben ein typisches Himbeeraroma und sind gut zu ernten. Sie eignen sich für jede Art der Verwertung, besonders für das Tiefgefrieren und sind ebenso ein Genuß beim Frischverzehr. Die stark bis sehr stark wachsende Sorte bildet mittellange bis lange Ruten mit kräftigen Seitentrieben. Der Standort sollte windgeschützt und warm, der Boden tiefgründig, nahrhaft und humusreich sein und ausreichende Feuchtigkeit aufweisen. Bei zu trockenem Standort bleiben die Früchte klein. Holz und Blüten sind wenig frostgefährdet. Die Sorte bringt sehr hohe und regelmäßige Erträge. Reifezeit: Spät, Mitte bis Ende Juli.

'Zefa 3'

'Zefa 2'

'Veten'

'Veten'

Mittelgroße bis große, kegelförmige Früchte von mittel- bis dunkelroter Farbe und süßsäuerlichem Geschmack, bei Vollreife sehr aromatisch. Sie reifen über einen Zeitraum von zwei Wochen und sind leicht zu ernten. Für jede Art der Verwertung geeignet, wobei beachtenswert ist, daß die Früchte beim Erhitzen an Aroma gewinnen. Es entwickeln sich halbaufrechte bis aufrechte, mittellange Ruten. Die Sorte braucht einen windgeschützten Standort mit einem sehr guten, humus- und nährstoffreichen feuchten Boden. Eine Bodenabdeckung ist hilfreich, da 'Veten' auf jeden Pflegefehler sehr empfindlich reagiert. Reifezeit: Früh.

'Zefa 2'

Mittelgroße bis große, meist runde, mittelfeste saftige Beere von glänzend mittelroter bis dunkelroter Farbe. Bei Vollreife ist sie von aromatischem, angenehm süßem Geschmack. Zu beachten ist, daß die gut pflückbaren Früchte nur in trockenem Zustand geerntet werden. Bei der für alle Zwecke geeigneten Sorte ist besonders die dunkle Farbe bei der Sirup- und Saftherstellung bemerkenswert. Die Pflanze wächst stark bis sehr stark und bildet halbaufrechte bis aufrechte Ruten mit mittellangen Seitentrieben, deren Spitzen etwas überhängen. Die vom Boden her starke Bewehrung läßt mit zunehmender Höhe nach. Die Erträge sind hoch und regelmäßig. Die Sorte ist robust, lediglich gegen stauende Nässe ist sie sehr empfindlich. Reifezeit: Mittelfrüh.

'Zefa 3'

Die bis zum Eintritt der ersten Fröste nachreifende Sorte hat sehr große, kegelförmige, leuchtend mittelrote, mittelfeste bis feste Früchte. Sie haben einen aromatischen, angenehm süßsäuerlichen Geschmack und sind vielseitig zu verwenden. Sie bildet mittelstarke, mäßig bewehrte kräftige Ruten und zahlreiche Jungruten. In warmen, geschützten Lagen mit tiefgründigen, humusreichen Böden kann 'Zefa 3' bis 600 m NN gepflanzt werden. Die Sorte verträgt keine stauende Nässe. Reifezeit: Ende August/Anfang September.

Reife Brombeeren und bunt gefärbtes Laub kündigen den nahenden Herbst an.

Brombeeren

Rubus in Arten
Familie: Rosengewächse

Wissenswertes

Guter, lockerer und nahrhafter Gartenboden an einem sonnigen bis halbsonnigen Standort wird von Brombeeren bevorzugt. Da das Holz der Brombeere frostempfindlich ist, sollte die Pflanze vor den kalten Winterwinden etwas geschützt sein.

Pflanzung

Am besten kauft man ein- oder noch besser zweijährige Pflanzen, die eine mindestens bleistiftstarke Rute, eine gute Bewurzelung und eine, nach Möglichkeit zwei gut ausgebildete Adventivknospen aufweisen. Das Pflanzloch muß so groß sein, daß alle Wurzeln bequem, ohne abzuknicken, darin Platz finden und die Adventivknospen noch ca. 5 cm tief im Boden stehen. Es empfiehlt sich eine Abdeckung mit Mulchmaterial. Nach der Pflanzung schneidet man die Ruten auf eine Länge von 50 cm zurück, Containerpflanzen bleiben ungeschnitten. Die Frühjahrspflanzung ist der Herbstpflanzung vorzuziehen, da die frostempfindlichen Pflanzen während der Vegetationszeit gut anwachsen und so den kommenden Winterfrösten besser standhalten können. Bevor man mit der Pflanzung beginnt, muß man das Stützgerüst errichten. Dazu genügen Pfosten, zwischen die man zwei oder drei Drähte spannt, an denen die Ranken fächerförmig hochgebunden werden können. Die Höhe des Gerüstes sollte etwa 2,00 m betragen, die Drähte spannt man in einer Höhe von 50–100–180 cm bzw. 100–180 cm. Der Pflanzabstand in der Reihe sollte 3,00 bis 4,00 m betragen.
Wie die Himbeere trägt auch die Brombeere ihre Früchte an den im Vorjahr gewachsenen Trieben. Die sich während des Sommers entwickelnden Adventivknospen treiben im Folgejahr aus und bringen die Jungruten, die dann im nächsten Jahr Blüten und Früchte bringen, um danach abzusterben. Bei der Bodenbearbeitung muß man beachten, daß Brombeeren ein weiter verzweigtes Wurzelsystem als Himbeeren haben. Ranken, die am Boden liegen, bewurzeln sich und bilden wieder neue Pflanzen. Brombeeren sind selbstfruchtbar, so daß man auch mit einer einzigen Sorte reiche Erträge erzielen kann. Während der warmen Jahreszeit sind Brombeeren bei Trockenzeiten für eine gute Bewässerung dankbar. Ebenso empfiehlt sich die jährliche Erneuerung der Mulchdecke, die für gleichmäßige Bodenfeuchtigkeit sorgt.

Wissenswertes zum Schnitt

Brombeeren werden erst im zeitigen Frühjahr geschnitten, wenn keine strengen Fröste mehr zu erwarten sind, denn das auf den Trieben befindliche dürre Laub gibt einen vorzüglichen Frostschutz ab, wobei man unter Umständen in kalten Gegenden durch Abdecken mit Strohmatten, Tannenreisig usw. die Jungruten noch besonders vor Frost schützen muß. Beim Schnitt entfernt man die abgetragenen Ruten direkt am Wurzelhals. Um Pilzinfektionen vorzubeugen, empfiehlt es sich, das Schnittgut zu entsorgen. Es sollte auf keinen Fall unter der Pflanze liegen bleiben. Man beläßt einer Pflanze vier bis sechs Ranken, die man nicht länger als 3,00 bis 3,50 m werden läßt und bindet diese fächerförmig an das Spalier. Die sich an den Jungruten befindlichen Geiztriebe oder vorzeitige Seitentriebe schneidet man auf zwei kräftige Knospen zurück, aus denen sich dann im Sommer Blüten- bzw. Fruchtrispen entwickeln. Sind die Jungruten nach einem strengen Winter trotzdem erfroren, so ist zwar die Ernte für das kommende Jahr zerstört, die Pflanze selber treibt aber wieder willig neue Ruten. Während des Sommers schneidet man die sich entwickelnden Geiztriebe laufend auf zwei bis vier Knospen zurück. Ebenso entfernt man überzählige Jungruten. Fehlen Jungruten, so kann man auf einen geeigneten Geiztrieb ausweichen.

Die neuen Brombeerruten werden auf der den Tragruten gegenüberliegenden Seite am Gerüst befestigt. Die Trennung der Brombeerruten (links Jungruten, rechts Tragruten) erleichtert die Ernte.

Brombeeren

'Black Satin'
Sehr große Frucht mit säuerlichem, aromatischem Geschmack. Die etwas weniger frostempfindliche Sorte kann an geschützten Stellen auch in rauheren Lagen gepflanzt werden. Die regelmäßigen Erträge sind sehr hoch. Reifezeit: Anfang August bis Mitte Oktober.

'Theodor Reimers'
Mittelgroße Früchte mit süßem, sehr aromatischem Geschmack. Die Sorte verträgt auch trockene Standorte, regelmäßige Bewässerung fördert aber Größe und Aroma der Früchte. Für Windschutz ist sie sehr dankbar, Frostschutz für das empfindliche Holz ist empfehlenswert. Reifezeit: Ende Juli bis Mitte September.

'Thornfree'
Stachellose Sorte mit einer sehr großen, langkegelförmigen, glänzend schwarzen Frucht. Nur im vollreifen Zustand von süßem, sehr aromatischem Geschmack. Die späte Reife bedingt warme, geschützte Standorte, wo die Sorte regelmäßige und hohe Erträge bringt. Reifezeit: Ende August bis Ende Oktober.

'Thornless Evergreen'
Mittelgroße, kegelförmige, schwarzglänzende Frucht. Der süßsäuerliche Geschmack ist ohne besonderes Aroma. Der Standort darf nicht trocken oder windig sein, warme Lagen mit tiefgründigen, fruchtbaren Böden bringen gute Erträge. Das Holz ist ziemlich frosthart. Reifezeit: Mitte August bis Mitte Oktober.

'Wilsons Frühe'
Kleine bis mittelgroße, rundliche, feste, schwarzglänzende Frucht mit vielen großen Samen, mit süßlichem Geschmack und nur wenig Aroma. Bei Trockenheit bleiben die Früchte saftarm und geschmacklos. Auf schweren, nährstoffreichen und feuchten humosen Böden ist der Ertrag mittel bis hoch. Reifezeit: Mitte Juli bis Mitte August.

'Thornless Evergreen'

'Thornfree'

'Theodor Reimers'

'Wilsons Frühe'

'Black Satin'

Heidelbeeren

Vaccinium corymbosum
Familie: Erikagewächse

Wissenswertes

Die bei uns erhältlichen, hochwachsenden Kulturheidelbeeren stammen aus den USA.
Nur in einem extrem sauren, humosen und luftdurchlässigen Boden, der während der ganzen Vegetationszeit nicht austrocknen darf, bringt die Kulturheidelbeere den gewünschten Erfolg. In diesen leichten Böden bildet sie einen dichten, aber sehr flach an der Oberfläche liegenden, faserigen Wurzelballen aus und ist daher in Trockenzeiten auf eine zusätzliche Bewässerung angewiesen. Der Standort sollte etwas windgeschützt und sonnig sein. Schwere, verdichtete Böden sind für eine Kultur ungeeignet.

TIP

Man kann eventuell mit Torfgaben, deren Höhe sich nach dem pH-Wert des Bodens richtet, der etwa 4,0 bis 4,5 betragen soll, den Boden geeigneter für Heidelbeeren machen.

Pflanzung

Kulturheidelbeeren brauchen längere Zeit zum Anwachsen, wie auch ihre Entwicklung nur langsam voran geht, so daß beim Kauf auf ein gut entwickeltes Wurzelwerk zu achten ist.

Bereits sehr dicht gewordener Heidelbeerstrauch, der ausgelichtet werden sollte.

Zu dicht gewordener Heidelbeerstrauch mit am Boden liegenden Fruchttrieben. Zur Steigerung der Fruchtqualität muß ausgelichtet werden.

Zu flache Triebe und abgestorbenes, beschädigtes oder krankes Holz werden entfernt. Ältere Triebe werden auf junge Ruten zurückgeschnitten.

Man pflanzt am besten im Herbst in unbelaubtem Zustand, damit sich im Winter noch neue Wurzeln bilden können.

Wissenswertes zum Schnitt

Nur abgebrochene, verletzte oder sehr schwache Triebe werden bei der Pflanzung entfernt; sonst erfolgt kein Pflanzschnitt. Ab dem dritten Standjahr wird regelmäßig im Winter während der Vegetationsruhe ein Auslichtungsschnitt vorgenommen. Blüten und Früchte werden bei der Kulturheidelbeere an Seitentrieben am dreijährigen Holz entwickelt. Nach der Ernte werden die dreijährigen Triebe durch kräftige Jungtriebe ersetzt. Fehlen solche oder haben sich zu wenig gebildet, so kann auch auf einen günstigen Seitentrieb abgeleitet werden. Letzteres ist meist bei schwachwüchsigen Sorten der Fall. Pro Strauch beläßt man etwa vier bis fünf neue Bodentriebe, alle übrigen, überflüssigen werden in Bodenhöhe abgeschnitten. An den zweijährigen Gerüstästen werden zu dicht stehende und schwache Seitentriebe herausgenommen, um eine gute Belichtung im Strauchinneren zu gewährleisten.
Nach vollzogenem Winterschnitt soll der Strauch jeweils vier bis sechs ein- und zweijährige kräftige Gerüstäste aufweisen.
Ungepflegte, überalterte Kulturheidelbeersträucher kann man mit einer Radikalkur wieder verjüngen. Dazu schneidet man alle Triebe knapp über dem Boden ab. Mit den in den nächsten Jahren wachsenden Jungtrieben wird ein praktisch neuer Strauch aufgebaut. Nach dem ersten ebenso wie nach dem zweiten Vegetationsjahr werden jeweils vier bis sechs kräftige, gut ausgebildete Triebe belassen. Im dritten Vegetationsjahr kann dann wieder mit einer Ernte gerechnet werden.
Kulturheidelbeeren sind nicht frostempfindlich. So verträgt das Holz Temperaturen bis minus 30°C, bei Blüten treten oft noch bei minus 5°C keine Schäden auf. Obwohl die meisten Sorten selbstfruchtbar sind, empfiehlt es sich, eine zweite Sorte als Befruchter anzupflanzen. Die aus fremdbefruchteten Blüten entstehenden Beeren sind meist größer und werden auch früher reif. Da Heidelbeeren über drei bis vier Wochen hinweg blühen, ist der Blütezeitpunkt nur von untergeordneter Bedeutung. Dementsprechend erstreckt sich auch die Reifezeit über einen Zeitraum von drei bis fünf Wochen, wobei die Fruchtgröße mit zunehmender Erntezeit etwas abnimmt. Wenn Heidelbeeren ihre blaue Farbe erlangt haben, dauert es bis zur vollkommenen Fruchtreife noch eine Woche; man sollte also mit der Ernte nicht zu früh beginnen.

Heidelbeeren

'Berkeley'
Sträucher von starkem, breitausladendem, etwas sparrigem Wuchs. Das Holz ist ein bißchen frostempfindlich. Die sehr großen, flachrunden, hellblau bereiften Früchte sind sehr fest und von säuerlichem Geschmack und mittlerem Aroma. Bei Trockenheit verrieseln die Trauben. Der Ertrag ist hoch. Reifezeit: Anfang bis Ende August.

'Bluecrop'
Mittelstark und aufrecht wachsende Sorte mit frosthartem Holz, die auch Trockenheit verträgt. Die sehr großen, dunkelblauen Früchte sind sehr fest und von angenehm süßsäuerlichem, aromatischem Geschmack. Die Erträge sind hoch und regelmäßig. Reifezeit: Ende Juli bis Ende August.

'Blueray'
Die rasch- und starkwüchsige, ertragreiche Sorte bildet breite Sträucher. Die Früchte sind sehr groß, plattrund, hellblau und platzfest, aber nicht sehr aromatisch. Die Erträge sind mittel bis hoch. Reifezeit: Ende Juli bis Ende August.

'Bluetta'
Mittelstarkwachsende Sorte mit breitausladenden Sträuchern. Die mittelgroße, hellblaue und feste Frucht ist von angenehmem Geschmack, eine qualitativ hochwertige Frühsorte. Reifezeit: Mitte Juli bis August.

'Patriot'
Eine sehr frostharte und daher auch für Höhenlagen gut geeignete Sorte, die kräftig wächst und widerstandsfähig gegen Krankheiten ist. Die Früchte sind von sehr gutem Geschmack. Reifezeit: Früh.

'Blueray'

'Bluetta'

'Bluecrop'

'Patriot'

'Berkeley'

Sommer- und Winterschnitt bei Kiwi: Jungtriebe werden im Winter auf fünf bis sechs Knospen eingekürzt (Links), im Sommer darauf haben sich Früchte gebildet. Zur besseren Belichtung der Früchte werden die Triebe auf fünf bis sechs Blätter hinter den Früchten eingekürzt (Mitte). Abgetragene Bereiche werden im Winter entfernt und auf einen neuen Jungtrieb aufgeleitet, der sich näher an der Basis gebildet hat (Rechts).

Kiwi

Actinidia chinensis
Familie: Strahlengriffelgewächse

Wissenswertes

Kiwis sind sehr wärmeliebend und frostempfindlich. Ideal ist ein Platz an einer Südwest- oder Westlage, wo die Pflanze vor den kalten Nord- und Ostwinden während des Winters geschützt ist. Will man ein freistehendes Spalier im Garten errichten, sollte man dieses in Nordsüd-Richtung anlegen, da hier die pralle Mittagssonne die Früchte am wenigsten trifft. Kiwis sind sehr windempfindlich, deshalb wählt man eine windgeschützte Stelle. Die sich im Frühjahr bildenden jungen Ranken brechen im Wind sehr leicht ab. Weinbauklima ist die Voraussetzung für einen erfolgreichen Kiwianbau. Sollte es vorkommen, daß in einem strengen Winter die Kiwipflanze trotz Frostschutz bis zum Boden zurückfriert, so treibt sie wieder aus dem Wurzelstock aus. Tiefgründiger, humusreicher Boden ist notwendig. Obwohl die Kiwi einen hohen Wasseranspruch hat, verträgt sie keine stauende Nässe. Regenwasser muß gut abfließen können, notfalls kann hier eine Drainage Abhilfe schaffen. Trotzdem muß man Kiwis während der Wachstumsperiode bis in den Herbst hinein regelmäßig bewässern und für eine gleichbleibende Bodenfeuchtigkeit sorgen.
Da die Kiwipflanze getrenntgeschlechtlich ist, benötigt man männliche und weibliche Pflanzen, wobei eine männliche für sechs, maximal acht weibliche ausreicht.

Pflanzung

Man errichtet ein Drahtgerüst von mindestens 2 m Höhe und bringt in Abständen von 50 cm Spanndrahte an. Die Stützpfähle müssen gut verankert werden, da der Kiwistrauch eine große Blattmasse bildet. Der Pflanzabstand beträgt etwa 4 m, kann sich die Pflanze nach oben hin ausdehnen, kann man auf 3 m Abstand pflanzen. Kiwis können an Pergolen oder Hauswänden eine Höhe bis zu 6 m erreichen. Die ersten Jahre muß man die Ranken an das Gerüst binden, später umranken sie die Spanndrähte allein. Man muß allerdings darauf achten, daß sich die jungen Ranken nicht über die alten schlingen.
Im Herbst, im Frühjahr oder im Sommer kann gepflanzt werden. Bei einer Herbstpflanzung muß man einen Winterschutz anbringen. Nach der

Prächtige Blütenbüschel zieren den Kiwistrauch im Frühjahr.

Kiwis am optimalen Standort bringen viele wohlschmeckende Früchte.

Pflanzung wird die Ranke sofort festgebunden. Hat sich der Trieb im ersten Jahr nur schwach entwickelt, ist es vorteilhaft, ihn im zweiten Standjahr nochmals zurückzuschneiden, um so einen kräftigeren Austrieb zu erreichen. In den folgenden zwei Jahren nach der Pflanzung läßt man die Pflanze am Gerüst frei wachsen. Ab dem dritten Standjahr wird ein regelmäßiger Schnitt notwendig, da die Kiwi alles in ihrer Nähe umschlingt. Bei Kiwis muß auf den gemeinsamen Blühtermin der männlichen und weiblichen Sorte geachtet werden.

Wissenswertes zum Schnitt

Früchte entwickeln sich hauptsächlich an einjährigen Fruchttrieben, wobei jeweils die erste bis vierte Knospe nach der Verzweigung vom Leittrieb eine Blütenknospen ist. Ab dem dritten Standjahr werden in der zweiten Sommerhälfte, wenn die Früchte walnußgroß geworden sind, die früchtetragenden Seitentriebe auf fünf bis sieben Blätter zurückgenommen, ebenso entfernt man überflüssige Schlingtriebe.

An Trieben, die einmal Früchte hervorgebracht haben, bilden sich keine Blütenknospen mehr. Man muß daher beim Winterschnitt der Pflanze genügend einjährige Triebe lassen. Abgetragenes Holz kann kräftig zurückgeschnitten werden, ebenso entfernt man rigoros alle überflüssigen Äste. Alle drei Jahre sollte eine Fruchtholzerneuerung erfolgen. Dazu prüft man vor dem Schnitt, welcher neue Trieb als zukünftiger Leittrieb aufgebaut werden soll. Triebe, die im Sommer nicht schon für diese Funktion angebunden wurden und jetzt steil nach oben gewachsen sind, brechen sehr leicht ab. Man sollte also nicht versäumen, immer ein bis zwei Ranken zusätzlich am Gerüst zu befestigen. Beim Schnitt muß man mit der Pflanze sehr vorsichtig umgehen, da die Kiwiranken im Winter sehr leicht an der Ansatzstelle abbrechen können. Man führt die Arbeiten am besten Ende Februar aus, wenn mit keinen starken Frösten mehr zu rechnen ist. Dabei darf man aber nicht bis nach Mitte März warten, da die Pflanze sonst ähnlich der Walnuß an den Schnittstellen sehr stark blutet und so viel Kraft einbüßt.

Will man ein Fächerspalier aufbauen, so wählt man etwa bis zu sechs kräftige Ranken aus, die als Leittriebe aufgebaut werden. Man heftet sie fächerförmig an das Spalier und erzieht nach den gleichen Regeln. Allerdings wird im Laufe der Zeit der untere Teil leicht verkahlen, während die Früchte mehr im oberen Bereich anzufinden sind.

Für ein Wandspalier sollte eine Fläche möglichst ohne Fenster oder Türe gewählt werden, denn zwischen einer Wandöffnung und dem Leittrieb sollte ein Mindestabstand von 1,75–2 m bestehen, um dem Fruchtholz genügend Platz für seine Entwicklung einzuräumen. Man zieht in diesem Fall ein kleines Stämmchen, indem man den Trieb auf eine Höhe von etwa 50 cm einkürzt und dann senkrecht anheftet. Die austreibenden Ranken werden am untersten Gerüstdraht waagrecht gezogen, um die aus diesen Hauptleitästen sich entwickelnden Triebe senkrecht in die Höhe zu führen.

Die sehr stark wachsenden Kiwipflanzen sind in der Lage, schnell eine Fassade zu begrünen.

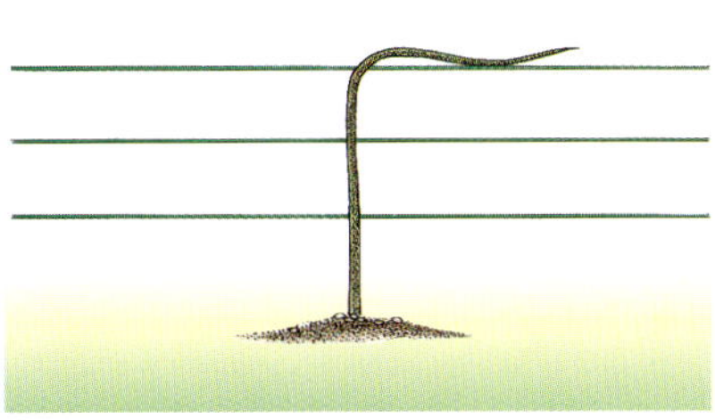

Die auf ein Gerüst angewiesene Kiwipflanze wird im ersten Jahr am oberen Querdraht befestigt.

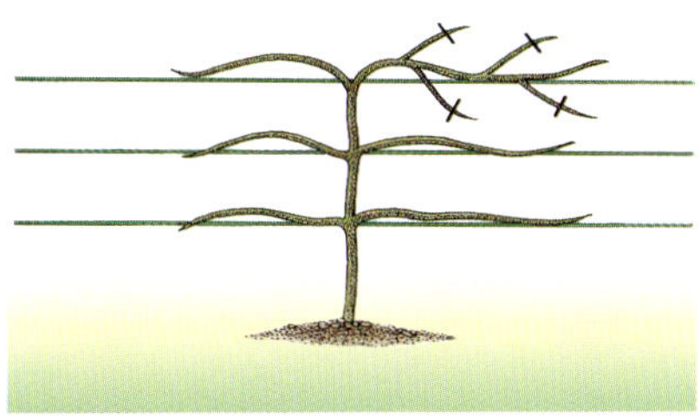

Nicht als Leittriebe benötigte Seitentriebe werden im zweiten Jahr auf fünf bis sechs Knospen eingekürzt.

An diesen eingekürzten Seitentrieben bilden sich im darauffolgenden Jahr bereits Früchte.

Wein

Vitis vinifera
Familie: Rebengewächse

Wissenswertes

Die Weinrebe gedeiht am besten in gemäßigtem Klima, wie es in den Ländern rund um das Mittelmeer zu finden ist. In unserer Klimazone braucht sie für ihr Wachstum eine Gegend mit warmem Sommer- und langem sonnigem Herbstwetter, wie dies in den sogenannten Weinbaugebieten der Fall ist. Frost kann ab ca. minus 12°C Schäden an den Knospen, ab minus 16°C am Holz verursachen. Als Hausspalier an einer warmen geschützten Südwand kann man unter Umständen auch noch in etwas weniger begünstigten Lagen Erfolg mit dem Anbau der Weinrebe haben, doch empfiehlt sich auch in Weinbaulagen bei freistehenden Spalieren die Verwendung von robusteren Sorten.
Der Boden darf keine Staunässe aufweisen, sollte jedoch nährstoffreich sein. Weinreben vertragen zwar Trockenperioden, doch wird die Entwicklung durch leichte Wassergaben während regenarmer Zeiten mit hohen Temperaturen gefördert, vor allem in Böden mit geringer wasserspeichernder Kraft. Die weit verzweigten Wurzeln einer Weinrebe können bis 5 m lang werden, und dienen dem Stock nicht nur zur Ernährung, sondern auch zur Verankerung in einem oft nur mit wenigen Zentimetern Erde bedeckten, steinigen Gelände.

Pflanzung

Als Pflanzgut werden einjährige Topfreben angeboten, die einem mit Wurzeln besetzten Rebholz vorzuziehen sind, da sie besser anwachsen. Beim Kauf achtet man darauf, daß aus der rundum gut verwachsenen Veredlungsstelle ein kräftiger Trieb gewachsen ist. Man pflanzt, wenn kein Frost mehr zu erwarten ist und der Boden sich etwas erwärmt hat und abgetrocknet ist. Gepflanzt wird bei einem Hausspalier 25 cm von der Wand entfernt, bei einem freistehenden Spalier 10 cm von diesem entfernt. Will man mehrere Stöcke pflanzen, so sollte der Abstand etwa 2,50 m betragen. Damit die Wurzeln weit genug von der Hauswand entfernt sind, pflanzt man die Jungrebe schräg zum Spalier, wobei die Veredlungsstelle 3–4 cm über den Boden herausragen soll. Der Trieb wird nach der Pflanzung auf ein Auge zurückgeschnitten. Weinreben bilden keine Terminalknospen aus. Während der Vegetationsruhe den Winter über sterben die Triebspitzen ebenso wie schlecht ausgereiftes Holz ab. Die europäischen Weinsorten sind für den Liebhaberanbau nicht so geeignet, da sie einen höheren Pflanzenschutzaufwand erfordern. Weit anspruchsloser sind die sogenannten Direktträger. Sie sind sehr widerstandsfähig und gesund, ihre geschmacklichen Leistungen reichen jedoch nicht an die der europäischen Sorten heran.

Nach dem ersten Standjahr wird bei Reben die Höhe des Stämmchens festgelegt. Der Schnitt erfolgt fünf bis sechs Augen über der gewünschten Stammhöhe. Aus diesen Augen bilden sich die Seitentriebe.

Mit dem Neutrieb erscheinen direkt hinter den Knospen die herrlichen Trauben.

Wissenswertes zum Schnitt

Bei einem Spalier an einer Hauswand oder einem freistehenden Spalier ist die Erziehung der Rebe im ersten Jahr immer gleich. Der Austrieb wird nach dem Pflanzschnitt auf ein Auge durch häufiges Festbinden und Ausbrechen der Geiztriebe gerade nach oben geleitet. Der Rebstock muß frei stehen und darf nicht von Unkraut überwuchert werden. Dies erhöht die Gefahr eines Befalls durch Mehltau in starkem Maße.
Der Schnitt im Jahr nach der Pflanzung richtet sich nach der Wuchs-

stärke. Wächst die Rebe sehr stark, so kann bereits nach dem ersten Jahr auf die gewünschte Stammhöhe angeschnitten werden. Der Schnitt erfolgt fünf bis sechs Augen über der gewünschten Stammhöhe. Die aus diesen Augen sich entwickelnde Fruchtruten werden belassen, alle tieferstehenden entfernt. An den Fruchtruten entwickeln sich die Blätter, Ranken und Gescheine, wie man die Blüten der Weinrebe nennt. In den Achseln zwischen Blatt und Fruchtrute entwickeln sich die Knospen (Augen), die dann im folgenden Jahr austreiben. In der Regel entstehen drei Knospen, wobei die mittlere die Hauptknospe ist, die anderen beiden als Nebenknospen bezeichnet werden. Schwache Reben werden nochmals auf zwei Augen zurückgeschnitten, damit sie kräftiger werden. Man zieht dann zwei Triebe hoch, wovon man im folgenden Jahr den stärkeren als Stämmchen anschneidet, der schwächere wird an der Basis entfernt. Durch diese Maßnahme wird der Stamm gerade, weist keine Schnittstellen auf und ist dadurch widerstandsfähiger gegen Frost.

In herrlichen Farben leuchten die Blätter und die reifen Trauben dieses Weinstockes.

Ungeschnittene Reben eines Weinspaliers an einer geschützten Hauswand.

Die Reben werden auf zwei Augen zurückgenommen, die vorderste Rebe verlängert das Spalier.

Man schneidet im Winter, um Augenschäden durch starkes Tropfen an der Schnittstelle zu vermeiden, und führt den Schnitt 2–3 cm schräg über dem obersten Auge, so daß der austretende Saft vom Auge weggeleitet wird. Junge Rebstöcke sind die ersten Jahre nach der Pflanzung frostgefährdet.
Während der ersten zwei bis drei Standjahre schützt man sie, vor allem in etwas rauheren Gegenden, durch Anhäufeln mit Erde im Spätherbst. Im Frühjahr wird die Veredlungsstelle wieder auf 3–4 cm zum Boden freigelegt.
Wichtige Maßnahmen sind im Sommer an den Reben die Ertragsregulierung und die Laubarbeiten. Entfernt werden Jungtriebe, die sich zwar aus Hauptaugen entwickelt haben, aber zu eng stehen, und solche, die sich aus Nebenaugen entwickelt haben, sowie überflüssige Wasserschosse. Diese Arbeit sollte im Frühsommer erfolgen, damit dem Rebstock nicht unnötig viel Wuchskraft entzogen wird. Fruchttriebe werden sechs Blätter hinter dem letzten Geschein bzw. der letzten Traube entspitzt, auf alle Fälle 20–30 cm über dem obersten Draht, um ein Überhängen zu vermeiden. Unter Umständen muß diese Maßnahme während der Sommers noch ein zweites Mal erfolgen. Durch das Entspitzen werden die Geiztriebe gefördert, die man um die Trauben entfernt, bzw. wo keine Beschattung erfolgt, auf einige Blätter einkürzt.
Trägt ein Rebstock übermäßig viele Trauben, so empfiehlt es sich, einen Teil davon auszudünnen. Dazu entfernt man zuerst Trauben an schwächeren Trieben, da diese ohnehin so gut wie immer in ihrer Entwicklung zurückbleiben. Muß noch weiter ausgedünnt werden, so folgen Trauben, die sich auf Fruchttrieben aus Nebenknospen entwickelt haben. Ist der Behang dann immer noch zu groß, schneidet man einzelne Trauben aus. Man führt diese Maßnahme in zwei Arbeitsgängen durch und beginnt damit, wenn die Weinbeeren etwa schrotkorngroß sind. Der zweite Durchgang erfolgt, wenn die Beeren ihre Farbe wechseln. Beim zweiten Ausdünnen kann der Mengenverlust nicht mehr durch Größenzuwachs der verbleibenden Trauben wie beim ersten Ausdünnen ausgeglichen werden und dient deshalb in erster Linie dem Anstieg des Zuckergehaltes in den am

Stock belassenen Trauben. Durch das Ausdünnen wird aber nicht nur die Qualität der Weintraube erhöht, sondern man erreicht auch einen über Jahre gleichmäßigen Fruchtbehang und erhöht die Vitalität des Weinstockes dadurch, daß er ausreichend Reserven einlagern kann.
Man sollte das die Trauben umgebende Laub entfernen, denn im Herbst ist es oft nebelig, es ist feucht und die Trauben können nur schwer abtrocknen, was den Befall durch Pilzerkrankungen erheblich fördert. Freihängende Trauben trocknen schneller ab, können von mehr direkter Sonnenbestrahlung profitieren und enthalten einen höheren Zuckeranteil. Erntet man nicht auf einmal, so finden sich die reifen Trauben schneller und faule können leichter entfernt werden. Selbstverständlich finden sich dann auch unsere Vögel ein, denn auch sie sind Liebhaber süßer und reifer Trauben.
Will man seine Ernte erhalten, bringt man einen Vogelschutz an. Man verwendet dazu vorzugsweise ein feinmaschiges Netz, in dem sich Vögel nicht verfangen können und befestigt es am besten mit Wäscheklammern oder ähnlichem am Draht. Man muß aber dafür Sorge tragen daß es keine Schlupflöcher aufweist und auch am Boden dicht aufliegt, damit die Vögel nicht daruntergelangen und nicht mehr herausfinden können. Trotz aller Vorsicht sollte man doch täglich kontrollieren und gefangene Tiere, denn auch Igel usw. können sich verfangen, wieder in die Freiheit entlassen. Auch Dachse und Füchse verschmähen süße Trauben nicht und besuchen öfters Weinstöcke.

Die mit den Fruchtreben erscheinenden Blütenstände der Weinrebe werden „Geschein" genannt.

Schnitt von Spalieren

Für die Haus- oder Wandbegrünung eignen sich beim Wein verschiedene Formen der Spaliererziehung.

Waagerechter Kordon

Der waagrechte Kordon eignet sich für die Begrünung von Süd-, Südost- und Südwestwänden. Je ungünstiger die Lage, desto mehr nach Süden sollte das Spalier ausgerichtet sein. Dazu wird mit Dübeln ein Drahtgerüst an der Wand angebracht. Der unterste Draht wird ca. 40–60 cm, abhängig von der gewünschten Stammlänge, über dem Boden gezogen. Im Abstand von je ca. 30 cm darüber werden drei bis vier weitere Drähte parallel dazu angebracht. Man rechnet für einen senkrechten Trieb je nach Wuchsstärke der Sorte eine Länge von 60–90 cm. Will man das Spalier höher ziehen, so kann man eine weitere Weinrebe – vorteilhaft mit einer anderen Sorte – darüber in der gleichen Weise erziehen. Dazu erzieht man einen Stamm mit einer Höhe von 1,40 m, also einen Meter höher, um nunmehr praktisch im zweiten Stock ebenfalls die Fruchtruten hochziehen zu können, ohne die darunterbefindlichen zu stören. Die aus den Zapfen des unteren Stockes treibenden Fruchtruten können nunmehr ungestört gut 1 m senkrecht hochwachsen.
Es empfiehlt sich, den für die Pflanzung vorgesehenen Boden im Herbst davor etwa zwei Spaten tief umzugraben und eventuell noch vom Hausbau vorhandenen Schotter oder Bauschutt etc. durch Gartenerde zu ersetzen. Man pflanzt im Frühjahr. Die Wurzeln werden auf Handbreite zurückgeschnitten, verletzte oder abgebrochene entfernt. Die Pflanze schneidet man so auf ein Auge zurück, daß der austretende Saft das Auge nicht verklebt. Man verteilt die Wurzeln gleichmäßig im Pflanzloch und füllt dieses mit humusreicher Erde an. Ein hinter der Jungrebe in den Boden gesteckter Bambusstab dient dem Hochbinden des Triebes, der sich ja zu einem Stämmchen entwickeln soll.
Die Fruchtruten, die nach dem Anschneiden der Stammhöhe entstehen, werden im Spätwinter bis auf eine entfernt. Diese wird am waagrechten Spalier befestigt und auf 40–50 cm eingekürzt. Von den aus diesem Streckbogen treibenden Fruchtruten werden drei oder vier nach oben wachsende belassen. Diese Fruchtruten entwickeln sich dann kräftig und bilden Geiztriebe aus, die ebenso leistungsfähige Blätter tragen, die für eine gute Assimilation und damit für eine optimale Ernährung des Rebstockes sorgen. Die vorderste Rute wird während der Vegetationszeit laufend waagrecht am Spalier befestigt und dann beim nächsten Schnitt im kommenden Spätwinter wiederum auf 40 cm eingekürzt. Die senkrechten Fruchtruten, an denen man im Sommer nur eine

Knorriger alter Weinstock mit zwei Bogreben kurz vor dem Austrieb.

Nur die sonnigen Südlagen eignen sich für Weinbau. Ideale Voraussetzungen bieten die sonnenverwöhnten Südhänge des nördlichen Bodenseeufers.

Traube beläßt, werden beim Winterschnitt auf Zapfen mit zwei Augen zurückgeschnitten. Dieser Vorgang wiederholt sich nun jedes Jahr, wobei die vorderste Fruchtrute solange am Spalier weitergezogen wird, bis der vorgesehene Raum ausgefüllt ist oder die Triebkraft des Stockes nachläßt. Von den beiden Fruchtruten, die aus den Zapfen gewachsen sind, wird später immer die obere entfernt und die untere wieder auf zwei Augen zurückgeschnitten. Als Faustregel kann man einen Besatz von sechs bis sieben Augen pro Quadratmeter Fläche zugrunde legen. Läßt die Triebkraft nach, bevor der Raum ausgefüllt ist, kann eine weitere Jungrebe daneben gepflanzt und analog dazu erzogen werden.

Liebevoll gepflegtes Weinspalier an der sonnigen Südwand eines Hauses.

Senkrechter Kordon

Bei einem senkrechten Kordon, der sich für schmale Wandstellen anbietet, wenn z. B. zwischen Fenstern usw. begrünt werden soll, wird das Stämmchen als Mitteltrieb gerade hochgezogen und man erzieht die Fruchttriebe in gleicher Art statt senkrecht waagrecht, wobei der Ansatz sich wechselweise links und rechts befinden soll.

Fächerspalier

Man kann eine größere Fläche auch mit einem Fächerspalier bedecken. Ausgangspunkt ist wiederum ein Stämmchen mit 40 cm Höhe. An dem Stämmchen bilden sich im zweiten Standjahr kräftige Ruten, von denen man die drei bis fünf obersten beläßt, die anderen werden weggeschnitten. Man schneidet in den nächsten Jahren jeweils das Stämmchen, also den Mitteltrieb, auf fünf bis sechs Augen, die sich bildenden Seitentriebe auf vier bis fünf Augen zurück. Die an den Seitentrieben entstehenden Verzweigungen werden 1 cm über dem oberen Auge auf Zapfen mit zwei Augen zurückgeschnitten. Aus diesen entwickeln sich fruchttragende Reben, die, nachdem sie Früchte getragen haben, wieder entfernt werden. Dabei wird die obere Rebe bis zur Ansatzstelle der unteren Rebe entfernt, die untere Rebe wird auf zwei Augen zurückgeschnitten. Dieser Vorgang wiederholt sich in den folgenden Jahren.

Die erste Station der Weintrauben auf ihrem langen Weg in Flasche und Keller.

Bogrebenschnitt

Den sogenannten Bogrebschnitt wählt man bei weniger fruchtbaren Sorten, für die der Zapfenschnitt nicht geeignet ist. Dabei wird eine der beiden Fruchtreben wiederum auf einen Zapfen mit zwei Augen zurückgeschnitten und die andere nicht wie beim Zapfenschnitt entfernt, sondern auf sechs bis acht Augen (Bogrebe) zurückgenommen. Aus diesen Augen und den beiden Augen am Zapfen entwickeln sich im Folgejahr dann die Fruchtruten. Im kommenden Winter wird die Bogrebe samt ihren Fruchtruten an der Basis entfernt. Von den Fruchtruten aus dem Zapfen wird eine wiederum auf einen Zapfen mit zwei Augen zurückgenommen, die andere verbleibt als Bogrebe mit sechs bis acht Augen.

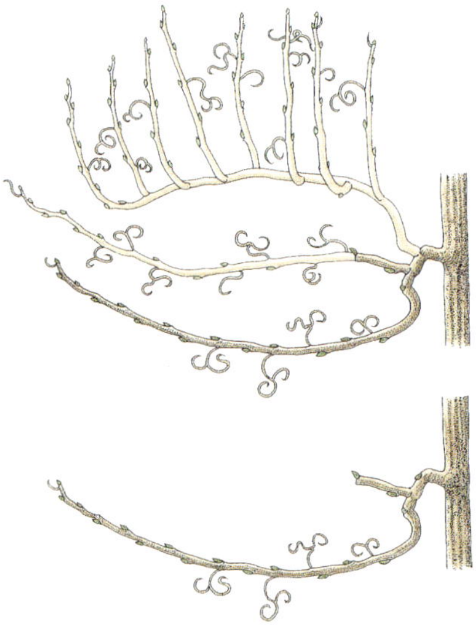

Bogrebenschnitt. Die obere abgetragene Bogrebe wird im Spätwinter entfernt. Von den darunterliegenden Fruchtreben wird eine als neue Bogrebe belassen, die andere auf einen Zapfen mit zwei Augen zurückgeschnitten. Aus diesen entwickeln sich zwei neue Fruchtreben.

Einkürzen der Fruchtreben

Fruchtreben kürzt man auf einige Blätter über dem obersten Geschein (Blüte) ein. Unbefruchtete Gescheine entfernt man. Lange Triebe (Ersatzreben) werden angebunden und am Ende des Sommers auf etwa 1 m eingekürzt. Entstehende Geiztriebe werden im Sommer wegen der besseren Belichtung laufend auf ein Blatt zurückgenommen. Man bricht sie nicht aus, um die sich in der Blattachsel befindende Knospe nicht zu verletzen. Kümmerlich wachsende Triebe mit kleinen Blättern werden ebenfalls zugunsten der Belichtung entfernt. Ein Rebstock ist richtig geschnitten und kann in gleicher Weise weiterbehandelt werden, wenn alle angeschnittenen Augen normale Fruchttriebe mit gutem Fruchtbesatz entwickeln. Dann wird der Stock sortentypische Erntemengen liefern und noch genügend Reservestoffe ins alte Holz einlagern können. Bildet ein Stock neben einigen schönen Trieben viele kümmerliche aus, deren Trauben klein bleiben und sich nicht ausreichend entwickeln, so läßt die Leistungsfähigkeit nach. In diesem Fall muß kürzer geschnitten werden. Treiben im Gegensatz dazu auch Basisknospen und schlafende Augen aus und bilden schöne Triebe, und wächst der Rebstock sehr kräftig, kann länger geschnitten werden, da die Leistungsfähigkeit des Stockes zunimmt.
Im Sommer werden beim Spalier laufend alle Stammausschläge entfernt, ebenso Triebe, die sich aus Nebenaugen entwickelt haben. Die Fruchtruten werden entspitzt, wenn sie die vorgesehene Länge erreicht und sich am obersten Draht festgerankt haben. Geiztriebe über Trauben werden ganz entfernt, beschatten sie keine Trauben, kürzt man sie auf zwei bis drei Blätter ein.

Weintrauben

'Blauer Portugieser'

Die Beeren der großen Trauben schmecken süß und würzig. Die Sorte ist genügsam, sofern der Boden leicht und trocken und der Standort warm ist. Sie kann gut am Spalier erzogen werden. Reifezeit: Anfang bis Ende September.

'Dornfelder'

Sehr große Trauben von aromatischem Geschmack, mit hohem Säure- und Zuckergehalt. Durch ihre geringe Fäulnisanfälligkeit kann mit der Ernte bis zur Vollreife zugewartet werden. Die Rebe wächst kräftig und empfiehlt sich für Spaliererziehung. An den Standort stellt die Sorte geringe Ansprüche, sofern dieser nicht zu trocken ist. Reifezeit: September.

'Müller Thurgau'

Die Sorte ist sehr wüchsig und fruchtbar. Der Geschmack der grünlichgelben, säurearmen Beeren ist sehr angenehm und erinnert an Muskattrauben. Wegen ihrer Fäulnisanfälligkeit empfiehlt sich ein mehrmaliges Überpflücken. Sehr gut sind auch die von der Sorte gewonnenen alkoholfreien Traubensäfte wegen des angenehmen Muskatbuketts und ihrer geringen Säure. Die Blüte ist sehr widerstandsfähig. Reifezeit: September.

'Roter Gutedel'

Große, länglich kegelförmige Trauben von süßem, sehr würzigem Geschmack. Die Sorte liebt einen kräftigen, nicht zu trockenen, warmen Boden. Schwere und humusreiche Böden eignen sich bestens. Sie ist gut für Spaliererziehung geeignet. Reifezeit: Mitte bis Ende September.

'Weißer Gutedel'

Die schöne Traube hat goldgelbe Beeren, die süß, mild und angenehm würzig schmecken. Die Sorte verlangt kräftige, tiefgründige und nicht zu trockene Böden in flachen Lagen. Die mittelfrühe Blüte ist etwas empfindlich. Die Fruchtbarkeit setzt früh ein. Reifezeit: September bis Oktober, nach 'Roter Gutedel'.

'Roter Gutedel'

'Müller Thurgau'

'Weißer Gutedel'

'Dornfelder'

'Blauer Portugieser'

Der anspruchslose Schwarze Holunder ist im ländlichen Raum als uralte Heilpflanze in fast jedem Garten zu finden.

Schwarzer Holunder

Edelsorten von *Sambucus nigra*
Familie: Geißblattgewächse

Wissenswertes

Holunder muß auf einem bevorzugt windgeschützten Platz in frischem, nährstoffreichem und vor allem nicht trockenem Boden stehen, um uns seine volle Kraft zu schenken. Man kann ihn aber, wenn diese Voraussetzungen vorhanden sind, auch durchaus in höheren Lagen pflanzen. Allerdings werden die Fruchtruten mit zunehmender Höhenlage immer kürzer. Gegen stauende Nässe und vor allem auf Überschwemmungen reagiert er dagegen sehr empfindlich, ebenso verringern Trockenperioden den Ernteertrag.

Pflanzung

Beim Holunder sind die Knospen völlig anders angeordnet als beim Kern- und Steinobst. Und zwar befinden sich neben einer Hauptknospe mehrere Nebenknospen, die am Trieb in gleicher Höhe parallel zueinander angeordnet sind und sich von Paar zu Paar jeweils um 90° drehen. Die gegenüberliegende Knospenstellung hat eine stärkere Verdickung, Knoten genannt, am Trieb zur Folge. Die Internodien sind ziemlich lang.

Da Holunderwurzeln für Mäuse eine sehr begehrte Nahrung darstellen, sollte man mit einem Drahtkorb Vorsorge gegen Mäusefraß treffen und die Pflanzung erst im Frühjahr vornehmen. Die Kultur auf Meterstämmen ist in jedem Fall der einer Buscherziehung vorzuziehen, da in Bodennähe die Krankheitsanfälligkeit größer ist. Als Pflanzmaterial verwendet man die in Baumschulen angebotenen zwei-

Ein starker, jährlicher Rückschnitt auf Zapfen fördert eine kräftige Neutriebbildung.

jährigen Meterstämme mit Kronentrieben. Will man selbst eine Holunderpflanze vermehren, läßt sich eine solche auch leicht aus einem etwa 20 cm langen Steckholz, das mit zwei bis drei Knospen besetzt sein muß, heranziehen. Dazu schneidet man im Winter das Holz von einem einjährigen Trieb, bewahrt es wie ein Edelreis in Sand auf und setzt es im Frühjahr. Im folgenden Herbst schneidet man den kräftigsten Trieb kurz an, er dient zum Aufbau des Stammes. Alle anderen Triebe werden entfernt. Im darauffolgenden Sommer schneidet man den Trieb auf eine Höhe von einem Meter plus den darüberliegenden zwei Knoten (zwei Knospenpaare) an. Alle anderen Triebe werden entfernt.

Wissenswertes zum Schnitt

Beim Pflanzschnitt eines Meterstämmchens mit Kronentrieben werden vier bis fünf gleichmäßig um die Stammverlängerung angesetzte Triebe auf zwei Knospen zurückgeschnitten. Auch werden Stammtriebe an der Basis entfernt. Eventuell weitere vorhandene Triebe entfernt man an der Basis. Im Herbst nach der Pflanzung wird ausgelichtet, wobei man sieben bis acht möglichst aufrechte, kräftige Triebe beläßt und so die Rundkrone aufbaut. Holunder bildet willig jedes Jahr zahlreiche 1,50 bis 2 m lange Fruchtruten, an deren Ende sich die Blüten- bzw. Fruchtdolden befinden. Durch das Gewicht der Früchte neigen sich die Triebe und bewirken so den hängenden Habitus dieser Art. Das Kroneninnere ist auf diese Weise immer gut belichtet und bietet ausreichend Platz für nachwachsende einjährige Triebe. Für die ersten vier bis fünf Jahre ist ein Baumpfahl als Unterstützung notwendig.

Jährlicher Winterschnitt ist erforderlich, wobei man die abgetragenen zweijährigen Äste möglichst auf kurze Zapfen zurücknimmt und bis zu fünfzehn, bei älteren, größeren Bäumen bis zu zwanzig kräftige, möglichst in Stammnähe stehende, einjährige Ruten beläßt. Überzählige, schwache Ruten werden ausgeschnitten. Der starke regelmäßige Schnitt beim Holunder ist notwendig, um eine kräftige Neutriebbildung zu erreichen. Im Prinzip hat man auf einem Holunderbaum praktisch nur zweierlei Triebe, und zwar die einjährigen, neu gewachsenen und die zweijährigen, an welchen sich die Früchte bilden. Älteres Holz bleibt nur dort, wo man die einjährigen Triebe nicht an der Basis entfernt, sondern abgeleitet hat. Infolge des starken Rückschnittes bleibt das ältere Holz aber relativ kurz und ist oft nur einen halben Meter lang. Man muß dabei allerdings beachten, daß das Kronengerüst, also die Leitäste, nicht an Volumen zunehmen.

Sollten sich durch äußere Einflüsse wie z. B. lang anhaltende Trockenperioden zu wenige Neutriebe bilden, so beläßt man ausnahmsweise die notwendige Anzahl an zweijährigen Trieben. Beim Winterschnitt werden dann die Seitentriebe derselben auf zwei Knospen zurückgenommen.

Im Sommer kann man die Fruchtbildung durch Auslichten der Krone fördern, wobei man nicht benötigte, starke einjährige Triebe herausnimmt. Nach den durchgeführten Schnittarbeiten muß man dafür sorgen, daß kein Schnittgut am Boden liegenbleibt, denn der Holunder hat die Eigenschaft, sehr rasch aus den Knoten Wurzeln zu bilden und sich so praktisch am Boden festzukrallen. Dies macht eine spätere Entfernung sehr mühsam und wenn man nicht sorgfältig arbeitet, hat man sehr schnell eine Holunderwildnis.

Ein altes Gebäude wird von robusten und prächtig blühenden Holundersträuchern verschönt und zu einer wahren Idylle.

Wildobst aus der Natur

Wenn auch nur ein kleiner Teil der Wildfrüchte uns heutzutage als Nahrung dient im Gegensatz zu unseren Vorfahren, für die die Sammelfrüchte einen hohen Stellenwert hatten, so erfreuen uns doch die Bäume und Sträucher in der Landschaft. Nicht nur Vögel ernähren sich von Wildfrüchten, sondern eine Vielzahl freilebender Tiere ist auf diese Früchte angewiesen. So erfreut Wildobst Mensch und Tier auf mannigfache Weise.

Baumartige Arten

Wildobstbäume sind wichtige Strukturen und Lebensräume für große und kleine Tiere in unserer Landschaft.

Holzapfel

Malus sylvestris
Familie: Rosengewächse

Wissenswertes

Den Holzapfel findet man praktisch in ganz Europa mit Ausnahme des Nordens und Ostens in Höhenlagen bis zu 1500 m. Er bildet bis zu 10 m hohe Bäume, deren abstehende Äste dornige Triebe aufweisen. In seltenen Fällen findet man ihn auch strauchartig mit drei oder vier stammartigen Gerüstästen am Boden verzweigt. Die weiß- bis rosafarbenen Blüten stehen an aufrechten Doldentrauben, erscheinen im April/Mai und verströmen einen zarten Duft, die Früchte sind rund, nur klein (2,0 bis 2,5 cm im Durchmesser), von gelbgrüner Farbe und herbem, saurem Geschmack.
Der Holzapfel liebt wie unser Kulturapfel frische, eher trockene als feuchte Böden und während der Vegetationszeit kein zu rauhes, kaltes Klima. Pflegearbeiten wie Schnitt, Düngung oder Pflanzenschutz sind nicht notwendig. Selbstverständlich entfernt man dürre, abgebrochene oder beschädigte Äste. Auch einen Rückschnitt, wenn der Baum seine zugemessene Größe überschreitet, oder einen Auslichtungsschnitt verträgt die Obstart gut.

Sorten

An Zierformen findet man z. B. *Malus Charlottae,* einen breitaufrecht wachsenden Baum mit zartrosa, nach Veilchen duftenden Blüten; *Malus Van Eseltine,* einen säulenförmig straff aufrechtwachsenden, bis 8 m hoch werdenden Baum mit kräftig rosafarbenen und bis 3,5 cm großen Blüten; *Malus sargentii* bildet breite Büsche mit fast waagrechten Seitenästen und hat einen sehr langsamen Wuchs; *Malus Wintergold,* kleinbleibender Baum oder Strauch mit etwas sparrigen und leicht überhängenden Zweigen, die dicht stehen, und rosa Knospen, die sich zu reinweißen Blüten öffnen.

Verwilderte Hochstämme haben oft die gleiche Funktion wie Wildobstbäume.

Seine kleinen, kugeligen, nur 1 cm großen Früchte sitzen an langen Stielen dicht an dicht und bleiben sehr lange, oft bis in den Dezember hinein am Baum.
Grundsätzlich wird man für einen Wildapfel eine starkwachsende Sämlingsunterlage verwenden, um seine Standfestigkeit zu fördern. Man bekommt ihn allerdings auch schon für kleinkronige und/oder niederstämmige Zierbäume auf zwar auch noch standfesten, aber doch schon dem Sämling gegenüber schwächerwachsenden Unterlagen wie M11 und A2. Zieräpfel werden heute auch schon als Busch mit strauchartigem Wuchs angeboten.

Robuste und gesunde Wildäpfel mit wenig Fruchtfleisch.

So schön wie andere Sorten blüht der Wildapfel.

Die starke Wuchskraft der Kirsche ist an diesen Bäumen am Waldtrauf deutlich zu sehen.

Abgehende Blüte an der Vogelkirsche mit bereits kräftiger Neutriebbildung.

Vogelkirsche

Prunus avium
Familie: Rosengewächse

Wissenswertes

Die Vogelkirsche findet man in unserem Klimaraum häufig in Laubwäldern bis hinauf in Alpentäler in Höhenlagen von 2000 m NN, aber auch als markante Einzelbäume in freier Landschaft. Allerdings braucht sie einen hellen und sonnigen Standort mit einem durchlässigen, nahrhaften Boden. Trockenperioden bringen dem Baum keinen Schaden, während er feuchte oder nasse Standorte überhaupt nicht verträgt. Dort leidet er an Gummifluß, das Holz reift nicht aus und es kommt dann als Folge davon bei Minusgraden zu Holzfrostschäden, die bis zum Absterben führen können. Im Frühjahr ziehen die imposanten Vogelkirschbäume unsere Blicke durch ihre weiße Blütenpracht auf sich, um uns im Herbst mit bunten Farben zu erfreuen, denn ihre Blätter färben sich von goldgelb über orange bis hin zu im Spätherbst leuchtendem Rot. Die Vermehrung erfolgt über Vögel und Eichhörnchen, die die nur etwa erbsengroßen, roten bis schwarzen Kirschen gerne verspeisen, um dann in freier Natur die Kirschkerne wieder loszuwerden und so für eine weitgestreute Vermehrung der herrlichen Bäume zu sorgen.

TIP

Wer dem Wildobst auf seinem Grundstück einen Platz einräumt, holt sich ein Stück unverfälschte Natur ins Haus. Denn die Blüten und Früchte der ursprünglichen Arten locken eine Vielzahl von Insekten, Vögeln und Kleintieren an, die dort Nahrung und Schutz finden.

Schnitt

Die Sämlinge der Vogelkirsche wachsen zu hochstrebenden kräftigen Bäumen heran, die bis 20 m hoch werden können. Auf besten Standorten findet man sogar Exemplare, die eine Höhe von über 30 m erreicht haben. Will man einem Baum eine Unterstützung durch Schnitt zu einer besseren Kronenbildung geben, so wird man am jungen Baum drei bis vier nicht zu steil stehende Leitäste um etwa die Hälfte einkürzen und die Mitte entsprechend anschneiden, so daß sie die Leitäste in ihrer Länge um etwa 15 cm überragt. Alle übrigen Triebe werden entfernt. Man sorgt dafür, daß keine Schlitzäste entstehen und hilft gegebenenfalls mit einem Sperrholz nach. Im zweiten und dritten Standjahr werden die Leitäste und die Stammverlängerung um ca. ein Drittel eingekürzt und man schneidet die Fruchtäste so an, daß sie bis zur Spitze des Leitastes einen pyramidalen Aufbau bilden. Ein weiterer Schnitt ist nicht nötig; man kann die Vogelkirsche allerdings bei Bedarf unbesorgt zurückschneiden, wenn der Baum zu groß wird. Dies sollte aber so geschehen, daß der arttypische Wuchscharakter nicht zerstört wird. Schnittmaßnahmen nimmt man, wenn möglich im Sommer vor; wird im Winter geschnitten, so muß dies schon im Dezember geschehen. In Baumschulen gibt es auch die gefüllt blühende *P. avium* 'Plena'.

Wildbirne

Pyrus pyraster
Familie: Rosengewächse

Wissenswertes

Die Wildbirne, in manchen Gegenden auch unter dem Namen Holzbirne bekannt, findet man in ganz Mitteleuropa mit ihren 15 bis höchstens 20 m hohen Bäumen mit breitpyramidalen, aus sparrig abstehenden Ästen gebildeten Kronen. Kurztriebe bilden oft statt einer Terminalknospe einen Dorn aus. Sie liebt helle und sonnige Standorte mit durchlässigen Böden. Trokkenperioden machen ihr wenig zu schaffen, da ihre Wurzeln sehr tief in die Erde gehen, während sie jedoch in feuchten Böden oder in Böden mit stauender Nässe nicht gedeiht. Ebensowenig verträgt sie Schattenlagen. Man findet sie an Waldrändern und sonnigen Hängen in freier Flur, wo sie ein hohes Alter erreicht und imposante Ausmaße annehmen kann. Steht die Wildbirne an einem Platz, der ihren Ansprüchen genügt, ist sie im Gegensatz zu unseren Kultursorten, die allesamt auf ein mildes Weinbauklima angewiesen sind, ausgesprochen winterhart und frostunempfindlich. Diese Frosthärte haben zum Teil auch einige unserer Mostobstsorten geerbt. Auch Krankheiten und Schädlingen hat die sehr robuste Wildbirne einiges entgegenzusetzen und läßt sich davon in ihrer Entwicklung nicht beeinträchtigen. In günstigen Lagen kann die Wildbirne dank ihrer sich tief ins Erdreich bohrenden Pfahlwurzel auch als Pioniergehölz im Rohboden dienen, sofern dieser keine stauende Nässe aufweist und gut abtrocknet.
Die schwachduftenden, in zottig behaarten Doldentrauben stehenden Blüten der Wildbirne, die im April bis Mai erscheinen, gleichen in starkem Maße den Blüten unserer bekannten Edelsorten, die grünlichgelben Früchte sind jedoch mit 2,50 bis 3,00 cm Durchmesser sehr klein, kugelig bis leicht birnförmig und ausgesprochen gerbstoffreich mit hartem Fruchtfleisch. Für den Menschen in rohem Zustand völlig ungenießbar, dienen sie jedoch vielen Tieren und Vögeln als Nahrung. Als Verwertung kommt bestenfalls die Verarbeitung zu Fruchtwein in Frage. Die Vermehrung erfolgt größtenteils mit Hilfe von Vögeln und anderen Tieren, die die Samen in bekannter Art in der freien Landschaft verteilen.

Rund – klein – gesund – die Wildbirne, aber für den Verzehr zieht man doch neue Sorten vor.

Sorten

Weitere Wildbirnenformen werden von Baumschulen für die verschiedensten Verwendungsmöglichkeiten angeboten, wie zum Beispiel
Pyrus calleryana 'Chanticleer', auch Stadtbirne genannt, stammt aus China. Der bis 12 m hoch werdende Baum bildet eine schmalkegelige Krone. Bemerkenswert sind seine weißen Blüten, die an zahlreichen Dolden erscheinen, aber keine Früchte bilden, und die auffallend schöne gelbrote Herbstfärbung seines Laubes, das er erst nach dem ersten Frost abwirft.
Pyrus caucasica, die Kaukasische Wildbirne ist ausgesprochen winterhart und durch ein äußerst kräftiges Wurzelwerk sehr standfest. Die Bäume erreichen ein Höhe von etwa 10 m und bilden sehr straff aufrechte, schmale und dichte Kronen mit ihren sehr spitzwinklig abgehenden Ästen, deren Spitzen sogar leicht nach innen gebogen sein können. Das Laub ist groß mit einer Länge von etwa 12 cm und einer Breite von ca. 6 cm und färbt sich im Herbst gelb. Die weißen Blüten erscheinen in Doldentrauben bei Laubaustrieb im April/Mai, Früchte bilden sich keine. Der Boden sollte frisch, ohne stauende Nässe, aber nicht zu trocken sein, der Standort warm und sonnig.
Pyrus pyraster 'Beech Hill' bildet nur kleine, 6–8 m hohe, schmalkegelförmige Bäume mit aufrechten Kronen.

Schnitt

Im Prinzip wachsen Wildbirnenbäume ohne Schnitt zu stabilen Hochstämmen heran. Will man sie aber gezielt als prägenden Landschaftsbaum in die Flur pflanzen, so wird man den entweder in einer Baumschule bezogenen oder als Sämling gefundenen und umgepflanzten Baum einem Pflanzschnitt unterziehen, um doch sicherzugehen, daß sich die Krone stabil und artgerecht entwickelt. Dazu werden nach der Pflanzung in bewährter Weise drei bis vier Leitäste bestimmt, die sich rund um den Stamm in unterschiedlicher Höhe verteilen sollen. Diese werden um ein Drittel eingekürzt, ebenso die Stammitte, die die Leitäste jedoch 10 bis 20 cm überragen muß. Zu beachten ist, daß sich keine Schlitzäste entwickeln. Alle anderen, nicht benötigten Verzweigungen werden entfernt. In den nächsten drei bis vier Jahren erfolgt dann ein leichter Erziehungsschnitt. Man entfernt dabei alle Konkurrenztriebe, schneidet die einjährigen Verlängerungen der Leitäste und die Stammverlängerung um ca. die Hälfte zurück und die sich an den Leitästen gebildeten Fruchttriebe so an, daß sie sich zur Astspitze hin wie eine Pyramide verjüngen, wobei zwischen dem ersten Trieb und dem Stamm ein Zwischenraum von ca. 40 cm gegeben sein sollte. Bilden sich lange Triebe, können sie im Sommer entspitzt werden. Später benötigen sie keinen Erhaltungsschnitt mehr, man sollte aber dürres Holz entfernen. Für die ersten Jahre ist eine Unterstützung der Standfestigkeit des Baumes mittels eines Pfahles angebracht, auch wenn er sich später mit seinem tiefgehenden Wurzelwerk gut im Boden hält.

Die Früchte der Mährischen Eberesche lassen sich vielfältig verwenden. Sie sind Ausgangsmaterial z. B. für Schnäpse, Weine, Liköre usw.

Mährische Eberesche

Sorbus aucuparia 'Edulis'
Familie: Rosengewächse

Wissenswertes

Die Mährische Eberesche bildet mittelgroße, bis etwa 15 m hohe Bäume mit einer lockeren, hochstrebenden Krone. Die weißen, auch von Bienen sehr geschätzten Blüten mit eigenartigem Geruch erscheinen erst Ende Mai bis Anfang Juni und sind daher nicht sehr frostgefährdet; sie stehen an ca. 15 cm breiten Doldentrauben. Die schönen, leuchtend orange- bis dunkelroten Früchte reifen im August/September und sind auch für Amseln, Drosseln und andere Vögel von großer Anziehungskraft. An den Standort stellt die Mährische Eberesche keine hohen Ansprüche, sie verträgt Temperaturen bis minus 30°C, ohne Schaden zu nehmen, braucht allerdings ausreichend Feuchtigkeit und verträgt sogar stauende Nässe oder zeitweilige Überschwemmungen. Der Boden sollte humusreich und durchlässig sein und keinen hohen Kalkgehalt aufweisen. Als Pioniergehölz erfüllt sie gute Dienste bei der Bodenfestigung.

Sorten

Züchter haben einige Sorten mit besonderen Eigenschaften entwickelt, unter anderem die Sorte 'Konzentra', die wie der Name schon sagt, sich in erster Linie zur Herstellung von Konzentraten und Säften eignet und einen sehr hohen Vitamin-C-Gehalt aufweist. Der Baum bildet hohe, schmale Kronen mit steilaufrechtstehenden Ästen. Die Sorte 'Rosina' mit mittelstarkem Wuchs bildet an großen Dolden große bis sehr große Einzelfrüchte. Auch hier weist der Name auf die Eignung zum Kandieren hin.
Meist wird die Mährische Eberesche auf die Gewöhnliche Eberesche aufveredelt. Man erhält dabei allerdings großwerdende Bäume mit einem spät einsetzenden Ertrag. Bei Veredlung auf Quitte C oder Quitte de Provence bleiben die Bäume schwachwüchsig. Auf Weißdorn als Unterlage aufveredelt bleiben die Bäume zwar am kleinsten; wegen der Feuerbrandanfälligkeit der Unterlage ist diese Kombination allerdings nicht zu empfehlen. Der frischgesetzte Baum benötigt einen Pfahl, der über mehrere Jahre stehenbleiben sollte. Es erfolgt kein Schnitt, man kann gegebenenfalls die Äste nach der

Besonders Vögel lieben die Früchte der Eberesche, die deshalb auch Vogelbeere genannt wird.

Pflanzung etwas flacher binden, um die Erntearbeit zu erleichtern. Kranke und dürre Äste werden entfernt, ein Auslichtungsschnitt ist nicht erforderlich, da die Kronen von Natur aus locker aufgebaut sind. Würde man kräftig schneiden, hätte dies zahlreiche Stockaustriebe am Wurzelhals zur Folge.

Der Speierling, eine Rarität in unserer Landschaft, bildet im Alter mächtige Kronen.

Speierling

Sorbus domestica
Familie Rosengewächse

Wissenswertes

Es ist sehr schade, daß man den Speierling in der heutigen Zeit nur noch an wenigen Plätzen findet, denn der „Baum des Jahres 1993" zählt zu den schönsten Bäumen unserer Region.
Der Speierling wächst sehr langsam, kann aber trotzdem im Laufe der Jahre doch große Kronen mit einem Durchmesser von über 10 m ausbilden.
Allerdings stellt der bis 15 m hoch werdende Baum große Ansprüche an seinen Standort. So ist er sehr wärmeliebend und gedeiht am besten in ausgesprochenen Weinlagen an windgeschützten und hellen, sonnigen Stellen. Man findet ihn an Waldrändern oder in der Umgebung von Weinbergen. Der Boden muß nährstoffreich, tiefgründig und vor allem kalkreich sein. Trockenperioden verträgt er gut, da er mit seinen weitreichenden Faserwurzeln auch noch aus tieferen Bodenschichten genügend Feuchtigkeit findet, während ihm ein zuviel an Feuchtigkeit oder gar Nässe schadet. Bei Spätfrösten können die jungen Austriebe zu Schaden kommen.

Die erste Blüte und damit der erste Ertrag ist in der Regel erst etwa 10 bis 15 Jahre nach der Pflanzung zu erwarten, in ungünstigeren Lagen oft erst nach 20 Jahren. Die weißen Blüten sitzen an breiten Dolden, öffnen sich Ende Mai und werden gerne von Bienen und anderen Insekten besucht. Die Früchte können apfel- oder birnenförmig sein und sind klein, gelb mit sonnenseits roter Färbung; sie reifen im September/Oktober. Sehr begehrt aufgrund seiner Härte und Dichte ist das Holz des Speierlings, was sich in einem hohen Marktwert niederschlägt. Es findet vor allem bei Holzschnitzern und Instrumentenherstellern gerne Verwendung.
Aus den Früchten des Speierlings kann Schnaps hergestellt werden und bildet dann ein Destillat mit einem typischen Aroma. Meist werden die Früchte allerdings als Säurelieferant bei der Mostherstellung verwendet. Der Most wird klarer, haltbarer und aromatischer. Allerdings muß man dafür die Früchte in hartreifem Zustand ernten, um den hohen Gerbstoffgehalt zu erhalten. Für die Maische zur Schnapsherstellung kann man warten, bis die Früchte von selbst in reifem Zustand vom Baum fallen. Allerdings ist dann insoweit Vorsicht angebracht, als dieses Erntegut Wild anzieht, für das die Früchte einen Leckerbissen darstellen. Auch durch längere Lagerzeit oder Frost werden die Früchte weich, sind dann allerdings bräunlich verfärbt und sehr unansehnlich. Teigige, weiche Früchte haben ihren hohen Anteil an Gerbsäure verloren und können auch roh gegessen werden.
Ein Grund für das seltene Vorkommen des Speierlings ist u. a. die schwierige Vermehrung. So können in der freien Natur erst Samen keimen, wenn sie zuvor einen Vogel- oder Tiermagen und -darm durchwandert und diesen auch unversehrt wieder verlassen haben. In den Baumschulen behilft man sich mit künstlichen Verfahren (sogenannte Stratizifierungsverfahren), um zum gleichen Ergebnis zu kommen.

Mit dem Saft der Speierlingsfrüchte läßt sich der Apfelwein in Farbe und Geschmack verbessern.

Die jungen Pflänzchen sind jedoch hier wie dort sehr anfällig und wachsen nur zögerlich. Zur Zeit werden in Baumschulen Versuche mit Veredlungen auf verschiedenen Unterlagen oder Anzucht aus Wurzelabschnitten angestellt. Heute angeboten werden Veredlungen oder Jungpflanzen aus Sämlingen. Der Speierling erlangt seit etwa zehn Jahren wieder größere Bedeutung als landschaftsprägender und -gestaltender Baum.

Strauchartige Arten

Wildsträucher sind eine Bereicherung für unsere Gärten und machen sich gut als natürliche Hecke.

Gemeine Berberitze

Berberis vulgaris
Familie: Berberisgewächse

Wissenswertes

Schon im Mittelalter fand die Gemeine Berberitze, auch unter dem Namen Sauerdorn bekannt, als Heil- und Drogenpflanze Verwendung. In unserer Zeit werden nur noch die Beeren gesammelt, die Apfelsäure, verschiedene Zucker und Vitamin C enthalten; man gibt sie Marmeladen und Gelees bei. Vom Rohgenuß ist jedoch aufgrund ihres, wie der Name schon sagt, sehr sauren Geschmackes abzuraten.
Die Gemeine Berberitze bildet einen sommergrünen Strauch mit überhängenden, gelblichgrauen Zweigen, der eine Höhe von 1,00–2,50 m erreichen kann. Ältere Triebe werden hellbraun und sind stark gefurcht. An den Langtrieben stehen 1–2 cm lange Dornen. Die leuchtend gelben Blüten hängen in 5–7 cm langen Trauben und verströmen einen starken Duft, der Bienen und zahlreiche andere Insekten anlockt. Die walzenartigen, hochroten, etwa 1 cm langen Beeren weisen eine dunkle Spitze auf, die aus der Narbe entstanden ist.
Man findet die Gemeine Berberitze in der freien Natur an sonnigen, trockenen, ja oft sogar steinigen Stellen. Der Boden sollte kalkhaltig und keinesfalls zu feucht sein. Die Pflanze steht in Hecken und Gebüschen und vermehrt sich leicht und schnell, da die Vögel große Liebhaber ihrer Früchte sind und so für eine weiträumige Verbreitung sorgen.

Sorten

Es sind Gartenformen für verschiedene Verwendungszwecke erhältlich, so z. B. die immergrüne, sehr frostharte *Berberis Amstelveen,* die schwachwüchsige *Berberis buxifolia Nana,* deren Höhe 50 cm nicht überschreitet, die große Blutberberitze *Berberis Superba,* die sich zu einem 3–4 m hohen, locker aufrecht wachsenden Strauch entwickelt, die bekannte grüne Heckenberberitze *Berberis thunbergii,* ein kleiner 1–1,50 m hoher, sehr schnittverträglicher Strauch, der gerne für Hecken verwendet wird.
Man findet unter der Vielzahl des Angebotes auch Sorten, die für saure oder feuchtere Böden geeignet sind.

Berberitze, auch Sauerdorn genannt, dient den Vögeln im Winter als willkommene Nahrung.

Schnitt

Bei Berberitzen entfernt man während der Vegetationsruhe altes Holz wie bei Wildrosen direkt über dem Boden. Sie treiben dann willig nach und verjüngen sich so laufend. Zu starke Triebe können auch im Sommer zurückgenommen werden.

Stark verwilderter, länger nicht geschnittener Berberitzenstrauch, der nicht zuletzt wegen seiner Bewehrung undurchdringbar geworden ist.

Aus dem Berberitzenstrauch wurden altes Holz sowie überzählige Jungtriebe entfernt. Dadurch wurde der Strauch viel lockerer.

Kornelkirsche

Cornus mas
Familie: Hartriegelgewächse

Wissenswertes

Man findet die Kornelkirsche in der freien Natur vor allem an Waldrändern und in lichten Wäldern der Mittelgebirge an trockenen Standorten. Wenn man Kornelkirschen zur Fruchtgewinnung pflanzen will, wählt man einen sonnigen Platz, der ausreichend Feuchtigkeit ohne stauende Nässe aufweist. Die ovalen, 2–3 cm langen und 1 cm dicken roten, mit zunehmender Reife immer dunkler werdenden Früchte haben einen sehr hohen Vitamin-C-Gehalt von 125 mg/100 g Frucht. Im Geschmack erinnern die angenehm süßsäuerlichen Früchte an Sauerkirschen.

Schnitt

Die Vermehrung erfolgt mit Sämlingen. Bei der Pflanzung sollte ein starker Rückschnitt erfolgen. Wird die Pflanze nicht beschnitten, bildet sie sehr dichte Sträucher, so daß sich alle paar Jahre ein Auslichtungsschnitt lohnt. Die Kornelkirsche ist gegen Krankheiten und Schädlinge sehr widerstandsfähig. Als Pflanzmaterial verwendet man vorzugsweise zwei- oder dreijährige Pflanzen. Mit den ersten Früchten gibt es ab dem vierten Standjahr.

Schon im Spätwinter kündigen Blüten der Kornelkirsche das unaufhaltsame Nahen des Frühlings an.

Sanddorn ist sehr stachelig, aber glücklicherweise sind hier Schnittmaßnahmen nicht notwendig.

Sanddornbeeren

Sanddorn

Hippophaë rhamnoides
Familie: Ölweidengewächse

Wissenswertes

Das in Europa und Asien an Meeresküsten und Flußufern heimische Gehölz steht in einigen Gebieten Deutschlands unter Naturschutz und darf nicht abgeerntet werden. Bemerkenswert ist der hohe Vitamin-C-Gehalt, der allerdings je nach Standort sehr unterschiedlich ist.
Der Standort sollte sonnig und warm, der Boden sandig oder schotterig, nährstoffarm, aber nicht trocken sein, denn der Sanddorn möchte mit seinen Wurzeln das Grundwasser erreichen. Er bildet bis 6 m hohe Sträucher mit stark bedornten, sparrigen Zweigen und silbriggraues, schmales, lanzettlich geformtes Laub. Seine Blüten sind unscheinbar und erscheinen im März/April. Sanddorn ist zweihäusig, es gibt also Pflanzen mit nur männlichen Blüten und solche mit nur weiblichen Blüten. Aus diesem Grund muß man dafür sorgen, daß immer weibliche und männliche Sträucher gepflanzt werden. Die Ernte kann im September/Oktober beginnen und kann bis zum kommenden Frühjahr erfolgen, da der Frost den Früchten nichts anhaben kann. Die Früchte selbst sind orangerot, 6–8 mm lang, eirundlich und saftig und umschließen eine schwarzglänzende harte Nuß. Man findet den Strauch in Gärten und Parks, er dient als Straßenbegleitgrün, als Pionierpflanze zur Uferbefestigung und wird wegen seiner zahlreichen Wurzelausläufer z. B. in den Niederlanden zur Dünen-Befestigung angepflanzt.

Schnitt

Im Prinzip ist kein Schnitt nötig. Der Strauch verträgt aber gut einen Rückschnitt als Höhenbegrenzung, den man praktischerweise bei der Ernte ausführt, so daß man einen Teil der Beeren nicht in der Höhe ernten muß, sondern bequem vom Schnittgut abpflücken kann. Es sind bereits Sorten im Handel wie z. B. 'Hergo' oder 'Leikora', die im Erwerb in Plantagen angebaut werden.

Echte Mispel

Mespilus germanica
Familie: Rosengewächse

Wissenswertes

Die echte Mispel hat ihren Ursprung in der Region um das Kaspische Meer und gelangte über Babylonien, Kleinasien, nach Griechenland, wo sie schon 650 v. Chr. Erwähnung fand. Heute sind Mispelbäume nur mehr sehr selten zu finden, man findet einzelne Exemplare in der freien Landschaft an der Bergstraße (Baden), im Elbhügelland (Sachsen), im Erfurter Steigerforst (Thüringen) sowie an einzelnen Standorten in der Pfalz, der Schweiz, Niederösterreich und Südtirol.

Die Mispel braucht einen warmen, nicht zu trockenen, sonnigen bis leicht halbschattigen Standort mit gut durchlässigen, ausreichend feuchten Böden ohne stauende Nässe, die durchaus auch flachgründig und kiesig sein können. Zu trockene Böden bremsen das ohnedies langsame Wachstum noch zusätzlich, während zu nasse Böden im Herbst die Holzausreife hinauszögern und das nicht sehr frostfeste Holz dadurch noch mehr gefährden. Bei guter Holzausreife kann es schon bei Temperaturen von −20°C zum Totalschaden kommen. Die Blüten, die sich endständig an den seitlichen Verzweigungen von Trieben bilden, öffnen sich erst ab Mitte Mai nach den Eisheiligen und sind daher nicht sehr frostgefährdet. Mit ihren im Durchmesser 5 cm großen, einzeln stehenden Blüten sind sie ein Blickfang in jedem Garten.

Die etwa walnußgroßen, braunen, grünpunktierten Früchte sind zum Rohgenuß erst nach den ersten Frösten geeignet und schmecken dann süßsäuerlich und etwas weinig. Erntet man sie in hartem Zustand, muß man sie im Lager nachreifen lassen. Man legt sie dazu so aus, daß sie sich nicht gegenseitig berühren und deckt sie, wenn möglich, mit Stroh oder einem ähnlichen Material ab, denn die Wärme beschleunigt die Reife. Ist sie reif und teigig geworden, kann die Frucht nur mehr etwa zwei Wochen gelagert werden, denn sie fault dann leicht. Mispeln besitzen 20–30 mg Vitamin C/100 g, 3–4% Stärke, 6–9% Zucker, 0,8–1% Pektin, 1% Mineralsalze und 8,5–9,5% Zellulose. Man kann mit Mispeln Mus, Marmelade, Gelee, Saft oder Likör herstellen, ebenso wie Obstwein oder Branntwein. Sie wurden auch wegen ihres hohen Gerbstoffgehaltes gerne ähnlich dem Speierling Obstweinen beigegeben. In manchen Gegenden, wie z. B. in Bulgarien, legt man Mispeln auch als Zucker/Essig-Früchte ein. Das gelblichbraune Holz der Mispel genießt bei Drechslern hohes Ansehen wegen seiner Zähigkeit.

Die Vermehrung erfolgt in der Baumschule auf vegetative Art. Man veredelt sie auf Birnen-, Quitten- oder Weißdornunterlagen, wobei Birnenunterlagen ein verhältnismäßig starkes Wachstum auslösen, während man mit Weißdornunterlagen sehr kleinkronige Bäume und kleinbleibende Sträucher erhält.

Schnitt

Die Mispel bildet ohne äußere Eingriffe von Natur aus 3–6 m hohe Sträucher. In den Baumschulen wird sie aber auch als Baum angeboten, der bis 8 m hoch werden kann, dazu aber sehr lange Zeit benötigt, denn die Mispel wächst nur sehr langsam. Baum und Strauch haben einen breit ausladenden Habitus, der durch die ausgeprägte Drehwüchsigkeit des Stammes und der Äste sparrig und unregelmäßig wirkt. Der Aufbau der Leitäste am Baum muß mit besonderer Sorgfalt vorgenommen werden und erfolgt wie bei der Pyramidenkrone. Auch beim Strauch wird man mit einem leichten Formierungsschnitt für einen lockeren Aufbau sorgen. Ist die Krone aufgebaut, muß im Spätwinter regelmäßig ausgelichtet werden, um den gewünschten Neutrieb zu fördern.

Mispel

Die Mispel gehört zu den Rosengewächsen; genußfähig wird sie aber erst nach dem ersten Frost.

Die zu den Rosengewächsen gehörende Steinweichsel besticht durch ihre duftigweiße Blüte.

Ihre Blüten kündigen schon früh den Frühling an.

Steinweichsel

Prunus mahaleb
Familie: Rosengewächse

Wissenswertes

Die Steinweichsel bildet starkwachsende, 4–5 m hoch werdende breite Büsche mit einer frühen, schäumend weißen Blüte. Die kleinen schwärzlichen Kirschen sind eßbar und zu Saft, Kompott usw. zu verarbeiten.

Dornige, dichte Schlehenbüsche sind ideale Vogelschutzgehölze und bieten reichlich Nahrung.

Schnitt

Nach einem starken Rückschnitt bei der Pflanzung erfolgt ein notwendiger Auslichtungs- oder Verjüngungsschnitt möglichst während der Vegetationszeit, vorzugsweise im August. Wird im Winter geschnitten, so darf der Schnitt nicht zu spät erfolgen, da das Gehölz schon sehr früh im Saft steht.

Schlehe

Prunus spinosa
Familie: Rosengewächse

Wissenswertes

Die Schlehe, unter anderem auch unter den Namen Schwarzdorn oder Schlehdorn bekannt, ist über ganz Europa verbreitet. Man findet sie bis in Höhenlagen um 1400 m NN an Waldrändern, Kahlschlägen, als Hecken, in lichten Laubwäldern usw. als dicht verzweigte, undurchdringliche, bis 3 m hoch werdende Sträucher, die mit ihren flachen, aber sehr weit verzweigten Wurzeln zahlreiche Wurzelausläufer bilden und so meist in größerer Zahl nebeneinander stehen. Schon im März öffnen sich die reinweißen, dicht stehenden Blüten und überziehen den ganzen Strauch wie ein Schaumteppich. Die etwa kirschgroße Frucht wird erst nach dem ersten Frost genießbar und schmeckt auch dann noch säuerlich.
An den Standort stellt die Schlehe so gut wie keine Ansprüche.
Schlehen sind sehr leicht zu vermehren, wobei Wurzelausläufer sehr schnell wachsen, während die Vermehrung aus Samen längere Zeit in Anspruch nimmt, da die Sämlinge nur sehr langsam wachsen. Schlehen lassen sich gut verpflanzen und wachsen problemlos an, brauchen allerdings bis zu 20 Jahre, um ihren vollen Umfang zu erreichen.

Schnitt

Bei der Pflanzung werden die einjährigen Triebe sehr stark, etwa um die Hälfte, zurückgeschnitten. Durch den sehr dichten Wuchs und die starke Bedornung der Schlehe kann man einzelne Äste und Triebe nicht oder doch nur mit sehr viel Mühe herausnehmen. Allerdings verträgt sie jeglichen Rückschnitt sehr gut und treibt wieder willig aus.

Wildrosen

Rosa in Arten
Familie: Rosengewächse

Wissenswertes

Mit über 150 verschiedenen Arten sind die Wildrosen über Mitteleuropa weit verbreitet. Schon seit altersher werden die Früchte und auch die Blütenblätter genutzt. Herausragend ist der hohe Vitamin-C-Gehalt der Hagebutten, der bei der Art *Rosa rugosa* z. B. 845 mg/100 g Frucht, bei *Rosa canina* 332 mg/100 g oder bei *Rosa moyesii* 832 mg/100 g beträgt. Dementsprechend wird Hagebuttentee gerne bei Erkältungskrankheiten getrunken. Auch zu Mus, Marmeladen, Saft, Likör, Wein oder Branntwein wird die Frucht verarbeitet. Aus den Blütenblättern einiger Sorten wird dagegen Rosenöl hergestellt, das für die Parfümherstellung wichtig ist. Wildrosen entwickeln sich in ihrer Größe und Ausdehnung meist nach den gegebenen Verhältnissen wie Standort und Bodenqualität. Wegen ihrer guten Bewehrung mit Stacheln bieten ihre Sträucher aber immer Vögeln Schutz und Nistmöglichkeiten. Es gibt mehrere Arten, wovon als wichtigste die Hundsrose *(Rosa canina)*, Heckenrose *(Rosa multiflora)*,

Wenn die Rosen längst verblüht sind, zieren die Beeren, hier mit Rauhreif überzogen, den Garten.

Schottische Zaunrose *(Rosa rubiginosa)*, Apfelrose *(Rosa rugosa)*, Sandrose *(Rosa carolina)* anzusehen sind. Allen gemeinsam sind die zierenden Eigenschaften ihrer Blüten und Früchte.

TIP

Die robusten und gesunden Wildrosen bieten einen ausgezeichneten Schutz gegen unerwünschte Eindringlinge. Wer ein großes Grundstück hat, kann mit diesen wehrhaften Gehölzen eine dichte Hecke ziehen.

Verwachsener Wildrosenstrauch, der ein undurchdringliches Dickicht bildet und von unten her zu verkahlen droht.

Zur Verjüngung des Strauches wird altes Holz entfernt, die langen, über den Strauch ragenden Ruten werden eingekürzt.

Schnitt

Bei Wildrosen wird altes Holz bis zum Boden entfernt. Dadurch erfolgt ein ständiger Neutrieb, der den Strauch laufend verjüngt. Man verhindert so das Verwildern und kann sich oft jahrzehntelang an einer solchen Rose erfreuen. Der Eingriff sollte aber kontinuierlich jedes Jahr geschehen, denn entfernt man zu viele Triebe auf einmal, so erfolgt ein verstärkter Austrieb und der Strauch wird zu dicht und ist dann in den Folgejahren nur mehr sehr schwer zu pflegen.

Januar bis Dezember

Damit Sie die nötigen Arbeiten in der optimalen Reihenfolge erledigen können und der Arbeitsanfall während eines „Obstjahres" etwas transparenter wird, haben wir Ihnen hier einen kurzgefaßten Arbeitskalender vorbereitet. Selbstverständlich können Verschiebungen, wie sie sich z. B. von der Witterung her ergeben, auftreten. Im großen und ganzen wird jedoch der Arbeitsablauf wie folgt zu planen sein.

Januar

Veredlung

Edelreiser werden jetzt – selbstverständlich nur von gesunden Bäumen mit guten Erträgen – geschnitten, wobei man auf eine ausreichende Garnierung mit Knospen achtet. Man sorgt für eine ausreichende Beschriftung, steckt sie in mit Sand gefüllte Kisten und bewahrt sie im kühlen und dunklen Keller frostfrei auf, keinesfalls in der Nähe von Obst. Ungeeignet für die Edelreisergewinnung sind Triebe mit zu großen Knospenabständen.

Die kalte Wintersonne bringt die ganze Bizarrheit dieses Birnbaumriesen zur vollen Geltung.

Winterschnitt

Der Winterschnitt kann im Januar bei älteren Bäumen und Hochstämmen mit Ausnahme der sehr frostempfindlichen Aprikosen, Pfirsiche, Kiwis usw. durchgeführt werden. Rote Johannisbeeren, Stachelbeeren und Sauerkirschen können ebenfalls schon im Januar geschnitten werden. Beim Schnitt der Hochstämme ist es sehr wichtig, auf einen guten Stand der Leiter zu achten, denn auf gefrorenem Boden kann sie leicht wegrutschen. Bei hohen Bäumen empfiehlt es sich, eine zweite Person zum Absichern mitzunehmen. Junge Bäume sollten erst geschnitten werden, wenn das Thermometer nicht mehr sehr tief unter 0° C klettert. Über 2-DM-Stück-große Schnittflächen sollten ebenso wie sonstige größere Wunden behandelt und mit einem Wundverschluß-mittel bestrichen werden. Am besten verbrennt man von Pilzen befallenes Schnittholz. Wo dies nicht möglich ist, entsorgt man es z. B. über den Bio-Abfall. Es darf keinesfalls in der Anlage liegen bleiben oder kleingehäckselt auf den Komposthaufen gelangen oder zum Mulchen verwendet werden.

Sonstiges

Falls viel Schnee auf Bäumen und Sträuchern liegt, so klopft man diesen vorsichtig, und ohne die Rinde zu verletzen, ab. Man verringert dadurch die Gefahr von Schneebruch. Zu dieser Zeit greift das Wild bei Hunger auch schon mal auf junge Bäumchen oder Beerensträucher zurück und kann dort durch Wildverbiß großen Schaden anrichten. Man kontrolliert die Umzäunung auf Vollständigkeit, damit auch kein Durchschlupf offen bleibt. Bei Schaden muß man die Wunden sofort behandeln. Einzeln stehende Bäume erhalten eine im Fachhandel erhältliche Wildschutzspirale oder man bringt aus Maschendrahtgeflecht eine Drahthose am Baum an.
Die langen Abende bieten sich an, um Zeitschriften und Bücher zu studieren und sich über den neuesten Stand zu informieren.

Rauhreif läßt bei Kälte die Kirschbäume wie einen Zauberwald erscheinen.

Februar

Schnitt

Den Winterschnitt werden wir an älteren Bäumen und Hochstämmen zu Ende bringen. Mit den frostempfindlicheren jungen Bäumen sowie mit Aprikosen, Pfirsichen, Kiwis, Brombeeren usw. wartet man noch ein wenig. Bei Bäumen, die eine reiche Ernte hatten und zur Alternanz neigen, wartet man ebenfalls bis kurz vor der Blüte mit dem Schnitt, da dann die Blütenknospen besser erkennbar sind. Krebsstellen müssen mit einem scharfen Messer ausgeschnitten werden, wobei man alle kranken Gewebeteile entfernen muß. Die Wunde wird anschließend mit einem Wundverschlußmittel behandelt.

Stammbehandlung

Tagsüber kann jetzt schon die Sonne kräftig scheinen und die Baumstämme erwärmen, während nachts, besonders bei klarem Wetter, nach Sonnenschein noch starke Fröste auftreten können. Durch den Temperaturwechsel können Baumstämme aufgerissen werden. Um dies zu verhindern, bestreicht man die Bäume mit einem Kalkbrei, den man zur besseren Haftung mit Tapetenkleister anrührt. Durch die weiße Farbe wird einerseits eine zu starke Erwärmung durch Sonneneinstrahlung vermieden, andererseits bekämpft man damit Flechten und Moose, die sich am Stamm ansiedeln.

Winteridylle am Gartenzaun.

Beerenobst

Bei Kiwis wird jetzt auch der Schnitt durchgeführt und die Triebe werden anschließend in gewünschter Form an das Spalier geheftet. Ende des Monats kann bei frostfreiem Wetter mit dem Schnitt von Weinreben begonnen werden.

Düngung

Wenn nötig, kann jetzt die Düngung erfolgen. Die Höhe der Düngergaben sollte sich nach dem Ergebnis der Bodenprobe richten.

Sonstiges

Sobald der Boden frostfrei ist, kann man Gehölze, die zwar im Herbst gekauft, wegen Frost aber den Winter über im Einschlag verbringen mußten, nunmehr an ihren vorgesehenen Platz setzen. Dies sollte aber nur geschehen, wenn der Boden abgetrocknet ist, denn bei schweren, nassen Böden besteht die Gefahr von Bodenverdichtungen. Diese lassen dann kaum ein Wurzelwachstum zu.

Man kontrolliert während der Schnittarbeiten, ob noch alle Pfähle sicher und fest stehen und ob die Gerüste gut verankert sind. Gleichzeitig überprüft man, ob das Bindematerial am Stamm nicht zu eng geworden ist oder sich gelöst hat. Abgebrochene Baumpfähle muß man erneuern, lockeres Gerüst wieder ausreichend befestigen. Nach schweren Winterstürmen kontrolliert man die Obstgehölze auf Sturmschäden. Verletzte oder angebrochene Äste und Zweige werden entfernt und die Wunden mit einem Wundverschlußmittel behandelt.

März

Winterschnitt/ Pflanzschnitt

Nach dem Pflanzschnitt schön gewachsene Pyramidenkrone mit kräftigem Neutrieb an den Leitästen.

Konkurrenztriebe und nach innen wachsende Triebe werden entfernt, Leitäste und Mitte eingekürzt.

Der Winterschnitt sollte im Laufe dieses Monats beendet sein. Vor allem bei Spindelbäumen dürfen nach Beendigung der Schnittarbeiten in den oberen Kronenbereichen keine starken Äste mehr vorhanden sein, die den Baum überbauen. Das Schneiden der empfindlichen Pfirsich- und Aprikosenbäume sowie der Pflanzschnitt an den im Herbst oder Frühjahr gepflanzten Jungbäumen, bilden den Abschluß der Winterarbeiten. Der Pflanzschnitt sollte unbedingt vor dem Austrieb durchgeführt werden.

Pflanzung

Wenn bisher noch keine Gelegenheit zur Pflanzung junger Bäume bestand, kann dies jetzt geschehen. Die noch vorhandene Winterfeuchtigkeit kommt den Bäumen zugute und beschleunigt das Anwachsen. Wichtig ist dabei, daß man jeden neugepflanzten Baum sofort an den vor der Pflanzung in den Boden eingeschlagenen Pfahl befestigt, wobei der Abstand zum Pfahl etwa eine gute Handbreite betragen sollte, um ein ungehindertes Dickenwachstum zu ermöglichen. Als Befestigung ist immer noch eine Achterschleife mit einem dicken Strick die beste Methode.

Beerenobst

Bei **Brombeeren** werden jetzt alte Ruten entfernt und die verbliebenen am Gerüst fächerförmig festgebunden und auf 2,20 bis 2,50 m eingekürzt. Die Geiztriebe werden auf zwei Augen zurückgeschnitten.
Bei den **Himbeeren** vereinzelt man die Jungruten auf den vorgesehenen Endabstand. Man hat jetzt die Gelegenheit, kranke, frostgeschädigte oder auch zu starke, rissige Jungruten zu entfernen, indem man sie direkt am Boden abschneidet.
Auch bei **Johannisbeeren** werden jetzt überflüssige Triebe dicht über dem Boden abgeschnitten. Um dem Amerikanischen Stachelbeermehltau vorzubeugen, sind **Stachelbeeren** jetzt ausreichend auszulichten, denn zu eng gepflanzte Sträucher oder Kronen werden stärker von dieser Krankheit befallen. Das Einkürzen aller Triebe um drei bis vier Knospen bei mehltauanfälligen Sorten beugt dem Mehltaubefall vor.

Pflanzenschutz

Unseren Nützlingen helfen wir, indem wir jetzt für Ohrwürmer mit Holzwolle ausgefüllte, kleine Blumentöpfe mit der Öffnung nach unten in die Bäume hängen. Nistkästen sollten auch schon jetzt an ihren vorgesehenen Platz aufgehängt werden. Bereits hängende und im vergangenen Jahr bewohnte Nistkästen müssen gesäubert werden. Um die Gefahr einer Schorfinfektion zu vermindern, sollten alle noch liegengebliebenen und von den Regenwürmern noch nicht zersetzten, im Herbst abgefallenen Blätter entfernt werden, da auf diesen die Schorfsporen überwintern.

April

Pflanzschnitt

Die Neupflanzung sowie der Pflanzschnitt sollten nun abgeschlossen sein. Bei starker Trockenheit sollte man die frisch gepflanzten Bäume mit Wasser versorgen, um ein rasches Anwachsen zu fördern. Der Boden sollte dabei allerdings nicht durch totales Einschlämmen der Bäume verdichten.

Frostschutz

Der Verlauf der Baumblüte und der Bienenflug geben uns die ersten Hinweise auf die zu erwartende Ernte. Wir legen uns für eventuelle Frostnächte Abdeckmaterial bereit, mit dem wir kleinere Bäume oder Spalierbäume sowie Beerensträucher etwas schützen können.

Veredlung

Mit dem Umpfropfen kann ab Mitte des Monats begonnen werden. Für den Kleingartenbesitzer kann diese Maßnahme besonders sinnvoll sein, wenn er an einem Baum einzelne Äste mit verschiedenen Sorten veredeln will. Kirschen kann man bereits ab Mitte April veredeln, da bei dieser Obstart der Saftanstieg bekannterweise sehr früh einsetzt.

Rechts:
Der Frühling erfreut mit seinem ganzen Farbenreichtum.

Düngung

Eine gute Ernährung aller Obstgehölze ist zu Beginn der Vegetationszeit wichtig. Wer eine Bodenuntersuchung vorgenommen hat, kann entsprechend düngen. Sonst geht man davon aus, daß man sehr starktriebigen Kernobstbäumen keinen oder nur sehr wenig Dünger gibt, vor allem keinen Stickstoff. Bei Bäumen, die alternieren, wird man den zu erwartenden Fruchtbehang abwarten und dementsprechend zu einem späteren Zeitpunkt eine Düngergabe geben. Sauerkirschen, Zwetschen, Johannis- und Stachelbeeren sind für maßvolle Düngergaben sehr dankbar.

Pflanzenschutz

Auf einen Befall von Blattläusen und Blattsaugern sowie auf Schorf und Mehltau ist jetzt zu achten. Bereits befallene Triebe müssen abgeschnitten und entfernt werden. Gerade beim Mehltau, der als Pilzgeflecht am Zweig überwintert, ist es wichtig, die befallenen Triebe zu entfernen, da von ihnen bei trockener und warmer Witterung eine weitere Verbreitung ausgeht. Die befallenen Triebe sind an dem weißen Belag der Blätter sehr leicht zu erkennen, so daß jetzt vor allem die infizierten Triebe entfernt werden können, die beim Winterschnitt übersehen wurden.
Wichtig ist jetzt auch eine laufende Kontrolle auf den Befall von Wühlmäusen. Der Erdauswurf der Wühlmaus ist flach, während der geschützte Maulwurf dagegen hohe Erdhügel bildet. Öffnet man einen Gang, nicht den Erdhügel, und ist dieser in kurzer Zeit wieder verschlossen, weist dies ebenfalls auf eine Wühlmaus hin. An dieser Stelle sollte dann die Mausefalle plaziert sein.

Mai

Pflanzenschutz

Wir beobachten den Austrieb und achten auf Schädlingsbefall und Krankheiten, um gegebenenfalls mit geeigneten Maßnahmen reagieren zu können. Unser Augenmerk gilt besonders dem Befall mit Schorf, Mehltau und Monilia sowie Blattläusen, Frostspannern, Himbeerkäfern und Roter Spinne. Die Kirschfruchtfliegenfallen können gegen Ende des Monats aufgehängt werden. Moniliainfektionen treten in verstärktem Maße bei Regenwetter während der Blütezeit auf, da die Ansteckung über die Blüte erfolgt, während trockenes Wetter den Befall durch Mehltaupilze fördert. Der Schorfpilz braucht für seine Verbreitung viel Feuchtigkeit, also Regen oder z. B. auch starken Nebel. Ein mechanisches Entfernen der kranken Triebe sollte bei Krankheiten wie Mehltau und Monilia im Vordergrund stehen.

Frostschutz

Im Mai können noch immer Fröste auftreten, deshalb beobachten wir nach wie vor das Wetter während der Blüte und lassen das Abdeckmaterial in greifbarer Nähe. Um die Frostgefährdung nicht noch zusätzlich zu erhöhen, sollte man das Gras kurzhalten. Durch diese Maßnahme kann sich der Boden tagsüber besser erwärmen und gibt die Wärme nachts wieder ab.

Sonstiges

Bienen übernehmen größtenteils die Befruchtung von Obstgehölzen. Es empfiehlt sich, vor allem bei Obstbäumen in Streuobstwiesen, vor der Blüte zu mähen, damit der zur gleichen Zeit blühende Löwenzahn nicht in Konkurrenz zu unserer Obstblüte steht. Da man weiß, daß die Bienen blütenstet sind, d. h. daß sie eine einmal angeflogene Blütentracht bis zum Abblühen besuchen, erreicht man dadurch, daß sie nicht den Löwenzahn bevorzugt anfliegen, sondern den Obstbäumen treu bleiben.

Wo eine Bodenbearbeitung bei Obstgehölzen oder Beerensträuchern sinnvoll erscheint, sollte diese nur flach erfolgen. Empfehlenswert ist es, anschließend eine Mulchdecke aus Rindenmulch, Kompost, Rasenschnitt oder ähnlichem aufzubringen. Diese hält die Feuchtigkeit konstant und unterdrückt den Unkrautbewuchs. Um die volle Wirkung zu erzielen, muß die Mulchdecke schon etwa 8–10 cm dick aufgetragen werden.

An Stellen, wo sich Stockausschläge bilden, werden diese jetzt laufend entfernt. Man kann sie vor allem bei Zwetschenbäumen mit den Unterlagen St. Julien A und INRA 655/2 beobachten. Bei dieser Arbeit darf aber der Wurzelhals nicht freigelegt oder verletzt werden, denn dies würde den Austrieb neuer Stockausschläge verstärken.

Auch mit dem Herunterbinden von zu steil wachsenden Trieben kann man jetzt beginnen. Auf keinen Fall sollte ein Konkurrenztrieb waagrecht gebunden werden, denn dieser wird aufgrund seiner Wuchsstärke doch kräftiger bleiben, was wiederum leicht zu einer unerwünschten Überbauung der Krone führen kann.

Pferde genießen die Frühlingssonne und das frische Gras unter blühenden Hochstämmen.

Juni

Binden/Sperren

Noch nicht verholzte Triebe können jetzt noch sehr leicht am Astansatz in die gewünschte Stellung gebracht werden. Dies geschieht mit Binden oder Spreizen, oder man bringt kleine Gewichte an, die den Trieb herunterziehen. Bei allen Varianten sollte darauf geachtet werden, daß kein Katzenbuckel entsteht, also sich der Trieb zwischen Triebanfang und -ende hochwölbt. Denn an dieser Stelle würden mit Sicherheit unerwünschte Wasserschosse entstehen. Auch darf die Triebspitze nicht in Richtung Boden zeigen. Es genügt meist, den Trieb gerade verlaufend etwas flacher zu stellen. Direkt aus der Stammverlängerung wachsende Jungtriebe, die als Fruchtholz genutzt werden sollen, werden bereits bei einer Länge von etwa 10 cm mittels eines kleinen Gewichts waagrecht gestellt.

Sommerschnitt

Wasserschosse, die sich an den Trieboberseiten entwickelt haben, werden ausgebrochen. Das ist der sogenannte Juniriß. Dieser darf vor allem bei älteren Bäumen nicht versäumt werden. Bei stärkerwachsenden Jungbäumen können bei einjährigen Trieben, die nicht zum Kronenaufbau benötigt werden, die Triebspitzen abgeknipst werden. Das Längenwachstum wird so zugunsten der Seitentriebbildung beschränkt und man erreicht gleichzeitig eine Förderung der Blütenknospenbildung. Auch das Flachbinden nach oben strebender Triebe führt zu einer Beruhigung des Wachstums.

Wenig verbreitet sind die weißen Johannisbeeren.

Fruchtausdünnung

Wenn nach dem sogenannten Junifall, bei dem die Apfelbäume zahlreiche Früchte abstoßen, noch ein zu starker Behang vorhanden ist, so muß mit der Hand ausgedünnt werden, damit die Früchte ihre sortentypische Größe und Qualität erreichen können. Pro Blütenbüschel zwei, bei sehr gutem Fruchtansatz eine Frucht beläßt man, wobei man selbstverständlich die kleinsten oder bereits mit einem erkennbaren Schaden behafteten Früchte entfernt. Geschieht dies nicht, so erhält man zuviele kleine Früchte, die oft auch im Geschmack zu wünschen übrig lassen.

Beerenobst

Bei Brombeeren werden die Geiztriebe auf zwei bis drei Blätter gekürzt. Bei der Weinrebe müssen nicht benötigte Geiztriebe aus dem alten Holz laufend entfernt werden.

Mulchen

Um dem hohen Wasserbedarf der Obstgehölze während der Wachstumszeit gerecht zu werden, ist es geschickt, falls dies noch nicht geschehen ist, vor den heißen und oft trockenen Sommermonaten die Baumscheiben mit Mulchmasse (Rindenmulch etc.) zu bedecken, damit die Feuchtigkeit länger im Boden erhalten bleibt.

Juli

Sommerschnitt

Konkurrenztriebe und Wasserschosse werden entfernt. Gut möglich ist dies, solange die Triebe noch krautig, also weich und noch nicht verholzt sind. Sie können leicht ausgerissen werden. So entfernt man auch einen großen Teil der schlafenden Augen am Triebansatz, so daß sich weniger unerwünschte und nutzlose Neutriebe bilden, die man wiederum entfernen müßte und die den Baum nur Kraft kosten. Man schneidet erst, wenn die Verholzung soweit fortgeschritten ist, daß man mit Reißen die Rinde oder das Holz zu sehr beschädigen würde. Nach Bedarf werden noch Triebe gebunden, um, besonders bei Jungbäumen, die gewünschte Wuchsform zu erziehen.

Fruchtausdünnung

Wo noch zu viele Früchte hängen, wird weiter mit der Hand ausgedünnt. Vorrangig entfernt man dabei verletzte oder verkrüppelte Früchte, denn eine geringere Behangdichte fördert die Fruchtausfärbung und nimmt positiven Einfluß auf die Fruchtgröße. Durch diese Maßnahme wird auch die Blütenbildung für das folgende Jahr gefördert, was vor allem bei zur Alternanz neigenden Sorten sehr wichtig ist.

Schwächere Äste mit einem starken Fruchtbehang erhalten eine Stütze, um ein Abbrechen derselben zu verhindern.

Beerenobst

Bei **Brombeeren** werden die Geiztriebe zurückgeschnitten. **Himbeeren** müssen vor allem während der Reifezeit ausreichend mit Wasser versorgt werden. Abgeerntete Ruten werden nach der Ernte dicht am Boden abgeschnitten.

Kiwis können jetzt nach dem fünften bis sechsten Blatt über der Frucht entspitzt werden. Triebe der **Weinrebe** werden angeheftet, wobei man sie nach drei Blättern oberhalb des letzten Gescheins (Blüte) entspitzt. Blütenlose Triebe werden nach etwa sieben Blättern entspitzt.

Ernte

Was ist schöner als im Sommer naschend im Schatten eines Kirschbaumes zu verweilen.

Während die Ernte bei Himbeeren und Johannisbeeren gefahrlos und leicht vom Boden aus erledigt werden kann, bereitet die Süßkirschenernte, vor allem bei alten, großkronigen Bäumen, mancherlei Probleme. Jedes Jahr gibt es eine Vielzahl von Unglücksfällen, deren Ursache meist im Leitermaterial, bei überhöhten Kronen oder kranken Astpartien zu suchen ist. Wichtig ist das richtige Anlegen am Baum. Man muß dafür sorgen, daß die Leiter einen sicheren Stand am Boden hat, wobei sich möglichst Metallspitzen im Boden verankern sollen. Durch geschicktes Anlegen ist darauf zu achten, daß sie nicht nach der Seite abkippen kann. Im Zweifelsfall befestigt man beide Holme an bruchsicheren Baumpartien. Beim Anlegen der Leiter achtet man auch auf morsches, brüchiges Holz.

Nach der Ernte können Süßkirschen geschnitten werden, wobei zu beachten ist, daß die schönsten Früchte am zwei- bis vierjährigen Holz gebildet werden. An altem Fruchtholz bleiben die Kirschen klein und reifen unregelmäßiger.

Kirschen haben vor der Vollreife die Eigenschaft, bei stärkeren Regenfällen aufzuplatzen. Es empfiehlt sich daher, Kirschbäume mit einer Folie abzudecken und so vor Regen und Nässe zu schützen. Dies ist bei kleineren Bäumen leicht möglich und auf alle Fälle sinnvoll. Gleichzeitig wehrt man auch Vögel ab.

Im Juli steht auch die Ernte der ersten Pflaumen und Zwetschen an. Bei schönem, heißem Wetter ist es ratsam, öfter durchzupflücken.

August

Sommerschnitt

Die Binde- bzw. Formierungsarbeit beendet man, bevor die jungen Triebe ihre Entwicklung abgeschlossen haben, verholzen und dadurch nicht mehr biegsam sind. Ende August kann man mit dem Sommerschnitt die Belichtung innerhalb der Bäume verbessern, so daß sich die Früchte besser entwickeln können. Dabei werden auch zu kleingebliebene oder beschädigte Früchte entfernt.
Abgeerntete Aprikosen-, Pfirsich- und Kirschenbäume können jetzt geschnitten werden, wobei auch größere Eingriffe schadlos vertragen werden. Ebenso kann man problemlos Korrekturen an Walnußbäumen vornehmen. Bei allen Obstarten werden dürre Äste und Zweige bis zum gesunden Holz zurückgeschnitten, und das Reisig wird aus der Anlage entfernt und, sofern es gesund ist, kleingehäckselt. Damit kann die Mulchdecke aufgefüllt werden.

Die Apfelernte beginnt.

Beerenobst

Brombeere, Weinreben und **Kiwis** werden laufend gebunden, zu lange Triebe entspitzt bzw. etwas zurückgenommen. Bei **Johannisbeeren** und **Stachelbeeren** kann nach der Ernte ein Auslichtungsschnitt vorgenommen werden.
Bei den **Brombeeren** beginnt in diesem Monat die Ernte. Man muß beachten, daß einige Sorten in optisch reifem Zustand, also schwarzgefärbt, noch am Strauch hängen bleiben müssen, bis sie voll ausgereift sind und sich entsprechend gut vom Zapfen lösen lassen. Hier ist die Farbe allein kein Reifekriterium. Bei **Himbeeren** beginnt die Reife bei zweimal tragenden Sorten. Bei feuchter Witterung lohnt sich ein Abdecken der Sträucher mit Folie zum Schutz vor Nässe. Man verhindert oder verringert zumindest so die Gefahr von Botrytis.
Nach der Ernte werden bei einmal tragenden Himbeeren alle abgetragenen Ruten bodeneben entfernt, ebenso schwache, verletzte oder außerhalb der für die Pflanzung vorgesehenen Fläche befindlichen Jungtriebe. Die restlichen beläßt man über den Winter.

Ernte

Die ersten Äpfel und Birnen können wir in diesem Monat ernten. Man überpflückt, wie auch bei anderen Obstarten, mehrmals. Es empfiehlt sich, bei allen Frühsorten nur genußreife und sortenspezifisch gefärbte und entwickelte Früchte zu ernten.
Jetzt wird man für eine konsequente Erziehung des Baumes belohnt, denn am kurzen, nicht zu alten Fruchtholz werden sich die geschmacklich besten und optisch schönsten Früchte ernten lassen, im Gegensatz zu Früchten an langen Fruchtruten oder gar beschatteten, die im Inneren der Krone gewachsenen sind.
Da Birnen innerhalb weniger Tage nachreifen, dürfen sie bei der Ernte nicht zu weich sein. Zwetschen sind erntereif, wenn bei einer geöffneten Frucht zumindest aus einer Fruchthälfte Saft austritt.

September

Pflanzenschutz

Um die Raupen des Frostspanners unschädlich zu machen, legt man im Fachhandel erhältliche Leimringe an Stämmen und Pfählen an. Man achtet darauf, daß diese fest an Stamm oder Pfahl gebunden werden, dicht anliegen und keine Schlupflöcher für die Raupen offenlassen.
Wenn Mulchdecken auf die Baumscheiben gebracht werden, empfiehlt sich eine laufende Kontrolle auf Fraßstellen am Stammgrund durch Feldmäuse, vor allem bei jüngeren Bäumen, die noch eine sehr glatte Rinde haben und deshalb durch Mäusefraß mehr gefährdet sind als ältere Bäume mit einer harten, groben Rinde. Hat man Mäuse festgestellt, legt man den Stammgrund frei und nimmt den Schädlingen dadurch die Deckung.

Hier schüttet der Herbst sein üppiges Füllhorn aus und zaubert ein wunderbares Farbenspiel.

Düngung

Um die Düngung gezielt nach Bedarf einsetzen zu können, ist die genaue Kenntnis der Nährstoffwerte im Boden vonnöten. Man zieht Bodenproben und schickt diese an ein Labor, wo sie auf pH-Wert, Phosphor, Kalium und Magnesium untersucht werden. Anschriften erfährt man, sofern im Anhang nicht aufgeführt, bei den amtlichen Obstbauberatungsstellen.

Ernte

In diesem Monat beginnt die Haupterntezeit. Es ist wichtig, die Ernte fachgerecht auszuführen, damit nicht die Arbeit eines ganzen Jahres umsonst war. Bekanntlich sind Äpfel und vor allem Birnen sehr druckempfindlich. Um Druckstellen von einzelnen Fingern zu vermeiden, umfaßt man die Früchte bei der Ernte mit der ganzen Hand, verteilt so den Druck und dreht die Frucht vorsichtig nach oben ab. Feuchtes und kühles Kernobst ist am druckempfindlichsten, also wird man die Ernte, wenn möglich nur bei schönem, sonnigem Wetter vornehmen und abwarten, bis der Tau oder Regen abgetrocknet ist. Man muß auch beim Entleeren von Pflückgefäßen usw. sehr sorgfältig vorgehen. Fallobst wird laufend entfernt. Einerseits werden damit auch Schädlinge wie Apfelwickler oder Pflaumenwickler, deren Larven sich im Fallobst aufhalten, dezimiert und andererseits lockt es auch Mäuse an, die dann im Winter an den Bäumen nagen.
Man bereitet die Lagerräume vor. Ein guter Lagerraum sollte kühl, gut belüftbar und nicht zu trocken sein. Zu beachten ist, daß man Obst nicht in Nachbarschaft mit Kartoffeln einlagern soll. Ebenso ungünstig ist es, im gleichen Raum Sellerie, Zwiebeln oder ähnlich stark riechendes Gemüse aufzubewahren, da die Äpfel diesen Geschmack annehmen können. Besonderes Augenmerk gilt dem richtigen Erntezeitpunkt. Der richtige Erntetermin ist von Jahr zu Jahr unterschiedlich.

Von zartem Duft umhüllt, locken um diese Jahreszeit die blauen Früchte der Zwetschen.

Quitten verströmen einen wunderbaren Duft.

Oktober

Mulchen

Unter Bäumen sollte keinesfalls umgegraben werden, um nicht die Faserwurzeln zu schädigen. Es genügt eine Lockerung der oberen Erdkruste und ein leichtes Abdecken mit Mulchmasse, die jedoch nicht zu dicht und hoch am Stamm liegen sollte, um den Mäusen keinen Unterschlupf zu bieten. Im Frühjahr kann die Mulchdecke dann wieder erhöht werden.

Pflanzung

Neue Sträucher von Johannisbeeren und Stachelbeeren können jetzt gepflanzt werden, da diese bereits zeitig im Frühjahr austreiben. Verwendet man selbstgezogenes Pflanzmaterial, welches noch zu wenig Triebe hat, so setzt man es so tief, daß die untersten Knospen in der Erde stehen. Aus diesen bilden sich dann neue Triebe. Gepflanzt werden können auch schon andere Obstarten mit Ausnahme von Pfirsichen und Aprikosen, die man vorteilhafter erst im Frühjahr pflanzt. Man achtet darauf, daß aus der Baumschule nur gutes und gesundes Pflanzmaterial gekauft wird.

Ernte

Mit bunten Farben überzieht der Herbst die Landschaft und malt unnachahmliche Gemälde.

Herrlich bunte Äpfel können als Lohn für ein arbeitsreiches Jahr geerntet werden.

Die Ernte erreicht nun ihren Höhepunkt. Meist werden jetzt die Lagersorten geerntet, die uns über den Winter mit Obst versorgen sollen. Bedenkt man die lange Lagerzeit, wird klar, daß man mit diesen Früchten besonders sorgsam umgehen muß. Nicht ganz einwandfreie, zu kleine oder schlecht ausgefärbte Früchte werden schon beim Pflücken aussortiert und werden nicht eingelagert. Sie finden in der Saft- bzw. Mostherstellung oder in der Küche Verwendung.

Der Lagerraum soll kühl, luftig, nicht zu hell, gut belüftbar und nicht zu trocken und natürlich frei von Schädlingen sein. Vor allem muß gewährleistet sein, daß keine Mäuse durch den köstlichen Geruch des Erntegutes angelockt werden. Ein Öffnen der Fenster bringt Kühle und Feuchtigkeit während den meist nebligen Nachtstunden. Wer einen Keller mit einem Naturboden sein Eigen nennt, kann sich glücklich schätzen, denn es wird in der Regel immer genügend Feuchtigkeit für die Lagerung vorhanden sein. Hat der Keller einen Betonboden, so hilft man sich, indem man, wenn dies ohne Schädigung möglich ist, etwas Wasser auf den Boden schüttet, das dann die Luftfeuchtigkeit im Raum erhöht.

Wenn ausreichend Platz zur Verfügung steht und man Äpfel und Birnen am Lager einzeln in Gestelle oder Regale legen kann, ist es ideal. Man erkennt auf einen Blick jeden Fäulnisherd. Ist man auf eine Lagerung in Kisten angewiesen, sollte man die Früchte besonders vorsichtig einfüllen. Man kann eine Apfelkiste zur besseren Lagerung auch in einen 0,03 bis 0,05 mm starken Foliensack auf Hölzchen stellen. Dieser wird fest verschlossen, wenn die Äpfel die Raumtemperatur angenommen haben und so befestigt, daß keine Folie direkt aufliegt. Anschließend werden mit einer stärkeren Nähnadel oder einem dünnen Nagel Löcher in die Folie gestochen und zwar je kg Inhalt ein bis zwei Löcher. Mit dieser Methode setzt man die Atmungsaktivität der Früchte aufgrund eines knappen Sauerstoffangebotes herab, sie fallen praktisch in den Winterschlaf. Öffnet man die Umhüllung, reifen die Äpfel innerhalb ein bis zwei Wochen nach und man hat frisches Obst. Selbstverständlich nimmt man hierfür nur völlig einwandfreie Früchte. Der Lagerraum sollte auch hier frostfrei und kühl sein. Walnüsse werden in der Sonne, in einem trockenen Raum oder auf dem Speicher getrocknet. Erst völlig trockene Nüsse werden zur Aufbewahrung in einen luftdurchlässigen Korb oder Beutel gefüllt. Keinesfalls sollte man Nüsse mit Wasser waschen, da oft die Schale nicht völlig schließt und durch die eindringende Nässe der Nußkern möglicherweise zu schimmeln beginnt.

November

Winterschnitt

Mit dem Winterschnitt kann bei älteren Apfel- und Birnbäumen, Mirabellen, Renekloden und Zwetschen begonnen werden. Von Krebs befallene Stellen werden ausgeschnitten und größere Wunden mit Baumwachs behandelt. Auch Johannis- und Stachelbeeren können jetzt, falls dies noch nicht geschehen ist, geschnitten werden.

Der erste Rauhreif hat sich über Nacht wie ein feiner Schleier über Feld und Flur gelegt.

Obstlager

Durch Öffnen der Kellerfenster während der kühleren Nachtzeit versucht man, die Temperatur der Obstlagerräume auf möglichst 4–5 ° C zu senken und die Luftfeuchtigkeit konstant hoch zu halten. So kann ein Schrumpfen der Früchte am Lager verhindert oder wenigstens möglichst lange hinausgezögert werden.

Pflanzung

Sträucher und Bäume jeder Obstart können, bevor Bodenfrost eintritt, gepflanzt werden. Dazu muß der Boden gründlich vorbereitet werden und etwas abgetrocknet sein, vor allem bei schweren Böden. Es ist beim Pflanzen unbedingt zu beachten, daß die Veredlungsstelle sich mindestens 10 cm über der Bodenoberfläche befindet. Bei einer Pflanzung im Herbst werden die Wurzeln, auch wenn sie lang sind oder es sich um einen größeren Wurzelstock handelt, nicht angeschnitten, entfernt werden nur verletzte oder vertrocknete Wurzeln. Dies gilt in erster Linie für Zwetschenbäume. Man muß allerdings dafür Sorge tragen, daß das Pflanzloch alle Wurzeln bequem aufnehmen kann und sie dort auch locker ausgelegt werden können. Das Anwachsen wird erleichtert, wenn die Gehölze vor der Pflanzung über Nacht in einen Eimer mit Wasser gestellt werden. Kann nicht sofort nach dem Kauf gepflanzt werden, müssen die Bäume in Erde so eingeschlagen werden, daß die Veredlungsstelle mit Boden bedeckt ist, um ein Austrocknen zu vermeiden. Um die Wurzeln vor Mäusen zu schützen, empfiehlt sich das Pflanzen in Drahtkörben. Kommt es zwischenzeitlich zu Frost, kann der Baum eventuell auch bis zum Spätwinter oder zeitigen Frühjahr im Einschlag verbleiben.

Die knorrigen Hochstämme scheinen sich im Gegenlicht zu umarmen.

Sonstiges

Geräte und nicht mehr benötigtes Werkzeug werden gereinigt und winterfest gemacht. Spritzgeräte werden gründlich durchgespült und völlig entleert. Teile, die Rost ansetzen können, werden leicht eingefettet.

Dezember

Edelreiser

Der beste Zeitpunkt, um Edelreiser für Veredlungen zu schneiden, die im kommenden Frühjahr vorgenommen werden sollen, ist Ende des Monats. Man schneidet dazu gut belichtete, einjährige Triebe aus dem Außenbereich eines gesunden Baumes, dessen Früchte sortentypisch in Größe, Geschmack und Farbe sind und der regelmäßig trägt. Zur Aufbewahrung steckt man die gut etikettierten Edelreiser am besten in ein mit feuchtem Sand gefülltes Kistchen und bewahrt sie in einem kühlen, feuchten und dunklen Keller auf. Dies darf aber nicht in der Nähe von Obst geschehen, denn dieses scheidet bei der Reife Ethylengas aus, welches die Edelreiser nicht vertragen. Ist dies nicht machbar, werden die Reiser an der windgeschützten Nordseite eines Gebäudes in etwas Sand gesteckt und vor Mäusen und Hasen geschützt aufbewahrt.

Lagerung

Man überprüft laufend das eingelagerte Obst auf Fäulnisbefall und die Lagerräume, ob sie genügend Luftfeuchtigkeit aufweisen. An frostfreien Tagen sorgt man durch Lüften für Abkühlung und Frischluftzufuhr. Stellt man fest, daß sich Mäuse im Lager eingenistet haben, stellt man Fallen auf.

Eisiger Wind legt unter Schnee versteckte Birnen als Futterquelle für Vögel und Wild frei.

Winterschnitt

Wer noch nicht begonnen hat, nimmt jetzt den Winterschnitt in Angriff. Man beginnt mit den ältesten Bäumen und mit frostharten Obstarten wie Sauerkirsche, Johannisbeeren und Stachelbeeren. Nachdem man gesundes Schnittholz und Reisig gehäckselt hat, kann es im Garten Verwendung finden. Es ergibt ein gutes Mulchmaterial, das auch unter Ziersträuchern ausgebracht werden kann. Ebenso kann man es kompostieren. Ist es von Krankheiten oder Pilzen befallen, verbrennt man es am besten. Besteht hierzu keine Möglichkeit, entsorgt man es über den Bio-Abfall.
Stärkere Schnittmaßnahmen während der Vegetationsruhe bewirken bei Bäumen ebenso wie bei Sträuchern im kommenden Frühjahr einen verstärkten Austrieb. Sorten mit etwas frostempfindlichem Holz, jüngere Bäume, Pfirsiche und Aprikosen sollten erst im Spätwinter geschnitten werden, wenn mit keinen starken Frösten mehr zu rechnen ist.
Beim Schnitt von Kernobst muß besonders darauf geachtet werden, daß alle mit Mehltau befallenen Triebe entfernt oder zumindest bis ins gesunde Holz zurückgeschnitten werden, da der Pilz ansonsten sofort im Frühjahr den Neuzuwachs infiziert. An ihrem weißlichen, mehligen Überzug und an den nicht richtig ausgebildeten Endknospen der Triebe erkennt man Mehltautriebe.

Anhang

Nach dem Studium dieses Buches wird beim Leser vielleicht noch die eine oder andere Frage offen sein. Für ein friedliches nachbarliches Miteinander sollen die Hinweise zum Nachbarrecht dienen. Obwohl sich der Autor bemüht hat, mit möglichst wenigen Fachbegriffen auszukommen, um den Gartenfreund nicht zu verwirren, war deren Anwendung manchmal doch nicht ganz zu umgehen. Erläuterungen zu gebräuchlichen Fachausdrücken liefert das Glossar. Und zuletzt noch nützliche Adressen, an welche man sich mit mannigfaltigen Fragen wenden kann.

Kaum vorstellbar, daß so schönes, buntes Laub dazu angetan ist, den nachbarlichen Frieden zu stören, wenn es jenseits der Grenze zu Boden fällt.

KIRSCHEN IN NACHBARS GARTEN

Das Nachbarrecht

Die notwendige Baumform mit dem dazugehörenden Schnitt ist uns meistens vom Platzangebot im Garten vorgegeben, da leider große Gärten mit viel Pflanzfläche heute oft der Vergangenheit angehören und kleine und kleinste Gärten vorherrschen. Um Differenzen mit Nachbarn und Grundstücksanliegern zu vermeiden, sollte man in groben Zügen über das sogenannte „Nachbarrecht" informiert sein, wo Pflanzabstände, Baum- und Strauchhöhen etc. geregelt sind.

Bei den Grenzabständen werden bei Obstgehölzen grundsätzlich Unterschiede gemacht in Abhängigkeit ihrer Wüchsigkeit. Außerdem wird in der Regel unterschieden, ob die Pflanzung sich im Innen- oder Außenbereich befindet. Im Außenbereich liegen Grundstücke, die sich außerhalb des räumlichen Geltungsbereiches eines Bebauungsplanes und außerhalb der im Zusammenhang bebauten Ortsteile befinden.

Auskunftstellen

Da das Nachbarrecht Angelegenheit der einzelnen Bundesländer ist, können sich die Grenzabstände und andere, Grundstücke betreffende Vorschriften, unterscheiden. Dazu können auch noch Gemeinden oder Städte Vorschriften erlassen. Um sicher zu gehen und um Schwierigkeiten zu vermeiden empfiehlt es sich im Zweifelsfalle, sich bei der zuständigen Gemeindeverwaltung über die örtlichen Vorschriften für Bepflanzungen innerhalb des Ortes zu informieren. Sehr viel nachbarlicher Ärger, ja wahrscheinlich sogar mancher Prozeß könnte vermieden werden, wenn man rechtzeitig entsprechende Informationen einholen würde.

Bäume und Sträucher

Nach dem Nachbarrecht in Baden-Württemberg ist mit Beerenobststräuchern und -stämmen sowie Rebstöcken außerhalb eines Weinberges ein Grenzabstand von 0,50 m einzuhalten, wenn sie die Höhe von 1,80 m nicht überschreiten. Wird diese Höhe überschritten, gilt im Innenbereich ein Abstand von 1 m, im Außenbereich ein Abstand von 2 m.

Für Kernobst- und Steinobstbäume auf schwach- und mittelstark wachsender Unterlage, die eine Höhe von 4 m nicht überschreiten, gilt im Innenbereich ein Abstand von 1m, im Außenbereich ein Abstand von 2 m. Wird die Höhe von 4 m überschritten, so gilt ein Abstand von 1,50 m im Innenbereich und 3 m im Außenbereich.

Für Obstbäume auf starkwachsenden Unterlagen und veredelte Walnußbäume gilt ein Abstand von 2 m im Innenbereich und 4 m im Außenbereich.

Für unveredelte Walnußsämlingsbäume gilt immer ein Abstand von 8 m, es sei denn, es handelt sich um Einzelbäume in Innerortslage, so verringert sich der Abstand auf 6 m.

Gegenüber Weinbergen in erklärter Reblage und erwerbsgartenbaulich genutzten Grundstücken in erklärter Gartenbaulage, soweit sich die Pflanzung an deren südlicher, östlicher oder westlicher Seite befindet, verdoppeln sich die Abstände der Außenbereiche, ausgenommen davon sind Beerenobststräucher und -stämme.

Nach dem Nachbarrecht in Baden-Württemberg muß bei Spalieranpflanzungen bis zu einer Höhe von 1,80 m ein Abstand zur Grundstücksgrenze von 0,50 m eingehalten werden. Bei höheren Spalieren entspricht der Grenzabstand der Mehrhöhe über 1,80 m + 0,50 m.

Steht ein Gehölz fünf Jahre oder länger, ohne daß ein Einspruch des Nachbarn erfolgt wäre, so tritt die Verjährung ein, das heißt es braucht nicht mehr verpflanzt oder gerodet zu werden. Dies gilt auch für den neuen Nachbarn als Rechtsnachfolger, wenn das Grundstück veräußert wird. Wird das Obstgehölz durch ein anderes ersetzt, erlischt die Verjährung. Ebenso ist in der Regel die Rückschnittspflicht von der Verjährung ausgenommen.

Grenzprobleme

Auf das Nachbargrundstück ragende Äste dürfen vom Nachbarn nicht ohne Erlaubnis entfernt werden. Ebenso darf kein Obst von denselben abgeerntet werden. Obst, welches am Boden liegt, gehört dem jeweiligen Besitzer, auf dessen Grundstück es sich befindet. Auf der anderen Seite darf der Baumeigentümer das Nachbargrundstück ohne Erlaubnis des Eigentümers weder zur Ernte, noch zur Durchführung von Schnittarbeiten etc. betreten.

Bäume und Sträucher, die über den Gehweg hinweg wachsen, dürfen Passanten nicht beeinträchtigen oder gefährden. Ebenso ist eine lichte Höhe für den Straßenverkehr einzuhalten. Hier fragt man am besten beim zuständigen Bürgermeisteramt nach.

TIP

Wenn man sich ein Haus mit Garten kauft, sollte man nicht nur die Gebäude genau ansehen, sondern sich auch die Zeit nehmen und ein Auge auf den Aufwuchs in Nachbars Garten werfen. Zu nahe an die Grenze gepflanzte, große, schattenwerfende oder die Aussicht beeinträchtigende Bäume werden oft zu Zankäpfeln unter Nachbarn, wenn sich in einem freundlichen Gespräch keine Lösungen finden lassen.

Auf gar keinen Fall dürfen Pflanzenbehandlungsmittel über die Grenze hinweg in Nachbars Garten gelangen.

Das Nachbarrecht ist, wie alle juristischen Texte, ein sehr schwieriges und für Nichtjuristen oft schwer nachzuvollziehendes Werk. In jedem Fall wird es besser sein, sich mit dem Nachbarn um ein gutes Verhältnis zu bemühen und dafür zu sorgen, daß es zu keinen Streitigkeiten kommt, die einen großen juristischen Apparat in Bewegung setzen. Es ist deshalb allemal besser, sich gemeinsam über das Grün im eigenen und in Nachbars Garten zu freuen.

Wird das Grundstück derart eingefriedet, sollten sich keine Grenzabstandsprobleme ergeben.

Glossar

Abgetragenes Fruchtholz: Durch häufigen Fruchtbehang so tief abgesenkte Fruchtäste, daß an deren Fruchtholz eine ausreichende Ernährung der Früchte nicht mehr gewährleistet ist.
Ableiten: Zu lange Triebe werden eingekürzt, wobei man auf seitliches oder nach unten wachsendes Fruchtholz schneidet.
Abwerfen: Starkes Zurückschneiden einer Baumkrone zum Zwecke des Veredelns.
Abwurfstelle: Die Stelle, bis zu der ein Ast zum Zwecke des Veredelns zurückgeschnitten wurde.
Adventivknospen: Knospen, die bei sehr starkem Rückschnitt aus dem Kambium gebildet werden können. Bei Himbeeren Knospen am Wurzelstock, aus denen die Ruten auswachsen.
Afterleittrieb: Der Leitastverlängerung folgender starker Trieb, siehe Konkurrenztrieb.
Alternanz: Jährlicher Wechsel in der Fruchtbarkeit eines Baumes; einem Ertragsjahr folgt ein Jahr ohne Ertrag.
Angeschnittene Knospe: Wird ein Zweig eingekürzt, so ist die angeschnittene Knospe nicht etwa dabei verletzt worden, sondern diejenige, die als vorderste noch am Zweig belassen wurde. Je nach Stärke des erfolgten Rückschnittes wird sie schwach oder stark austreiben, je nach zugedachter Aufgabe Leittriebe verlängern oder Seitentriebe bzw. Fruchttriebe ausbilden.

Assimilation: Umwandlung von Kohlendioxid und Wasser durch Sonnenlicht zu energiereichem Zucker und Sauerstoff in den grünen Pflanzenteilen.
Ast: Mehrjähriger verholzter und verzweigter Sproß eines Baumes.
Astring: Die Ansatzstelle eines Astes am Stamm bzw. an einem anderen Ast bzw. am letztjährigen Holz, an der oft mehrere schlafende Knospen liegen.
Astwinkel: Winkel, in dem ein Ast am Mitteltrieb eines Baumes angesetzt ist.
Aufleiten: Einkürzen eines abgesenkten Astes, wobei auf einen nach oben wachsenden Seitenast geschnitten wird.
Auge: In den Blattachseln liegendes, meist mit Schuppen geschütztes Zellteilungsgewebe, aus welchem sich Blüten, Blätter oder Triebe bilden. Wird im Entstehungsjahr Auge, später Knospe genannt.
Ausknospen: Ausbrechen der Knospen, um unerwünschte Triebbildung dort zu verhindern.
Ausreißen der Wasserschosse: Noch nicht verholzte Wasserschosse werden ruckartig abgerissen, anstatt abgeschnitten.
Austrieb: Beginn des Wachstums nach der Vegetationsruhe mit dem Öffnen der Knospen.
Basis: Ausgangspunkt eines Triebes am Stamm oder an einem Ast.
Baumform: Bezeichnung der Gestalt eines Baumes in Abhängigkeit von der Stammhöhe.
Baumgerüst: Alle oberirdischen, verholzten und tragenden Teile eines Baumes.
Behangdichte: Von der Größe des Baumes unabhängiges Maß für den Fruchtbesatz.
Beiknospe: Siehe Nebenknospe.
Biotop: Lebensraum, der durch bestimmte Tier- und Pflanzengesellschaften gekennzeichnet ist.
Blattknospe: Knospe, aus der sich ein Trieb ohne Blüten entwickelt.
Blattmasse: Gesamtmenge der an einem Baum assimilierenden Blätter.
Blütenknospe: Knospe, aus denen sich Blüten entwickeln.

Berostung: Verkorkungen an der Fruchthaut, die durch Witterungseinflüsse oder mechanische Beschädigungen hervorgerufen werden.
Blattrosette: Blätterkranz, in dessen Mitte sich meist eine Blütenknospe entwickelt.
Blenden: Ausbrechen einer oder zweier Knospen direkt hinter der Knospe an der Schnittstelle, um die Bildung eines Konkurrenztriebs zu verhindern.
Bluten: Starker Saftaustritt an Schnittwunden oder Verletzungen.
Blütenknospe: Knospe, aus der sich Blüten entwickeln.
Bukett-Trieb: Ein Blütenknospenkranz, meist bei Süßkirschen, in dessen Mitte sich eine Blattknospe entwickelt.
Chlorose: Vergilben der Blätter durch mangelnde Chlorophyllbildung wegen Eisenmangels.
Chromosomensatz: Die Gesamtheit aller Chromosomen (Erbträger) einer Zelle, die deren Erbmasse darstellen.
Diploide Sorten: Sorten mit zweifachem Chromosomensatz, die bei selbstunfruchtbaren Sorten als Befruchter geeignet sind.
Drahthose: Drahtgeflecht, das zum Schutz vor Wildverbiß um den Stamm junger Bäume gelegt wird.
Durchtrieb: Triebe schließen aufgrund zu starker Wüchsigkeit nicht ab, sondern wachsen weiter.
Edelreiser: Einjährige, für die verschiedenen Veredlungsarten geschnittene Triebe.
Edelsorte: Die für eine Veredlung ausgewählte Sorte.
Einjährige Veredlung: Veredelter Jungbaum nach der ersten Vegetationsperiode.
Endknopse: Siehe Terminalknospe.
Falsche Fruchttriebe: Kurztriebe meist bei Pfirsichen und Nektarinen,

die seitlich nur Blütenknospen ausbilden und deshalb schnell verkahlen. Ihr Neuzuwachs erfolgt nur über die Terminalknospe.

Frostplattenbildung: Plattenförmige Einsenkungen der Rinde, die dadurch entstehen, daß das Dickenwachstum an diesen durch Frost geschädigten Stellen nicht mehr erfolgt.

Frostspanner: Schmetterlingsraupen, die durch ihre Fraßtätigkeit im Frühjahr Bäume und Sträucher im Extremfall kahlfressen können.

Fruchtast: Äste, die sich untergeordnet an den Leitästen oder an der Stammverlängerung befinden und Fruchtholz tragen.

Fruchtholz: Alle Triebe, Zweige und Äste, die Blütenknospen tragen.

Fruchtrute: Beim Kernobst längerer Zweig mit terminaler Blütenknospe, beim Steinobst langer Trieb mit terminaler Blattknospe und seitlichen Blütenknospen.

Fruchtspieß: Kurztrieb mit terminaler Blütenknospe.

Garnierung: Besatz von Knospen, Trieben, Fruchtkuchen usw. an Ästen.

Geiztriebe: Sind wie vorzeitige Verzweigungen aus den Blattachseln entstehende Seitentriebe im Entstehungsjahr.

Gemischte Knospen: Die beim Kernobst üblichen Blütenknospen, aus denen neben Blüten auch Blätter entstehen.

Generative Phase: Die Zeit, in der das Früchtetragen im Vordergrund steht, im Gegensatz zur vegetativen Phase, in der das Wachsen vorrangig ist.

Geschränkte Zähne des Sägeblattes: Wechselweise abgebogene Zähne eines Sägeblattes.

Glasigkeit: Physiologische Störung bei z. B. zu starkem Wachstum, die dazu führt, daß sich die üblicherweise mit Luft gefüllten Hohlräume zwischen den Zellen des Fruchtfleisches mit Saft füllen. Durchgeschnittene Früchte weisen durchscheinendes Fruchtfleisch auf.

Griffel: Bestandteil der weiblichen Blütenorgane; verbindet den Fruchtknoten mit der Narbe.

Habitus: Die individuelle Wuchsform, das Erscheinungsbild der Pflanze.

Hauptknospe: Stark entwickelte, für den Austrieb vorgesehene Knospe.

Heister: Einjährige, nicht geschnittene Jungpflanze.

Hippe: Spezialgärtnermesser mit sichelförmig gebogener Klinge.

Hochstämme: An eine Mindeststammlänge gebundene Baumform. Bei Obstbäumen alle Bäume über 1,80 m Stammhöhe, bei Johannisbeer- und Stachelbeerstämmchen über 0,80 m.

Hohlkrone: Eine Baumkrone ohne Mitteltrieb.

Holzkörper: Vom Kambium nach innen gebildeter Teil des Sprosses und der Wurzel, in welchem das Wasser mit den darin gelösten Nährstoffen von der Wurzel zu den Blättern transportiert wird.

Internodien: Der Zweigabschnitt zwischen zwei aufeinanderfolgenden Knospen.

Johannistrieb: Eine bereits abgeschlossene Terminalknospe treibt im Frühsommer aus.

Jungtriebe aufbauen: Junge Triebe werden durch geeignete Schnittmaßnahmen zu Funktionsträgern in der Baumkrone erzogen.

Juniriß: Ausreißen der Wasserschosse vor dem Verholzen, meist im Juni.

Kambium: Zur Zellteilung befähigt bleibendes Gewebe, welches alle Teile des Sprosses und der Wurzel umgibt. Es bildet nach innen den Holzkörper und nach außen den Rindenkörper.

Kerben: Sichelförmige Einschnitte in die Rinde über einer Knospe, um diese zum Austreiben zu bewegen.

Kirschwoche: Zeitraum für die Einteilung der Reifezeit bei Kirschen.

Kleinklima: Innerhalb eines großklimatischen Raumes entstehen durch lokale Gegebenheiten, z. B. Seen, Hecken, Mauern, Gebäude etc., veränderte klimatische Verhältnisse, das sogenannte Kleinklima.

Klone: Durch ungeschlechtliche Vermehrung entstandene erbgleiche Nachkommen.

Knospe: Siehe Auge.

Knospenschwellen: Erstes sichtbares Anzeichen des beginnenden Austriebes nach der Vegetationsruhe durch Dickwerden der Knospen.

Knoten: Die Stellen, an denen an einem Trieb die Augen gebildet werden, aus denen sich im kommenden Jahr Blüten oder Blätter entwickeln können.

Konkurrenztrieb: Starker, steiler Trieb aus der Knospe, welche direkt hinter derjenigen Knospe liegt, welche die Triebverlängerung übernommen hat.

Konkurrenztrieb ausbrechen: Vorzeitiges Entfernen des Konkurrenztriebes durch Ausbrechen zur Begünstigung der Triebverlängerung.

Kopflastige Spindel: Eine Spindel, die im oberen Bereich zu starkes Wachstum zeigt und deren Äste oben länger als unten sind.

Kopulation: Veredlungsart, die bei gleich starken Veredlungspartnern angewandt wird und während der Vegetationsruhe möglich ist.

Kragenfäule: Absterbeerscheinung an der Wurzel und Veredlung, hervorgerufen durch Phytophtora-Pilze.

Krebs: Pilzkrankheit, die zum Absterben der Rinde führt. Durch Versuche des Kambiums, die Wunde zu überwallen, entstehen krebsartige Wucherungen.

Kurzer Fruchtholzschnitt: Fruchtholz, das nur noch wenig leistungsfähig ist, wird auf wenige Blütenknospen zurückgeschnitten, damit es wieder kräftige Blütenknospen bzw. Kurztriebe bildet.

Kurztrieb: Kurzer Trieb, der in der Regel früh mit einer Blütenknospe abschließt.

Langer Fruchtholzschnitt: Das Fruchtholz wird kaum oder nur wenig zurückgeschnitten, da es sonst mit zu starkem Neutrieb und verminderter Blütenknospenbildung reagiert.

Langtrieb: Langer Trieb, der in der Regel spät, meist mit einer Blatt-, sel-

tener mit einer Blütenknospe abschließt. Bei blühwilligen Apfelsorten zum Beispiel bilden sich seitlich am Langtrieb Blütenknospen, die später blühen und in Frostjahren von Bedeutung sein können.
Längskrone: Kronenform, bei der nur Leitäste in Reihenrichtung aufgebaut werden.
Leimring: Eine mit dauerhaftem Leim beschichtete Manschette, die an Bäumen und Pfählen angebracht, hochkletternde Raupen fängt.
Leitäste: Sie bilden als direkte Verzweigung des Stammes neben dem Mitteltrieb das Hauptgerüst der Krone.
Leittrieb: Verlängerungstrieb der Stammverlängerung oder eines Leitastes, der sich aus der endständigen Terminalknospe entwickelt hat.
Mehltau: Pudrigweißer Sporenbelag auf Blättern, Blüten oder Trieben, hervorgerufen durch den Mehltaupilz.
Meterstamm: Baumform mit einer Stammhöhe von einem Meter.
Mitteltrieb (-achse): Ist die Fortsetzung des Stammes und gehört so wie die Leitäste zum Hauptgerüst der Krone.
Monilia: Fäulniserscheinungen an Früchten und Absterbeerscheinungen an den Trieben, hervorgerufen durch den Monilia-Pilz.
Mulchen: Abdecken des Bodens mit organischer Masse oder Folie.
Narbe: Bestandteil der weiblichen Blütenorgane. Auf der Narbe keimen die Pollen und wachsen durch den Griffel in den Fruchtknoten.
Nebenknospe: Neben der Hauptknospe angelegte Reserveknospe, die bei Zerstörung der Hauptknospe austreibt.
Nodien: Siehe Knoten.
Obstart: Vereinfachte Bezeichnung für die Einteilung des Obstes, z. B. Apfel, Birne, Pfirsich etc.
Obstbaumkrebs: Absterbeerscheinungen an der Rinde, siehe Krebs.
Obstsorte: Eine weiter Unterteilung der Obstarten, z. B. Obstart Apfel; Sorte 'Goldparmäne'.
Okulation: In den Baumschulen im Sommer übliche Veredlungsart, bei der ein Auge mit einem Rindenstückchen in die Unterlage eingesetzt wird.
Pflanzjahr: Das Jahr, in dem einoder mehrjährige Gehölze nach der Pflanzung an ihrem endgültigen Standort das erste Laub tragen.
Pflanzschnitt: Der unmittelbar nach der Pflanzung ausgeführte Schnitt, mit dem die spätere Kronenform festgelegt wird.
Pfropfen: Veredlungsart, besonders für ältere Bäume, die im April bis Mai durchgeführt wird, sobald sich die Rinde der Unterlage löst, damit das Edelreis hinter die Rinde geschoben werden kann.

Pfropfkopf: Stark zurückgeschnittener Aststummel, in welchem beim Pfropfen die Edelreiser eingesetzt werden.
Physiologisches Gleichgewicht: Gewünschter Zustand eines Baumes, bei dem Triebwachstum und Fruchtbildung so ausgeglichen sind, daß sich keines der beiden zu Lasten des anderen besonders vorrangig entwickelt.
Pollen (Blütenstaub): Samen, der durch Wind- oder Insektenbestäubung für die Befruchtung auf die Narbe gebracht werden muß.
Pyramidenkrone: Kronenform mit Mitteltrieb und drei bis vier Leitästen, die nach allen Seiten gleichmäßig stark ausgebildet sind.
Quirlbildung: In gleicher Höhe quirlartig rund um den Stamm stehende Leitäste, die zu einer unerwünschten Schwächung der Stammverlängerung führen.
Quirlholz: Stark verzweigtes, älteres, oft stark nach unten hängendes Fruchtholz, das häufig nur schlecht ernährte Früchte hervorbringt.
Rasensoden: Zusammenhängendes, bewurzeltes, vom Boden abgehobenes Rasenstück.
Reiter: Am Scheitelpunkt eines nach unten gebogenen Astes steil nach oben wachsender Trieb.
Rindenkörper: Vom Kambium nach außen gebildeter Teil des Sprosses und der Wurzel, in welchem die in den Blättern gebildeten Assimilate transportiert werden. Am Stamm erfolgt der Transport von oben nach unten.
Röteln: Bei Süßkirschen sehr häufiger Vorerntefruchtfall, bei dem sich die Früchte vor der eigentlichen Reife rot färben und vom Baum fallen.
Rost: Verkorkungen an der Fruchthaut, die durch Witterungseinflüsse bedingt oder sortentypisch sind.
Rundkrone: Kronenform, bei der im Gegensatz zur Längskrone alle Leitäste bzw. Fruchtäste nach allen Richtungen gleichmäßig stark erzogen werden.
Ruten: Kurzlebige Triebe bei Halbsträuchern wie Brombeeren und Himbeeren.
Schlafende Knospe: Über lange Jahre nicht austreibende Knospen, die sich lebensfähig erhalten haben, die oft erst nach Jahren durch einen besonderen Reiz (Schnitt) austreiben.
Schlafendes Auge: Vor allem an Astringen angelegte Augen, die oft erst nach Jahren durch einen besonderen Reiz (Schnitt) austreiben, vgl. schlafende Knospen.
Schlankschneiden: Entfernen von stärkeren Seitentrieben bei zweijährigen Trieben.
Schnitt auf einen Seitentrieb: Entfernen der Triebverlängerung mittels Rückschnitt auf einen Seitentrieb.
Schorf: Dunkle bis schwarze Flecken an Blättern, Zweigen und Früchten, hervorgerufen durch den Pilz *Venturia inaegualis*.
Schosser: Übermäßig starkwachsende, senkrechte Triebe.
Seitenknospen: Seitlich am Trieb angelegte Blüten und Blattknospen.

Seitentriebe: Aus Seitenknospen wachsende Triebe.
Solitärgehölz: Einzelstehendes Gehölz mit dekorativem Habitus.
Sommerriß: Siehe Juniriß.
Sommerschnitt: Alle nach Abschluß des Triebwachstums am belaubten Gehölz durchgeführten Schnittmaßnahmen.
Spalier: Aus Draht, Holz etc. errichtetes Gerüst zur Erziehung und Unterstützung verschiedener Spalierformen bei Obstgehölzen.
Spätfrostgefährdung: Gefahr von Erfrierungen und Frostschäden an Blüten und Blättchen, die von spät im Frühjahr auftretenden Minustemperaturen drohen, besonders bei früh austreibenden Arten und Sorten.
Sperren: Veränderung des Astwinkels von Leitästen durch Auseinanderdrücken mit einem Spreizholz.
Spindel: Kronenform, an der sich um den Mitteltrieb die Fruchtäste befinden. Lange Fruchtäste unten und kurze Fruchtäste oben ergeben die typische Tannenbaumform.
Spitzendürre: Abgestorbene und vertrocknete Triebspitzen nach Zweigmonilia-Befall.
Sproß: Gesamtheit der oberirdischen Baumteile.
Stäben: Anbinden eines einjährigen Triebes an einen in der gewünschten Richtung fixierten Stab, um einen geraden Wuchs zu erreichen.
Stamm: Meist senkrechter Teil des Sprosses, vom Boden bis zum untersten Ast.
Stammausschläge: Aus dem Stamm austreibende Triebe.
Stammbildner: Zwischenveredlung von gutwüchsigen Sorten bei Anzucht von Sorten mit schlechten Wuchseigenschaften oder bei Unverträglichkeit von Sorte und Unterlage.
Stammverlängerung: Siehe Mitteltrieb.
Standjahr: Vegetationsjahr. Man zählt Standjahre nicht vom 01.01. bis zum 31.12., sondern vom Austrieb bis zum Wiederaustrieb.
Staubgefäße: Gesamtheit der männlichen Geschlechtsorgane einer Blüte, bestehend aus Staubfaden und Staubbeutel mit dem darin befindlichen Pollen.
Stauende Nässe: Aufgrund schlechter Bodenstruktur nicht abfließendes Bodenwasser, das zu Sauerstoffmangel bei den Pflanzenwurzeln führt.
Ständer: Siehe Reiter.
Steckholz: Einjähriger Trieb, der zur ungeschlechtlichen Pflanzenvermehrung während der Vegetationsruhe geschnitten und zu zwei Dritteln in den Boden gesteckt wird. Er bewurzelt sich, und es entsteht eine neue erbgleiche Pflanze.
Stockausschläge: Austriebe aus dem Wurzelstock, die bei veredelten Gehölzen immer der Unterlagensorte und nicht der Edelsorte entsprechen.
Tellerkrone: Speziell für den Zwetschenanbau entwickelte Rundkronenform, bei der die Mitte den Leitästen untergeordnet wird.
Terminalknospe: Blüten- oder Blattknospen am Ende eines Triebes.
Trieb: Einjähriges Organ eines Obstgehölzes.
Triebabschluß: Beendigung des Wachstums eines Triebes durch Bildung einer Terminalknospe.
Triploide Sorte: Meist großfrüchtige Sorten mit dreifachem Chromosomensatz, deren Pollen nicht keimfähig sind. Sie sind als Befruchter nicht geeignet.
Überbauen der Krone: Verlust der für die Belichtung wichtigen kegelförmigen Kronenform infolge unkontrollierten Wachstums im oberen Bereich.
Übergangsknospen: Blütenknospenähnliche Knospen, aus denen sich bei günstigen Voraussetzungen Blütenknospen bilden. Bei Überdüngung entsteht daraus ein Trieb.

Überwallen: Wundverschluß durch Zellteilung des Kambiums am Wundrand.
Überpflücken: Mehrmaliges, von der Reifezeit abhängiges Ernten, wobei immer nur die bereits reifen Früchte eines Baumes oder Strauches geerntet werden.
Unterlage: Wurzel oder Sproßstück bis zur Veredlungsstelle eines veredelten Obstgehölzes.
V-Gerüst: V-förmiges Gerüst zum Anbau von Himbeeren.
Vegetationsperiode: Zeitraum des Wachstums vom Austrieb bis zum Blattfall.
Vegetationsruhe: Zeitraum des Wachstumsstillstandes vom Blattfall bis zum Austrieb.
Veredeln: Methode zum Vermehren erbgleicher Edelsorten durch Verwachsen zweier lebender Pflanzenteile von Pflanzen, deren Triebe sich sonst schlecht bewurzeln.
Verjüngungsschnitt: An einer seit längerer Zeit nicht geschnittenen Krone werden abgesenkte Leitäste auf Ständer aufgeleitet, mit denen dann die Leitäste neu aufgebaut werden.
Verkahlte Krone: Baumkrone, die nur noch im äußeren Bereich grün ist, weil die Knospen im Kroneninneren wegen Lichtmangel nicht mehr austreiben.
Verkahlung: Fehlende Garnierung an Ästen durch mangelnden Austrieb aus den Seitenknospen oder Fehlen von Seitenknospen.
Verlängerungstrieb: Trieb aus der Terminalknospe oder bei Rückschnitt aus der letzten Knospe, der in die gleiche Richtung wächst wie der Trieb, aus dem er hervorging.
Verpflanzungsmerkmale: Bei mehrjährigen Gehölzen Angaben, wie oft ein Gehölz in der Baumschule verpflanzt wurde.
Verticilliumwelke: Kümmerwuchs durch im Boden vorkommende Pilze.
Virusfrei: Frei von für die betreffende Obstart bekannten latenten Viren.
Virusgetestet: Frei von den für die Obstart wirtschaftlich bedeutenden Viren.
Virusstatus: Angabe darüber, ob das Gehölz virusgetestet oder virusfrei ist.
Vorzeitige Verzweigung: Triebe, die aus einem starkwachsenden Trieb

im Jahr seiner Entstehung seitlich flach austreiben.

Vorzeitiger Trieb: Ein Trieb, der aus einem starkwachsenden Trieb im Jahr seiner Entstehung seitlich flach austreibt.

Wahrer Fruchttrieb: Trieb, meist bei Pfirsichen und Nektarinen, der seitlich gemischte Knospen hat, d. h. entweder zwei Blüten- mit einer mittelständigen Blattknospe oder eine Blütenknospe mit einer begleitenden Blattknospe.

Wasserschosse: Meist aus schlafenden Knospen lichtarm heranwachsende, lange Triebe mit weichem Holz und langen Internodien.

Weißanstrich: Ein weißer Kalkanstrich an Stamm und Astansätzen, der im Spätwinter die Sonneneinstrahlung reflektiert und dadurch ein Aufplatzen der Rinde als Folge extremer Temperaturschwankungen verhindert.

Winterschnitt: Alle während der Vegetationsruhe am unbelaubten Obstgehölz durchgeführten Schnittmaßnahmen.

Wundkallus: Vom Kambium zum Verschließen von Wunden und Verletzungen neu gebildete Holz- und Rindenzellen.

Wurzel: Gesamtheit aller unterirdischen Gehölzteile.

Wurzelhals: Oberirdischer Teil der Unterlage eines Obstgehölzes.

Wurzelschnitt: Einerseits das Einkürzen der Wurzeln bei der Pflanzung eines Obstgehölzes, andererseits das Verringern des Wurzelvolumens eines zu stark wachsenden Baumes durch Abstechen der Wurzeln mit einem Spaten oder einem speziellen Wurzelschneidegerät.

Zapfen: Ein beim Schnitt nicht restlos entfernter Trieb. Aus einer schlafenden oder schlecht entwickelten Knospe dieses Zapfens entsteht ein flacher Trieb, der meist mit einer Blütenknospe abschließt.

Zopfstärke: Am dünnen Ende eines Rundholzes, z. B. Baumpfahl etc. gemessener Durchmesser.

Zugast: Beim Abwerfen größerer Kronen in ausreichender Entfernung zum Pfropfkopf belassener Ast, der die Ernährung des Baumes sicherstellt, bis die Edelsorte selbst ausreichend Blattmasse gebildet hat.

Zweigmonilia: Siehe Monilia.

Zwischenveredlung: Zwischenstück zwischen Unterlage und Edelsorte. Bei Unverträglichkeit bestimmter Birnen mit Quittenunterlagen wird zunächst eine verträgliche Sorte aufveredelt, auf die dann die gewünschte Edelsorte aufveredelt wird. Eine Zwischenveredlung kann auch z. B. eine schwachwüchsige Apfelsorte sein, die als Wuchsbremse die Wüchsigkeit der Unterlagen/Edelsorten-Kombination schwächen soll.

Weiterführende Literatur

Bischof, H.: Schnitt und Veredlung von Obstgehölzen. Kosmos Verlag, Stuttgart 1993.

Bischof, H.: Obstgehölze schneiden leichtgemacht. Kosmos Verlag, Stuttgart 1996.

Bischof H.: Großvaters Alte Obstsorten. Kosmos Verlag, Stuttgart 1998.

Graf, C.: Gärtnern mit dem Mond. Mosaik, München 1994.

Jantra, H.: Obstgarten. Kosmos Verlag, Stuttgart 1994.

Paungger J., Poppe T.: Vom richtigen Zeitpunkt. Hugendubel, München 1994.

Thinnes, G.: Obstgehölze schneiden. Kosmos Verlag, Stuttgart 1993.

Thun, M.: Erfahrungen für den Garten. Kosmos Verlag, Stuttgart 1994.

Wolff, J. (Hrsg.): Mein schöner Garten. Kosmos Verlag, Stuttgart 1994.

Adressen

Staatliche Bodenuntersuchungs-Institute

Deutschland
Pflanzenschutzamt Berlin
Altkircher Straße 1–3
14195 Berlin

Institut für Angewandte Botanik
Marseiller Str. 7
20355 Hamburg

LUFA Kiel/Landwirtschaftskammer
Gutenbergstr. 75–77
24116 Kiel

LUFA Oldenburg/
Landwirtschaftskammer
Mars-la-Tour-Straße 4
26121 Oldenburg

LUFA Hameln/
Landwirtschaftskammer
Finkenborner Weg 1 A
31787 Hameln

Hessische Landwirtschaftliche
Versuchsanstalt
Landwirtschaftliches
Untersuchungsamt
Am Versuchsfeld 13
34128 Kassel

LUFA Westphalen-Lippe
Nevinghoff 40
48147 Münster

LUFA Bonn/
Landwirtschaftskammer
Siebengebirgsstraße 200
53229 Bonn

Landes-Lehr- und Versuchsanstalt
für Landwirtschaftl. Weinbau und
Gartenbau
Institut für Bodenkunde
Egbertstraße 18
54295 Trier

LUFA Speyer/Bezirksverband Pfalz
Obere Langgasse 40
67346 Speyer

Landesanstalt für
landwirtschaftliche Chemie
– Bodenabteilung –
Emil-Wolff-Straße 14
70599 Stuttgart

LUFA Augustenberg
Neßlerstraße 23
76227 Karlsruhe

Bayerische Hauptuntersuchungs-
anstalt für Landwirtschaft
85350 Freising-Weihenstephan

Bayerische Landesanstalt für
Bodenkultur und Pflanzenbau
– Landwirtschaftliches
Untersuchungsamt –
Herrenstraße 8
97209 Veitshöchheim

Österreich
Bundesanstalt für Bodenwirtschaft
Abt. Bodenuntersuchung
Denisstraße 31–33
A-1200 Wien (20. Bezirk)

Höhere Bundeslehr- und
Versuchsanstalt für Gartenbau
Grünbergstr. 24
A-1131 Wien-Schönbrunn

Landwirtschaftlich-chemische
Versuchsanstalt
Wieninger Str. 8
A-4020 Linz

Landwirtschaftlich-chemische
Versuchsanstalt
Rotholz
A-6200 Jenbach/Tirol

Landwirtschaftlich-chemische
Versuchs- und Untersuchungs-
anstalt
Burggasse 2
A-3020 Graz

Schweiz
Eidg. Forschungsanstalt für
Obst-, Wein- und Gartenbau
Bodenlabor
CH-8820 Wädenswil

Vereine und Verbände

Landesverband Hessen für Obst-
bau, Garten und Landschaft e. V.
Eichgärtenallee 1
35394 Giessen

Bundesverband
Deutscher Gartenfreunde
Siegfried-Leopold-Str. 6
53255 Bonn-Beuel
(nur Kleingärtner)

Verband der Gartenbauvereine
Saar-Pfalz e. V.
Kaiserstr. 77
66133 Scheidt

Bayerischer Landesverband für
Gartenbau und landespflege e. V.
Herzog-Heinrich-Str. 21
80336 München

Bundesverband
Löelstr. 16
A-1010 Wien

Schnittkurse

Informationen dazu erhalten Sie bei den örtlichen Volkshochschulen, Kleingärtner- und Gartenvereinen sowie bei den Beratungsstellen der Landwirtschaftskammer und den Kreisobstbauberatungsstellen.

Bezugsadressen für Veredlungsunterlagen und für Obstgehölze erhalten Sie gegen Einsendung eines frankierten Rückumschlags an den
Kosmos Verlag
Postfach 10 60 11
70049 Stuttgart

Landschaftsgestaltender Birnenhochstamm in freier Feldflur, ein malerisches Motiv.

Register

Halbfette Seitenzahlen verweisen auf Abbildungen.

Prall gefüllte Beeren an langen Trauben locken zum Verzehr und versprechen einen köstlichen Wein.

Dieser Garten bietet in seiner vielfältigen Zusammensetzung Refugien für nützliche Tiere.

Dieser schön gewachsene Hochstamm präsentiert sich in buntem Herbstlaub vor den abgeernteten Feldern.

Mit 332 Farbfotos und 135 Farbillustrationen.
Farbfotos von: Herbert Bischof, Oberteuringen (S. 1, 10, 12 alle, 13 beide, 14 o. r., 15 beide, 18, 19, 20 oben, 25 beide, 28 alle, 29, 33 m. r., 35, 36, 37 beide, 38, 39 o., 41, 46 o. beide, 48, 49 beide, 51 beide, 54 beide, 56, 57 m., beide, 58, beide, 59 u. beide, 60, 63 o. beide, 64 o. beide, 65 m. l., 66 alle, 70 beide, 71 beide, 72 beide, 73 beide, 79, 80 alle, 81 beide, 82 alle, 83 alle, 84 2., 4. und 5. von o., 85 1., 2. und 4. von o., 86 o. beide, 87, 88 m. l., 89 o., 90 1. u. 2. v. o., 93 u. beide, 96, 97 o., 100 r. beide, 101 beide, 108 o., 109 l. beide, 112 o. r., 116 u., 117 l. beide, 121 r. beide, 125 m., 130, 135 l. beide, 137 beide, 139 m., 141 o., 144 o., 156 o., 160, 162, 164 u. l., 165 u., 178, 181), Ursel Borstell, Essen (S. 9, 21, 40 u., 46 u., 86 u. r., 113 o. r., u. beide, 116 o., 119 2. v. o., 121 u., 142, 147 o., 149, 164 u. r., o., 179, 180), Dr. Helga Buchter-Weißbrodt, Rödersheim (S. 84 1. v. o., 98 1. v. o., 118 3. v. o.), Bundessortenamt Hannover (S. 126 1. v. o., 129 m. r.), Christl Eberle, Meersburg (S. 84 3. v. o., 85 3. v. o., 90 3. und 5. v. o., 91 2. und 4. v. o., 99 2. und 4. v. o., 102 r. m. und r. u., 106 2. und 5. v. o., 111 l. o., 118/119, 122 3. v. o., 123 1. und 3. v. o., 126 4. v. o., 127 1. und 2. v. o., 129 u. l., m. und o. r., 131 o. l., m., o. r.), florastar-Bildarchiv, Karben (S. 115 l. m. und u., o. m., 119 4. v. o., 122 1. und 4. v. o., 123 2. v. o.), Fotoarchiv Garten & Pflanze, Haan (S. 106 1. v. o., 112 o. l., 115 r. u., 150 m.), Dr. Gerhard Götz, Obersulm (S. 55 o. l., 94 l., 98 4. und 5. v. o., 102 l., 111 o. r., 118 4. v. o., 119 1. v. o., 122 5. v. o., 126 3. v. o., 127 3. v. o., 129 l. m., 139 l. o., r. u.), Häberli, Obst- und Beerenzentrum AG, CH-Neukirch-Egnach (S. 118 1. v. o., 131 u. l., u. r., 139 u. l.), Dr. Walter Harmann, Stuttgart (S. 91 3. v. o., 106 3. v. o., 107 alle), Institut für Obstbau und Baumschule der Staatl. Versuchsanstalt für Gartenbau, FH Weihenstephan, Freising (S. 90 4. v. o.), Hans E. Laux, Biberach an der Riß (112 u. r.), Franz Mühl, Frankfurt (S. 94 m., r. beibe, 98 2. und 3. v. o., 99 1. und 3. v. o., 102 m., 106 4. v. o., 111 m., 139 r. o.), Manfred Pforr, Langenpreising (S. 168), Reinhard Tierfoto, Hans Reinhard, Heiligkreuzsteinach (S. 2, 8, 14 u., 16, 26, 30, 32, 33 o. r., 39 u. 40 o., 45 beide, 47, 53, 55 r., 57 o., 59 oben beide, 61, 63 m. l., 64 u., 65 o., 67, 76, 78 beide, 86 m., 88 o. r., 92, 93 l. o., l. m., 95 o. l., 97 m., 100 o. l., 103, 104, 105, 108 u., 109 u., 110 beide, 111 u. l. und u. r., 114, 115 o. r., 117 o. r., 118 2. v. o., 122 2. v. o., 124 u., 126 2. v. o., 128, 132 beide, 133, 134, 135 o., 136 beide, 138, 140, 141 u., 144 u. r., u. l., 145 beide, 146, 147 u., 148 beide, 150 o. r., u. l., 151 u., 152 alle, 153, 154, 156 u., 157, 159, 161, 163, 165 m., 166 beide, 167, 170, 171), Reinhard Tierfoto, Nils Reinhard, Heiligenkreuzsteinach (S. 89 u., 100 m. l., 151 r.), Ralf Roppelt, Sahara-Werbeagentur, Stuttgart (S. 43, 172 beide, 173, 174, 175, 176 beide), Bildarchiv Sammer, Neuenkirchen (S. 50), Hubert Siegler, Veitshöchheim (S. 95 o. r.), Dr. Robert Silbereisen, Weingarten (S. 119 3. v. o.).

Farbillustrationen von Marianne Golte-Bechtle, Stuttgart (S. 19 u., 94, 101 o., 102, 125 o., 126/127, 131).
Reinhild Hofmann, München (S. 27, 68, 69, 155, 169).
Manuela Hutschenreiter, München (S. 17 o., 48, koloriert von H. Lünser, Berlin, 66, koloriert von H. Lünser, Berlin).
Johannes Christian Rost, Stuttgart (S. 11, 22/23 alle, 74/75 alle).
Alle übrigen von Horst Lünser, Berlin.

Aus alten Büchern fotografiert von Ralf Roppelt, Sahara-Werbeagentur, Stuttgart (S. 84/85, 90/91, 98/99, 106/107, 111 m., 115 m., 118/119, 115 u., 122/123, 129 m., 139 m., 143).

Umschlaggestaltung von Atelier Reichert, Stuttgart, unter Verwendung von fünf Farbfotos von Ursel Borstell, Essen (Rückseite, rechtes Foto); Reinhard Tierfoto, Hans Reinhard, Heiligkreuzsteinach (Vorderseite, großes Foto im Hintergrund; Rückseite, linkes Foto); Ralf Roppelt, Sahara-Werbeagentur, Stuttgart (Vorderseite, kleines Foto in der Mitte); Toni Schneiders, Lindau (Vorderseite, kleines Foto rechts) und einer Zeichnung von Horst Lünser, Berlin (Vorderseite links).

Die Deutsche Bibliothek – CIP-Einheitsaufnahme

Das Kosmos-Buch vom Obstbaumschnitt : Obstgehölze und Beerensträucher richtig schneiden / Herbert Bischof. – Stuttgart : Kosmos 1998
ISBN 3-440-07493-5

Herbert Bischof, Leiter des Amtes für Obst- und Gartenbau im Bodenseekreis, beschäftigt sich seit vielen Jahren mit dem modernen Plantagenobstbau und dem Erhalt von alten Obstsorten und ist als Obstbauberater tätig. Im Kosmos Verlag sind von ihm schon mehrere Bücher zum Thema Obstbaumschnitt erschienen.

Alle Angaben in diesem Buch sind sorgfältig geprüft und geben den neuesten Wissensstand bei der Veröffentlichung wieder. Da sich das Wissen aber laufend in rascher Folge weiterentwickelt und vergrößert, muß jeder Anwender selbst prüfen, ob die Angaben nicht durch neuere Erkenntnisse überholt sind. Dazu muß er zum Beispiel Beipackzettel zu Dünge-, Pflanzenschutz- und Pflanzenpflegemitteln lesen und genau befolgen sowie Gebrauchsanweisungen und die Gesetze des jeweiligen Landes beachten.

ISBN 3-440-07493-5
Grundlayout von Atelier Reichert, Stuttgart
Scribble von Gisela Dürr, München
Lektorat: Sabine Schulz
Herstellung: Heiderose Stetter
Printed in Spain/Imprimé en Espagne
Satz: Typomedia Satztechnik GmbH, Ostfildern
Druck und buchbinderische Verarbeitung: Graficas Estella, Estella (Navarra)

Erlebnis Garten

Das umfassende Standardwerk für alle Fragen rund um den Garten. Mit über 1.000 Pflanzenbeschreibungen, Jahresarbeitskalender, Gartenplänen und vielem mehr.

316 Seiten, 647 Abb.
ISBN 3-440-07532-X

Alles, was man zur Auswahl und erfolgreichen Pflege von Zimmerpflanzen wissen möchte. Einzigartige Diagnose-Tafeln zu Krankheitsbildern zur raschen Problemlösung.

281 S., 771 Abb.
ISBN 3-440-07073-5

kosmos

Bücher • Videos • CDs • Kalender

zu den Themen : Natur, Garten- und Zimmerpflanzen, Astronomie, Heimtiere, Pferde, Kinder- und Jugendbücher, Eisenbahn/Nutzfahrzeuge